맛있는
채식,
행복한
레시피

맛있는 채식,

요리하는 한약사가 차려주는 건강한 채식밥상

행복한 레시피

이현주 지음

따비

책을 내며

나는 요리를 썩 잘하는 사람이 아니다. 게다가 바쁘다. 요즘처럼 인터넷에서 요리 이름만 치면 식재료들의 효능부터 성분, 조리법까지 상세하게 검색할 수 있는 세상에서 요리와 관련된 책을 낸다는 게 여러모로 망설여져서, 작업을 시작한 뒤로 몇 번이고 그만두려고 했다. 나보다 더 아름답고 먹음직스러운 요리를 만드는 분들도 많고, 부러울 정도로 멋진 요리책들이 이미 시중에 넘쳐나기 때문이다. 나는 요리를 직업으로 가지고 있는 사람도 아니고, 요리 강좌를 열어 가르치는 사람도 아니다. 이런 내가 요리책을 내야 할 이유를 스스로 설득하기가 참 어려웠다.

어렵게 얻은 답은, 내가 '한방채식'이라는 새로운 콘셉트의 한약국을 운영하고 있는 한약사라는 점이었다. 음식이 단지 입에만 즐거운 것이 아니라 몸과 마음을 치유하는 중요한 약이라는 사실을 내 요리를 통해 이야기할 수 있지 않을까 싶었다. 같은 재료, 같은 조리법이라도, 다른 사람이 아닌 내가 직접 차린 밥상 위에서 독자들과 건강한 이야기를 나눠보고 싶었다.

내 일상의 주무대는 주방이 아니라 한약국이다. 한약국에 앉아서, 몸의 통증과 병에 대해 하소연하는 이야기를 들으면서, 나는 많은 사람들이 정말로 잘못 먹고 있다는 사실을 알게 되었다. 몸이 힘들거나 지치면 값비싼 건강식품이나 고영양의 보양식을 먹어야 한다고 생각하는 사람들은 내가 제안하는 식단이 입맛에 맞지 않을 것이다. 하지만 나처럼 평소에도 채식을 하고 식사량이 그다지 많지 않은 사람도, 한 달에 한 번 곡기를 끊고 과일만 먹으면서 관장을 해보면 몸에서 노폐물이 배출되어 가벼워지는 기분이 든다. 지난 11년간 채식을 통해 건강해진 나와 내 주변의 많은 사람들을 통해서, 건강이란 밖에 있는 것이 아니라 이미 우리 안에 있는 것이라는 점을 깨달았다. 몸안의 독소를 배출하기만 하면, 이미 자연의 일부로 가지고 태어난 면역력과 생명력이 원래대로 작용한다는 것을 말이다.

이 책은 평소 우리가 쉽게 접할 수 있는 식재료들과 간단한 조리법으로 어떻게 체질에 맞게, 증상에 맞게, 맛있게 먹는가에 초점을 두고 썼다. 가능하면, 요리를 잘 못하는 사람들도, 남자들도, 어린 친구들도 따라 하기 쉽게 쓰고자 했다. 또한 구체적인 병증을 가진 분들이 실제적으로 도움을 받을 수 있는, 평범하지만 효과가 좋은 힐링 식단도 제안하려고 했다. 부디 이 책을 통해 건강한 요리가 재미있어지는 독자들이 많아졌으면 좋겠다.

질척거리는 저자를 말없이 기다려주신 도서출판 따비의 대표와 편집장께 감사하다는 말씀을 꼭 전하고 싶다. 딸이 자신만의 세계를 펼치며 세상 한가운데로 나아가길 원하셨던 나의 엄마, 신승자 여사께 이 책을 바친다. 나는 엄마의 꿈이었고, 엄마는 나의 꿈이 되었다. 언제나 사랑의 힘을 느끼게 해주시는 그분의 헌신이야말로, 내가 가장 닮고 싶고, 내가 나아가야 할 길이기 때문이다.

2015년 10월
한약국에서 이현주

차례

책을 내며 · 4

1장 | 채식밥상 준비하기

게으른 본성, 부지런한 즐거움 · 13
밥상 차리기, 취향과 체질을 아는 게 먼저 · 16
채식의 기본, 자연이 키우고 제철에 수확한 식재료 찾기 · · · · · · · · · · 24
바쁜 주부의 채소·과일 손질, 보관법 · 32
오미를 잘 살린 밥상이 보약밥상 · 38
색을 살려 담으면 영양도 산다 · 42

2장 | 한방채식 기본 상차림

오장을 튼튼하게 하는 보약밥 짓기 · · · · · · · · · · · · · · · · · · 53
잡곡도 체질 따라, 증상 따라 · 62
육수 대신 보약채수 만들기 · 69
요리 시간은 줄이고 건강은 챙기는 오색약념 · · · · · · · · · · 74
인상파 요리를 만드는 마법의 향신료 · · · · · · · · · · · · · · · 82
기름, 알고 먹자 · 90
간단하게 만드는 보약고추장 · 100
젓갈 없이 채식김치 담그기 · 107

3장 | 계절에 따른 보양채식

봄나물로 북돋는 봄기운 · 117
증상별, 단계별 환절기 감기 다스리기 · · · · · · · · · · · · · · 124
더위로 지친 여름을 위한 보양채식 · · · · · · · · · · · · · · · · 132
맛있는 여름 보약, 한방음료 · 141
땀으로 고생하는 당신에게 · 150
낙엽이 떨어지며 마음까지 우울해진다면 · · · · · · · · · · · 157
부부의 기력을 되찾아주는 가을 별미 · · · · · · · · · · · · · · 165
초겨울 추위를 이기게 하는 음식 · · · · · · · · · · · · · · · · · 173
얼어붙은 손발을 녹이는 따뜻함을 찾아 · · · · · · · · · · · · 178

4장 | 질병을 이겨내는 채식비법

탄수화물 중독을 치유하는 행복한 식단 · · · · · · · · · · · · · · · 189
혈압약 뚝 끊어버리는 돈 되는 식단 · · · · · · · · · · · · · · · · 196
물만 먹어도 살이 찌는 당신에게 · · · · · · · · · · · · · · · · · · 204
멈출 줄 모르는 식욕을 달래는 법 · · · · · · · · · · · · · · · · · 211
아토피, 정말 못 고치는 병일까? · · · · · · · · · · · · · · · · · · 217

5장 | 여성들을 위한 힐링 레시피

아침을 깨우는 힐링 워터 · 235
하면 귀찮고 안 하면 불안한 생리 기간을 즐겁게 · · · · · · · 242
생리 전 증후군을 치유하는 특별한 하루 · · · · · · · · · · · · · 252
갱년기 증상을 다스리는 치유식단 · · · · · · · · · · · · · · · · · 259
임신을 위한 몸 만들기 작전 · 267
출산 후 몸매 관리를 위한 힐링 푸드 · · · · · · · · · · · · · · · 275
건강하고 날씬한 몸을 위한 체형별 레시피 · · · · · · · · · · · 282

찾아보기 · 292

1장

채식밥상 준비하기

1.
게으른 본성,
부지런한 즐거움

어렸을 때부터 어머니는 내가 부엌일 하는 것을 허락하지 않으셨다. 설거지조차 하지 못하도록 주방에서 나를 추방했다. 홀어머니 시집살이에 종갓집 며느리 노릇을 하며 맞벌이까지 하셨던지라 여자들의 고생이 지긋지긋했던 것이다. 그렇게 자란 내가 결혼을 하고 아이를 기르게 되었으니, 보는 이도 나 자신도 얼마나 답답했을까? 능력을 인정받지 못하는 일에 애정을 느끼기는 쉽지 않다. 자의 반 타의 반 나는 주방과 친해지지 못했다. 이 방면에서는 정말 별 볼 일 없는 사람이려니 했다.

그런데 채식을 시작하면서부터 주방에 대한 나의 감정이 조금씩 바뀌기 시작했다. 재료가 한정되어 있고, 외식으로는 먹을 게 많지 않다 보니 어쩔 수 없이 만들어 먹어야 하는 상황이 발생했기 때문이다. 채식은, 가족들의 입맛을 맞추기 위해 어떤 메뉴를 선택해야 하나 고민하기 전에 내가 무엇을 먹을까 찾게 만들었다. 먹는 것 자체에 대하여 백지 상태가 되어 밑그림부터 다시 그리게 된 것이다. 식재료들의 성분과 생산지, 유통 방법에 대해 관심을 갖게 되었다. 고기의 영양과 포만감 대신 식물성으로 보충할 수 있는 단백질 섭취법과 건강 레시피를 찾게 되었다. 그리고 한방의 전문지식을 동원하여 체질별, 증상별로 도움이 되는 밥상을 차리는 공부를 시작했다.

주방은 점점 내 생존과 행복을 위한 실험실이자 즐거운 소꿉놀이 공간이 되었다. 휴일에는 윤기 나도록 주방 청소를 했고, 하나씩 사 모은 아기자기한 그릇에 정성껏 요리한 음식을 담아 식사하는 것이 즐거웠다. 삶의 행복이 먹는 것에서 비롯된다는 사실에 처음으로 눈뜨게 되었다. 입으로 즐겁고 마음으로 평안한 음식을 먹는 것이 얼마나 중요한지 말이다.

누구나 그렇겠지만, 삶은 내가 원하는 리듬대로 살도록 내버려두지 않는다. 그나마 내 일상 중 투덜거릴 여유라도 있는 날은 행복하다. 일거리에 치여 허덕이지 않아도 되는 시간에 천천히 요리하여 식사하는 것이 나는 좋다. 화려한 만찬이나 값비싼 테이블 세팅을 말하는 게 아니다. 매일 한약국에서 상담을 하는 책상 앞에서라도 마음의 여유를 가지고 서두르지 않으며 식사하는 것, 그리고 속이 편한 재료로 만든 몇 가지 찬의 소박한 밥상이면 족하다. 내가 가지고 있는 식사 원칙 중 하나는 반찬을 너무 많이 올리지 않는 것이다. 진수성찬은 보기에도, 먹기에도 부담스럽다. 주메뉴와 반찬 두어 가지면 충분하다. 그래야 집중도 있게 맛을 즐길 수 있다. 정말로 바빠서 요리할 시간이 없는 날들―이런 날을 나는 정말로 싫어한다―을 제외하고는, 적어도 한 시간씩은 식사를 준비하고 먹는 데 할애한다. 김이 모락모락 피어오르는 밥에 김치를 얹어 오물오물 씹어 먹으며 눈을 지그시 감아보기도 한다. 이 맛있고 단순한 행복이 마음에 든다.

몇 가지 밑반찬만 준비해두면 간단한 조리만으로도 성찬과 같은 식사를 할 수 있다.

우리가 자신의 삶에 대해 느끼는 불안감이나 욕구불만은 그다지 형이상학적이지 않을 것이다. 편안하고 이완된 상태에서 자연스럽게 맛있는 것을 먹을 수 있는 짧은 여유를 잃어버렸기 때문은 아닐까? 빈둥거리며 맛있는 것을 먹는, 게으르면서도 부지런한 본성 말이다. 아이러니하게 들릴지 모르겠지만, 정말로 게으르게 살려면 때론 부지런해야 한다. 잠시의 게으른 즐거움을 위해 종종걸음을 치며 준비해야 할 것들이 많기 때문이다. 그래서 나는 맛있는 밥을 먹기 위해 바빠져야 하는 수고로움을 기꺼이 받아들이며 산다. 내 의지와 상관없이 고단했던 하루를 위무하는, 가장 중요한 예식이자 선물 같은 시간이라 여기면서 말이다.

2.
밥상 차리기,
취향과 체질을 아는 게 먼저

우리는 학교에서 영양학을 배운다. 단백질, 탄수화물, 지방, 비타민, 무기질, 섬유질 등의 영양소가 어떤 역할을 하고, 어떤 음식에 어떤 영양 성분이 들어 있는지, 어떻게 조리하는 게 영양이 많은 밥상인지 말이다. 남녀노소를 불문하고 누구나 기본적으로 배우는 이 과정이 한 끼 밥상을 맛있게 차리는 데 얼마나 기여할까? 스스로 밥 짓고 반찬을 만들어 밥상을 차리는 일은, 해보지 않은 사람이라면 누구에게든 부담스러운 법이다. 마치 중학교 3년, 고등학교 3년 내내 영어를 배우고 시험을 치러도, 외국인 앞에 서면 몇 마디 대화조차 쭈뼛거리게 되는 것과 다를 바 없다. 그러다 보니 여성들은 요리 잘하는 사람을 보면 괜히 부러워진다. 요리를 잘 못한다는 사실이 부끄러워지기도 한다.

먹는 것은 본성이다. 음식을 준비하는 것은 먹고 싶기 때문에, 먹기 위해서 하는 일이다. 누군가로부터 평가받거나 점수 매겨져 등수를 따져야 하는 일이 아니라는 얘기다. 허기진 배를 채우고 포만감을 느끼는 데 무슨 그리 복잡한 능력이 필요할까. 다만 누구나 할 수 있는 몇 가지의 기본을 익혀두는 것은 필요하다. 밥 짓기, 국이나 찌개 끓이기, 김치 담그기, 나물 무치기, 장아찌나 피클 담그기, 구이나 전, 튀김 한두 가지 하는 걸 배우는 데 그리 많은 시간이 걸리지는 않는다. 그러나 우리 대부분은 대학을 졸업할 때까지도 이런 기본에 대해서 배울 기회가 거의 없다. 기본기도 없는 초보 운전자가 차들이 쌩쌩 내달리는 고속도로에서 운전대 앞에 앉아 있는 것 같은 현기증에 비유할 수 있을까? 주방에서 느끼는 초보 주부의 막막함은 이에 비할 바가 아니다.

  요리학원을 다니거나 요리책을 들여다보며 시간을 내 요리 공부를 하는 것이 생각만큼 쉬운 일은 아니다. 시간도 들뿐더러 많은 집중을 필요로 하기 때문이다. 타고난 재능이나 관심이 있다면 그나마 괜찮다. 아이가 없는 신혼 주부거나 주말엔 혼자 쉴 수 있는 미혼 여성이라면 또 모른다. 주말에도 바쁜 직장 여성들은 어느 날 퇴근길에 큰맘먹고 마트에 들러 장바구니 가득 재료들을 담아와도, 일주일쯤 지나서는 그중 반은 손도 대지 않고 음식물쓰레기 봉투에 넣어야 할 때가 많다.

  요리를 제대로 배우지 않은 여성들이나, 어머니로부터 기본적인 상차림법에 대해 전수받지 못한 채 주방의 주인이 되어버린 여성들은 늘 이렇게 살아가야 할까?

내가 진짜로 좋아하는 맛 찾기

요리에 대한 막막함을 풀기 위해서는, 자신이 어떤 맛을 좋아하는가를 탐색하는 것에서 시작해야 한다. 요리하는 사람이 자신의 취향을 정확히 이해하고 있어야 음식 맛을 제대로 낼 수 있지 않겠는가. 나를 알면 알수록, 다른 이의 취향에도 자연스럽게 관심을 기울이게 된다. 남들이 다 맛있다고 하는 음식이 의외로 내게는 맛이 없을 수도 있다. 남 보기 좋은 화려한 만찬이 아니라 내 입에 딱 달라붙는 밥상을 차리는 게 중요하다. 좋아하는 걸 쇼핑하는 마음으로, 취향에 맞는 요리를 하는 공간이 바로 주방이다. 그러지 않아도 지쳐 있는데 요리까지 해야 하냐는 불만을 쌓아두는 곳이 아니라, 나 자신과 내가 사랑하는 사람들을 탐색하고 알아가는 공간, 힐링 공간으로서의 주방을 만들어보면 어떨까?

몸과 마음을 다독이는 힐링 밥상을 위해 필요한 것은 5대 영양소 어쩌고 하는 지식이 아니다. 간단히 말하자면, '내가 진짜로 원하는 게 무엇인가'를 아는 것이다. 고두밥을 원하는지 진밥을 원하는지, 간은 어느 정도가 적당한지, 신맛이 좋은지 매운맛이 좋은지, 생채소가 좋은지 익힌 채소가 좋은지…… 음식에 대한 자신의 취향을 알아내는 것부터 시작하자.

나는 현미밥을 먹기 시작하면서 질척하고 부드러운 밥은 맛이 없어졌다. 꼬들하게 지은 현미를 꼭꼭 씹어 먹는 식감이 너무 좋기 때문이다. 현미맵쌀과 현미찹쌀을 3:1의 비율로 섞어 밥을 지어 먹어보면, 차지면서 꼬들한 묘한 식감이 제대로 살아난다. 많이 불릴 필요도 없다. 비싸지 않은 보통 전기밥솥으로도 현미밥을 맛있게 지을 수 있다. 어떤 사람은 죽염을 조금 넣어 밥을 짓는다. 보름날 많이 먹는 찰오곡밥을 좋아하는 사람이라면 입맛에 맞다. 하지만 굳이 넣지 않아도 된다. 담담한 맛이 더 좋기도 하다.

자신이 좋아하는 음식과 자주 먹는 음식이 늘 일치하는 것은 아니다.

원래는 담백한 나물반찬을 좋아하는데 직장 생활을 하다 보니 늘 자극적인 외식을 하는 게 괴로운 한 남성은, 손맛 없는 아내가 삼겹살만 구워줘 불만이다. 자신의 몸에 이로운 음식과 자기가 즐겨 먹는 음식이 일치하는 것도 아니다. 몸이 냉하고 소화가 잘 안 되는데도 늘 밀가루 빵이나 카페인 음료를 즐기고 주말에는 폭식을 하면서 스트레스를 푸는 사람들이 많으니 말이다. 그러니 내 몸에 맞고 내 입맛에 맞는 밥을 내 손으로 해 먹고 살자는 거다. 돈 벌어 자식 기르느라 다 쓰지 말고, 뱃살 찌우고 멋 부리는 데만 쓰지 말고, 맛있고 건강한 밥상 차리는 데 써보자.

내게 맞는 음식이 보약

내가 좋아하는 음식 취향을 파악했다면, 내 몸의 상태와 타고난 체질을 알아보자. 나는 추위를 타는지 더위를 타는지, 여름나기가 어려운지 겨울나기가 어려운지부터 살펴보자. 겨울이 되면 손발이 얼어붙고 남들보다 오한이 더 드는 냉한 체질이라면, 차갑거나 서늘한 성질의 음식은 건강에 도움이 되지 않는다. 반대로, 평소에 열이 많고 성격도 다혈질이어서 쉽게 흥분하는 체질이라면, 뜨겁거나 따뜻한 음식과 궁합이 안 좋다. 궁합 안 좋은 남녀가 만나 티격태격하며 사는 재미도 있다고는 하지만 그것도 하루이틀이지, 매일 밥상에 오르는 식재료들이 자신의 체질과 안 맞는다면 건강은 물 건너가버릴 것이다.

한방에서는 식재료와 약재료를 음과 양으로 구분하여 설명해왔다. 활발하게 움직이면서 따뜻하고 붉은 피를 지닌 동물은 양성, 정지하고 있으면서 차고 푸른 식물은 음성으로 분류한다. 육류 다음으로는 달걀, 고래류, 어류, 조개류 순으로 양성이 강하고, 식물성 식품 중에서는 과일류가 가장 음성이 강하고 다음으로 엽채류, 근채류, 콩류 순이다. 식재료를 가열하면 날것일 때보다 성질이 따뜻해지는데, 기름을 이용하면 그 정도가 더욱 커진다. 양념의 경우 신맛과 단맛, 매운맛은 발산하는 성질이 있어서 양성이 되고, 쓴맛과 짠맛은 하강하면서 수축하므로 음성이 된다. '가을에 맞이하는 새 며느리에게는 가지를 먹이지 말라'는 속담이 있는데, 가을이라는 음성 환경 속에서 음성이 강한 가지가 음성 과잉을 초래해 유산의 원인이 될 수 있기 때문에 생긴 말이다.

자연의 기운은 사계절 변화에 따라 음식의 온도를 결정하고, 그것을 먹는 사람의 체질에 영향을 미친다. 동식물이 자라는 시기와 지리적 환경이 그 음식의 효능과 작용을 결정하므로, 제철 제 지역 먹거리가 영양이 풍부한 법이다. 복잡하거나 화려한 요리 기술이 필요한 게 아니라 좋은 재료로 담백하게 조리한 균형 잡힌 식단이 최고다.

현대에는 땅, 물, 공기가 모두 오염되어 먹거리들이 도무지 안전하지가 않다. 바다 생태계도 말이 아니다. 청정 지역에서 생산되었다고 광고는 많이 하지만, 청정 지역 생산물들을 대량으로 채취하고 가공하는 과정에서 이미 청정성은 훼손되고 마는 법이니 속이 쓰리다. 똑똑하고 야무진 소비자들이 뭉쳐서 운영하는 친환경생활협동조합의 물품들은 꼼꼼하게 따지고 점검하여 거래되는 것이라 그나마 믿을 만하다.

앞으로의 시대에는 건강하기 위해서라도 혼자 고립되어서는 안 되겠다. 먹거리에 대한 정보를 얼마나 많이 알고 있는지가 요리 솜씨보다 중요한 시절을 살고 있기 때문이다. 인터넷이나 소모임을 통해 주부들끼리

알음알음으로 전해 들은 생산자 정보가 식비도 낮춰주고, 건강도 살뜰하게 챙겨준다. 제일 중요한 것은 관심이다. 밥상을 건강하게 차리고자 하는 관심만 있다면 정보는 얼마든 구할 수 있으니 말이다.

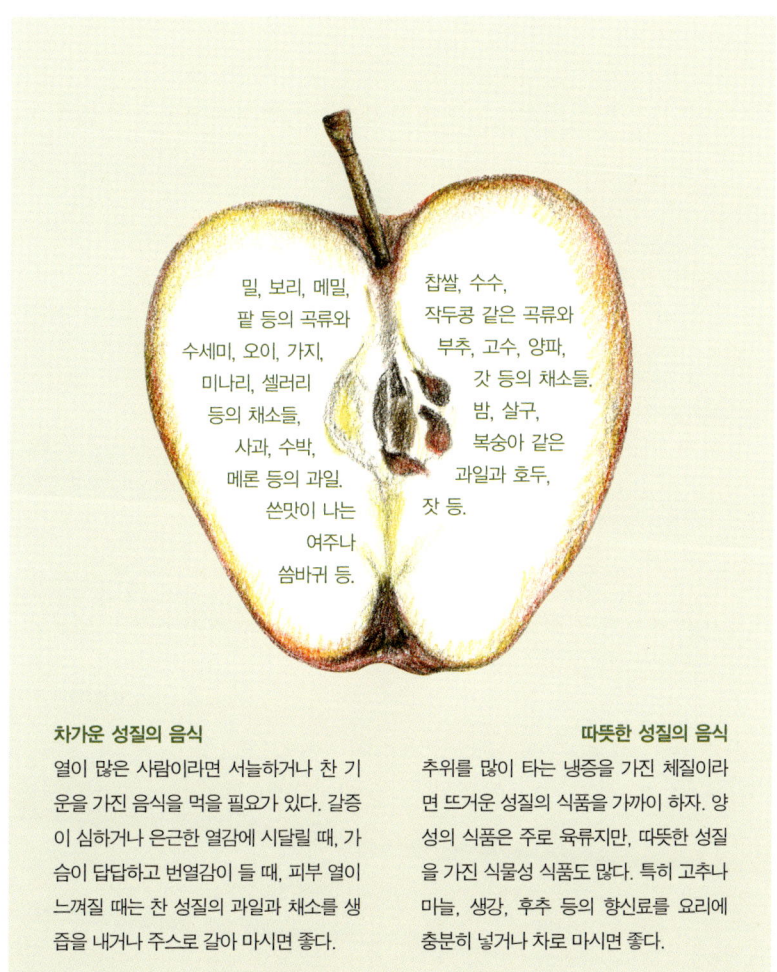

밀, 보리, 메밀, 팥 등의 곡류와 수세미, 오이, 가지, 미나리, 셀러리 등의 채소들, 사과, 수박, 메론 등의 과일. 쓴맛이 나는 여주나 씀바귀 등.

찹쌀, 수수, 작두콩 같은 곡류와 부추, 고수, 양파, 갓 등의 채소들. 밤, 살구, 복숭아 같은 과일과 호두, 잣 등.

차가운 성질의 음식
열이 많은 사람이라면 서늘하거나 찬 기운을 가진 음식을 먹을 필요가 있다. 갈증이 심하거나 은근한 열감에 시달릴 때, 가슴이 답답하고 번열감이 들 때, 피부 열이 느껴질 때는 찬 성질의 과일과 채소를 생즙을 내거나 주스로 갈아 마시면 좋다.

따뜻한 성질의 음식
추위를 많이 타는 냉증을 가진 체질이라면 뜨거운 성질의 식품을 가까이 하자. 양성의 식품은 주로 육류지만, 따뜻한 성질을 가진 식물성 식품도 많다. 특히 고추나 마늘, 생강, 후추 등의 향신료를 요리에 충분히 넣거나 차로 마시면 좋다.

나는 어떤 체질일까

사상의학을 확립한 이제마 선생이 체질을 나눈 세 가지 기준은 체형(상하 비율, 얼굴 윤곽, 골격 형태), 성정(성격과 정서), 병증(몸이 안 좋을 때 어떤 증상이 먼저 나타나는가)이다. 정확한 체질 파악은 전문가와 상담해야 알 수 있지만, 여기서는 가벼운 마음으로 재미 삼아 알아보자.

소양인

소양인은 다른 체질에 비해 해당하는 사람이 많고 구별하기도 비교적 쉽다. 외모의 특징을 보면 비(소화기)에 해당하는 가슴 부위가 잘 발달하여 어깨가 딱 벌어진 느낌을 주는 반면, 신장 부위인 엉덩이가 빈약하기 때문에 앉아 있는 모습이 불안해 보일 때가 많다. 성격은 민첩하고 명쾌하며 발랄한 편이다. 비교적 급하고 화를 잘 내는 경향이 있지만 오래가지 않는다. 더운 물보다 냉수를 좋아한다. 소양인이 대변을 잘 보는 경우, 건강한 상태로 본다. 평소 대변보는 것이 순조롭다가도 몸이 불편해지면 변비 증상부터 나타난다면 소양인으로 판단할 수 있다. 물론 다른 체질이 변비가 안 생기는 것은 아니지만, 소양인의 경우에는 병의 진전이 빠르므로 가볍게 여겨서는 안 된다. 소양인은 비뇨생식기가 약한 편으로 신장염, 방광염, 요도염 등이 잘 발생한다. 그리고 상체에 비해 하체가 약해 요통으로 고생하는 경우도 많다.

태양인

전체 체질 중에서 가장 수가 적어 구별하기 어려운 체질이다. 가슴 윗부분이 발달돼 있으며, 폐에 해당하는 목덜미가 굵고 건실하며 머리가 큰 반면, 간에 해당하는 허리 아래가 약해 엉덩이가 작고 다리가 약한 느낌을 준다. 성격은 과단성이 있고 창조적이다. 강직한 성격이지만 주위 사람들과 융화가 잘 안 되는 단점이 있다. 태양인은 평상시에 거의 잔병이 없이 건강한 경우가 대부분이지만, 일단 병이 생기면 오랫동안 치료하고 몸을 관리해야 한다. 태양인에게 흔한 질병은 크게 세 가지다. 첫째, 위와 식도 질환으로 식도연하 작용이 원활하지 않아 토할 때가 더러 있다. 둘째, 허리 질환으로 다리에 힘이 없어 보행이 불편할 때가 많다. 셋째, 불면증이다. 불안·초조·우울 등의 정신 증상과 함께 불면증이 오곤 한다.

소음인

엉덩이가 잘 발달하여 앉아 있는 모습이 안정감 있지만 가슴 부위가 빈약하여 움츠리고 있는 느낌을 준다. 상체보다는 하체가 균형 있게 발달한 편이다. 성격은 내성적이고 온순하며 섬세하여 잔재주가 많다. 매사에 소극적이어서 우유부단한 단점이 있다. 다른 체질에 비해 체력이 약해 쉽게 피로해진다. 소화기 계통이 약해서 만성 소화불량, 위하수, 위산과다, 복통 등이 흔히 발생한다. 몸이 차거나 손발이 차고 월경량이 적거나 대하가 많은 냉한 체질인데, 그 근본 원인은 소화 기능이 만성적으로 저하되어 있는 것이다. 따라서 소화 기능을 회복하고 몸을 따뜻하게 하는 것이 관건이다.

태음인

허리 부위가 발달하여 서 있는 자세가 굳건하고 안정감이 있다. 목덜미의 기세가 약하지만 골격이 굵고 비대한 사람이 많다. 듬직한 체격만큼이나 마음이 너그러우며 일을 꾸준히 추진한다. 자기 의사표현을 잘 하지 않으며 비교적 나태한 경향이 있다. 땀을 많이 흘리며 겁이 많은 편이다. 조금만 움직여도 땀을 흘리고 심지어는 겨울철에도 따뜻한 음식을 먹으면 땀투성이가 되는 사람이 태음인이다. 땀을 흘리고 나면 기력이 탈진하여 맥을 못 추는 소음인과 달리, 땀을 흘리면 오히려 상쾌함을 느낀다. 호흡기와 순환기가 약한 편으로 심장병, 고혈압, 중풍, 기관지염, 천식이나 감기가 잘 생기며 피부 질환과 대장 질환이 흔한 편이다.

3.
채식의 기본, 자연이 키우고 제철에 수확한 식재료 찾기

처음 채식을 시작할 때는 그저 고기만 안 먹으면 되는 줄 알았다. 원래 고기를 많이 먹는 편이 아니었기 때문에 쉬울 거라고 생각했다. 그런데 막상 채식을 시작해보니 그리 단순한 문제가 아니었다. 일단 외식을 할 만한 데가 거의 없기 때문에 꼬박꼬박 집에서 밥을 먹거나 도시락을 싸야 했다. 고기가 올라오지 않으면 왠지 먹을 게 없는 밥상으로 보이지 않을까 고민도 되었다. 채식요리의 장점인 기름기 없는 담백한 맛으로 요리해서 맛깔스럽게 올리는 것이 최선이었지만, 가족이 그 맛을 좋아하지 않을 경우엔 참 어려운 일이었다. 채식도 채식이지만, 가족들의 입맛이 자연식 밥상을 좋아하도록 만드는 게 우선이었다.

자연식 밥상을 맛있게 차리려면 무엇보다 재료의 신선도가 제일 중요하다. 양념 맛이 아닌 재료 본래의 맛으로 입맛에 맞는 음식을 만들어야 하기 때문이다. 나는 서서히 까탈스런 소비자로 변해갔고 자연스럽게 유기농산물을 애용하기 시작했다. 유기농산물은 일반 농산물보다 영양밀도가 높으면서 농약이나 중금속 등의 오염이 없어서 자연의 입맛을 되찾기에 가장 좋은 방법이다. 가능하다면 직접 텃밭농사를 지으며 수확물을 통해 자연의 맛을 느껴보는 게 좋다. 도시 생활 하면서 텃밭농사 지을 여유를 내는 게 쉽지 않다면, 베란다 작은 화분에 실험 삼아 고추와 상추, 토마토 모종 등을 심어 작은 수확을 즐기는 정도로 시작해보는 것도 좋겠다.

담백한 입맛 찾는 게 채식의 기본

자연식 입맛을 기르려면 주식을 현미 100퍼센트로 바꾸는 것이 좋다. 유기농 현미는 일반 현미보다 비싸지만 생으로 씹어 먹어보면 고소한 맛이 확연히 느껴진다. 채식인들의 보약은 현미밥이기 때문에 다른 곳에 쓰는 지출을 좀 줄이더라도 현미만큼은 유기농을 쓰라고 권하고 싶다. 그다음 중요한 것이 채소와 과일을 소스나 양념 없이 생으로 자주 먹는 것이다. 샐러드에는 반드시 소스가 들어가야 할까? 양상추, 파프리카, 당근, 토마토, 청경채 등의 신선한 채소와 과일, 견과류를 섞어놓은 샐러드는 간단하게 레몬즙과 오일만 곁들여도 훌륭한 요리가 된다.

밑간 없이 채소를 먹는 습관은 야생의 입맛을 되찾는 데에도 도움이 된다. 이때 채소나 과일은 가능하면 껍질째, 온전한 전체를 먹는 게 좋다. 색이 풍부한 채소들은 생으로 혹은 살짝 데친 정도로 요리해야 풍미를 잃지 않으며 유용 성분의 효능도 잘 발휘된다. 그러나 추운 날씨에 지나치게 차게 먹는 음식은 맛을 떠나서 즐겁지 못한 법이다. 계절, 온도, 분위기에 맞게 조리하고 예쁘게 상차림을 하여 식사하는 습관도 중요하다.

필요 이상의 염분 섭취는 위와 신장에 부담을 주고 혈압을 상승시킬 뿐 아니라 재료 본래의 맛을 없애 미각을 무디게 만든다. 평소에는 실천하기 어렵다 할지라도, 일주일에 하루 혹은 주말만이라도 저염 식단을 차려보는 것은 어떨까. 모든 음식에 간을 하지 않고 담담한 맛을 즐기다 보면, 재료 본래의 고소하고 달콤한 맛에 매력을 느끼게 된다. 게다가 과식이나 폭식도 하지 않게 된다.

채식인은 어떻게 식재료를 구해야 할까

　제철에 생산되는 식재료들은 그 지역의 지리적 환경에 영향을 받아 효능과 작용력이 결정되고, 사계절 변화에 따라 재료의 성질과 그것을 먹는 사람들의 체질에 영향을 미치므로, 장바구니에 담아야 할 첫 번째 목록이다. 장을 볼 때 충동구매하는 일이 없도록 미리 구입 목록을 작성해두면 좋다. 몇 개월 단위로 구입할 것들부터 일주일 단위로 구입할 것들까지 세부적으로 나눈 후, 각각 어디서 어떻게 구입할지 정해놓는다. 품질 좋은 식재료를 구입할 수 있는 인터넷 쇼핑몰이나 유기농 매장 사이트를 즐겨찾기 해놓고 이용하는 것도 좋다. 유기농산물 애용은 우리 땅과 농업을 살리며, 지구환경을 살리는 지름길이다.

　유기농산물은 영양 함량도 풍부해 면역력을 키워주므로 병에 걸리지 않는 체질로 만들어준다. 1회 쇼핑에 드는 지출은 늘어나지만, 몇 개월 통계를 내보면 외식비와 간식비가 줄어들고 의료비도 덜 들어가 경제적으로 훨씬 이익이다. 장기적으로는 소비패턴 자체가 변화하기 때문에 알뜰

〈푸드 마일리지〉

　대형 할인매장에서 판매하는 대부분의 수입 농산물은 먼 거리를 달려온 먹거리들로, 푸드 마일리지(food mileage)가 높다. 푸드 마일리지란 영국 환경운동가 팀 랭(Tim Lang)이 1994년에 창안한 개념으로, 식품 수송량(t)에 생산지-소비지 간 거리(km)를 곱한 것이다(단위 t·km). 따라서 식재료의 무게가 무거울수록, 이동한 거리가 길수록 푸드 마일리지가 높아진다. 푸드 마일리지가 높은 식품은 신선도가 떨어지고, 가공 과정에서 화학첨가물에 노출되는 비율도 높다. 또한 이동 거리가 길수록 기후 변화를 앞당기는 온실가스 배출량이 늘어난다. 까탈스러운 소비자가 되어야 먹거리의 안전성을 지킬 수 있다. 포장 뒷면에 부착된 식품 성분을 점검하여 화학첨가물(색소, 방부제, 표백제, 식향, 유화제 등)과 유해한 성분이 들어 있는지 확인해보자. 특히 유전자조작 식품(GMO)은 인체에 예상치 못한 치명적인 피해를 입힐 수 있으므로 주의하자. 콩과 유채는 국내 소비량의 절반이, 옥수수는 25퍼센트, 면실유는 30퍼센트, 감자는 10퍼센트, 토마토는 1퍼센트가 유전자조작 작물이니 꼼꼼히 살펴보는 게 좋다. 일반 농산물은 베이킹소다나 식초를 탄 물에 10분 이상 담가 농약과 환경호르몬을 제거한 후 요리에 사용한다.

한 살림살이를 하게 되는 점도 좋다.

　소비자생활협동조합(생협)의 조합원이 되면 할인을 받을 수 있고 물품 안내도 받아볼 수 있다. 또한 일주일에 한 번씩 집까지 배송해주기 때문에 번거롭게 장바구니를 들고 다니지 않아도 된다. 급한 품목은 가까운 매장을 알아두었다가 방문하거나 동네 채소가게에서 구입하더라도, 꾸준하게 소비하는 품목은 조합원으로 가입한 후 인터넷으로 쇼핑하는 게 여러모로 편리하다. 자주 이용하는 품목을 등록해두면 쇼핑 시간도 절약되고, 매장별로 특가 할인 품목의 목록도 받아볼 수 있다.

나는 현미나 콩과 같이 매일 먹어야 하는 먹거리, 매실처럼 발효액을 담그거나 매일 주스로 갈아 마시기 위해 다량 필요한 식재료는 제철에 직거래 방식으로 농부들에게서 직접 구입한다. 식단에 따라 달라지는 제철 채소들은 유기농 인터넷 쇼핑몰을 이용하고, 급하게 필요한 것은 동네 채소가게나 마트에서 해결한다. 저장만 잘 할 수 있다면 품질 좋은 재료들을 저렴하게 대량 구매하는 것이 가장 좋은 방법이지만, 괜히 충동구매했다간 음식물쓰레기만 늘어나므로 신중히 선택해야 한다.

대부분의 사람들은 고기로 하는 요리에는 여러 가지 변화를 주면서 채식요리는 한정된 재료, 한정된 요리법을 쓴다. 그러다 채식 위주로 식생활을 바꾸려 하면 일단 활용할 수 있는 식재료가 제한돼 금방 지루해진다. 평소에 안 먹어본 것들도 한번씩 구입해서 요리해보자.

채식 식단은 현미밥을 기본으로 채소와 과일, 해조류와 견과류로 구성되는데, 해조류와 견과류는 종류가 아주 다양하다. 일반 가정에서 채소는 나물반찬 몇 가지나 장아찌, 김치 정도만 상에 오르는데, 채소 종류에도 잎을 먹는 엽채류, 줄기를 먹는 경채류, 새싹을 먹는 순채류, 뿌리를 먹는 근채류 등 아주 다양한 종류가 있다. 몸이 냉한 사람들이라면 근채류의 비율을 높여 다양한 요리를 변화 있게 시도해보자. 열이 많거나 가족 중에 대사성 질환자가 있다면 색깔이 풍부한 엽채류 비율을 올리는 게 좋다.

채식의 정서와는 다소 거리가 있지만, 고기 맛을 잊지 못하는 가족을 위해서 혹은 별미로 가끔씩 콩고기나 밀고기, 콩햄 등을 상에 올려볼 수도 있다. 채식 전문 쇼핑몰을 즐겨찾기 해두었다가 인터넷으로 주문하면 된다. 달걀, 우유가 들어가지 않은 채식 빵과 케이크, 동물 실험을 하지 않은 비건vegan 화장품 등도 구입할 수 있다. 가끔 채식 관련 블로그나 카페를 통해 시중보다 저렴한 가격으로 농산물이나 과일, 기호식품 등을 공동 구매할 수도 있다. 생산자가 직접 판매하기 때문에 믿을 수 있고, 요리 레시피나 채식 정보도 공유할 수 있어서 좋은 기회다.

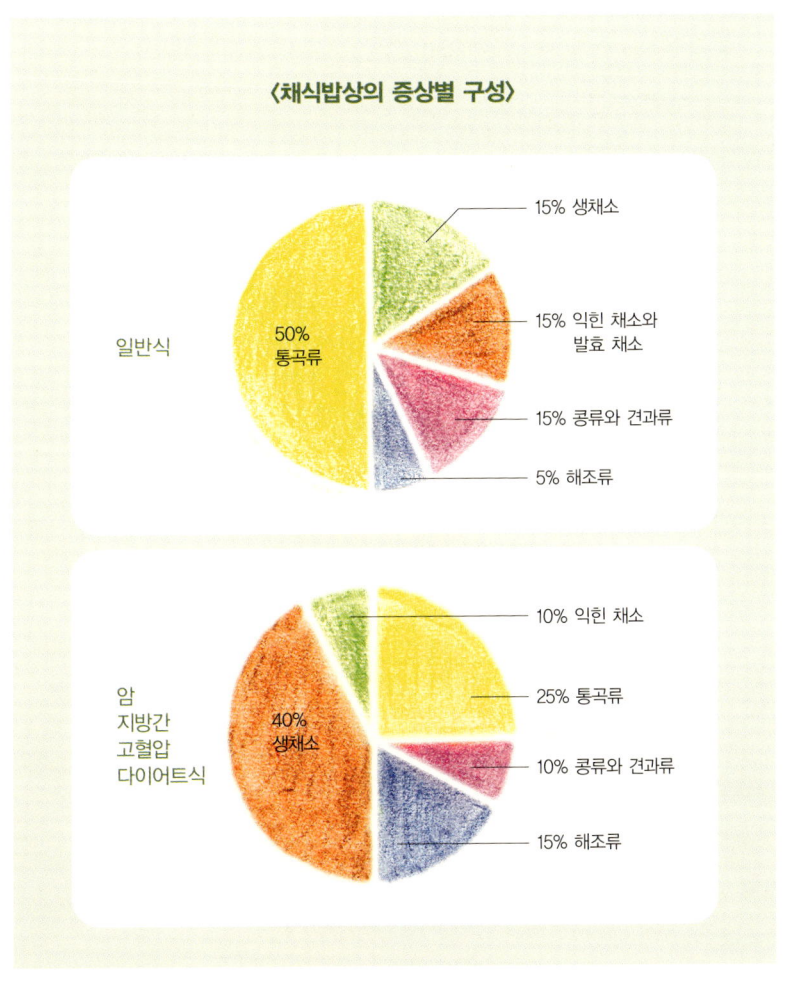

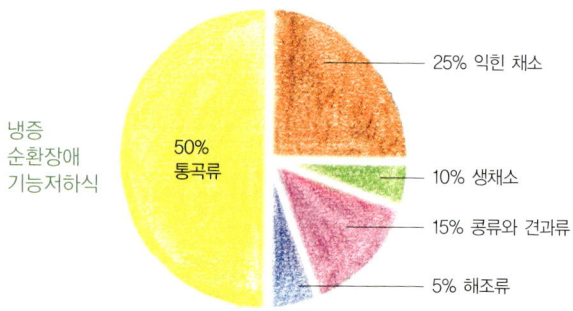

〈한약사의 채식밥상 기본상차림〉

1. 밥
- 현미멥쌀과 현미찹쌀을 3:1의 비율로 섞고, 잡곡 중 한 가지씩을 섞어서 밥을 짓는다.
- 곡류 : 현미, 수수, 기장, 율무, 흑미, 조, 옥수수, 보리, 통밀, 녹두 메밀 등
- 콩류 : 흰콩, 검은콩, 서리태, 서목태, 청태, 각종 강낭콩, 완두콩, 팥, 동부 등

2. 국이나 찌개
- 증상별, 체질별 채수를 미리 끓여두었다가 활용한다(채수 끓이는 법은 73쪽 참고).
- 천연 조미료를 사용한다(오색약념 만드는 법은 79쪽 참고).
- 간을 너무 강하게 하지 않는다.

3. 반찬류
- 숙채 또는 생채, 건나물로 이용하고 조림, 구이 등의 조리 방법을 다양하게 사용한다.
- 엽채류 : 시금치, 깻잎, 취나물, 머위, 근대, 아욱, 비름, 두릅, 냉이, 민들레, 씀바귀, 세발나물 등
- 경채류 : 셀러리, 미나리, 고구마순, 토란대, 아스파라거스, 브로콜리, 콜리플라워 등
- 순채류 : 콩나물, 숙주, 무순, 메밀순, 밀순, 알팔파, 각종 새싹류
- 서류 : 감자, 고구마, 토란, 야콘, 우엉, 마 등
- 근채류 : 당근, 무, 알타리, 연근, 도라지, 더덕 등
- 버섯류 : 표고, 새송이, 양송이, 팽이, 느타리, 목이 등
- 해조류 : 다시마, 김, 미역, 톳, 모자반, 우뭇가사리, 파래 등

5. 종실류
- 품질 좋은 기름을 적당한 조리법으로 사용한다(기름 활용법은 99쪽 참고).
- 들깨, 참깨, 흑임자, 호박씨, 해바라기씨, 아마씨 등

6. 견과류
- 하루에 한 줌을 반드시 섭취한다.
- 잣, 땅콩, 호두, 아몬드, 피스타치오 등

7. 과일류
- 사과, 배, 감, 포도, 복숭아, 자두, 감귤, 무화과, 수박, 참외 등등
- 식전에 과일을 조금 먹으면 소화액 분비를 촉진하고 다이어트 효과가 있다.
- 식후에 과일을 먹을 때는 소량만 먹는다.
- 냉장고에서 꺼내서 바로 먹지 말고 30분쯤 지난 후 먹는 게 좋다.
- 보관 및 세척 방법(다음 절 참고)에 주의한다.

4.
바쁜 주부의
채소·과일 손질, 보관법

냉동 보관할 수 있는 육류나 생선류와 달리, 채식 재료들은 신선한 상태에서 조리해야 하기 때문에 자주 장을 보아야 하는 번거로움이 있다. 게다가 잘라서 나누어두거나 포장만 뜯어 간단히 씻은 후 사용할 수 없고, 일일이 다듬고 손질을 해야 쓸 수 있는 것들이 많다. 그래서 바쁜 주부들이 채소요리를 즐겨 하지 않는 이유가 되기도 한다. 하지만 조금만 요령 있게 손질을 해두면 생각보다 시간과 일을 많이 줄일 수 있다.

채소와 과일, 영양을 버리지 않고 오래 보관하기

잔류 농약 제거하기

유기농 채소를 구입하지 않았다면, 상추나 깻잎은 5~10분 정도 물에 담가두었다가 흐르는 물에 씻으면 잔류 농약의 70퍼센트 정도는 제거할 수 있다. 양배추나 양상추는 농약이 직접 묻는 바깥 잎을 두세 장 벗겨낸 뒤

찬물에 5분 정도 담가두었다가 흐르는 물로 씻은 후 사용한다. 청경채나 봄배추는 뿌리 쪽을 잘라낸 후 잎을 한 장씩 떼어 흐르는 물에 씻은 후 소금물에 5분 정도 담가 농약을 제거한다. 오이는 굵은소금으로 문질러 씻어내고 시금치는 뿌리 부분을 칼로 긁어 다듬은 후 소금을 조금 넣은 물에 데치면 색도 선명해지고 잔류 농약도 제거하는 효과가 있다. 브로콜리는 작은 송이로 갈라 흐르는 물에 여러 번 헹궈준 후 데칠 때 소금을 넣어준다. 고추는 농약을 많이 사용하는 작물 중 하나다. 특히 뾰족한 끝부분에 농약이 많이 고이므로 흐르는 물에 여러 번 씻은 후 꼭지를 떼고 가위로 이 부분을 잘라내고 먹는 게 좋다.

영양을 보존하며 오래 보관하기

질 좋은 제철 채소나 과일을 공동 구매하거나 직거래를 통해 착한 가격에 구입할 기회가 있다면 장바구니 비용을 많이 줄일 수 있다. 하지만 제때 제대로 손질해서 보관하지 않으면 물러지거나 곰팡이가 피니 버릴 수밖에 없다. 애초부터 오래 보관할 수 없는 채소도 있지만 제대로 손질하고 옳은 방법으로 보관하면 한동안 아껴 먹을 수 있는 채소도 있다.

　채소를 말릴 때 습기가 남아 있으면 곰팡이와 벌레가 생기기 쉬우므로, 수분을 완전히 제거한 후 서늘한 곳에 보관해야 한다. 아무리 잘 말려도 장마철이나 통풍이 잘 안 되는 습한 날씨에는 곰팡이가 피기도 한다. 이럴 때는 볕 좋은 날을 골라 채반에 받쳐 한 번 털어내고, 통풍이 잘 되는 곳에서 하루 정도 다시 말려 보관하면 좋다.

신선한 채소는 보관기한이 짧다. 제때 먹기 어려운 채소들은 작은 크기로 썰어 채반에 널어 말려보자. 베란다와 같이 해가 잘 들면서 통풍이 잘 되는 곳과 반그늘에서 번갈아가며 말리면 쉽게 말릴 수 있다.

과일, 궁합까지 생각해 보관하기

보관하며 당도까지 높이기

과일은 생긴 모양에 따라 영양까지 좋게 만드는 보관 궁합이 따로 있다. 파인애플처럼 잎이 억세고 두꺼운 껍질로 둘러싸인 과일은 잎 부분을 잘라내고 옆으로 눕히거나 거꾸로 세워 보관한다. 당분이 아래로 퍼져 전체적으로 단맛이 고루 배기 때문이다. 파인애플은 껍질의 3분의 1 정도가 노란색으로 바뀔 무렵이 제일 맛있는데, 잎이 작고 아래가 펑퍼짐한 게 달다. 바나나는 수확 후 천천히 익는 후숙 과일이므로 냉장 보관하지 않는다. 꼭지가 녹색일 때 구입해서 상온 보관하며 천천히 먹는 게 좋다. 질 좋은 바나나가 값싸게 시장에 나왔다면 박스째로 구입해서 껍질을 벗

· 박스째로 구입한 후 여름에는 한두 번 먹을 분량씩 냉장 보관.
남은 것은 피클이나 청을 담가두면 오래 보관할 수 있다.

· 향이 강한 양념류는 통풍이 잘 되는 장소에서 망에 담아 보관. 가루를 내거나 다져서 얼려두어도 좋다.

· 한번에 씻어서 밀폐 용기에 넣어두면 며칠 정도 보관할 수 있다.

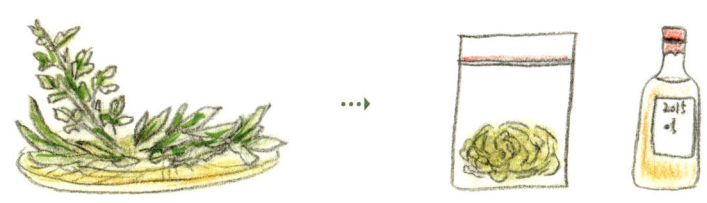

· 잘 말려서 가루를 내두면 1년 내내 천연 양념으로 활용할 수 있다.

긴 후 한 번 먹을 분량씩 나누어 냉동 보관해보자. 하나씩 꺼내어 아이스크림 대신 후식으로 먹어도 좋고, 두유와 함께 갈아 마시면 바나나셰이크가 된다. 껍질에 거뭇거뭇한 점이 생길 때가 제일 맛있는데, 이것은 바나나의 당도가 절정에 달했을 때 나타나는 '슈거 스폿sugar spot'이다. 당뇨 환자라면, 슈거 스폿이 없는 매끈한 바나나가 좋다. 슈거 스폿이 있는 바나나는 당 성분의 흡수가 빨라 혈당이 빨리 증가하기 때문이다.

오래 보관할 과일, 금방 먹을 과일

복숭아는 냉장 보관하면 맛이 떨어진다. 신문지나 종이에 싸서 통풍이 잘 되는 곳에 보관했다가 먹기 두세 시간 전에 냉장고에 넣어서 차갑게 먹는다. 딸기는 금방 먹을 때는 꼭지를 따지 말고 흐르는 수돗물로 세 번 정도 씻어 먹고, 보관할 때는 꼭지째로 랩이나 비닐을 씌워 냉장고에 넣는다. 딸기를 씻을 때 소금으로 문지르면 오히려 표면의 농약이 과육 속으로 들어가고 수분만 용출된다. 또한 단맛이 적다고 해서 딸기에 설탕을 뿌려 먹으면 비타민B₁(티아민)이 손실된다. 그러므로 덜 달고 맛이 좀 심심하더라도 생긴 그대로 먹는 게 제일 좋다. 포도는 농약 때문에 알알이 따로 떼어 물을 씻는 경우가 많은데, 통째로 물기 없이 냉장 보관하는 게 좋다. 먹기 직전에 작은 송이로 잘라 흐르는 물에 씻어 먹으면 된다. 한번에 포도를 많이 구입해서 잼이나 청을 만들어두어도 좋고, 살짝 얼려서 먹어도 맛있다.

사과와 궁합이 맞는 과일

사과는 식물호르몬의 일종인 에틸렌을 내뿜어 씨앗의 싹을 돋게 하고 잎

을 떨어뜨리거나 열매를 익게 하므로 다른 과일과 함께 보관하면 과일을 쉽게 상하게 만든다. 대신 덜 익은 감을 사과와 함께 4~5일 정도 두면 달달해진다. 덜 익은 키위도 사과와 함께 보관하면 익혀 먹을 수 있다. 키위는 상온에서 이틀 정도 둔 후 냉장고에 넣어두면 2주 정도는 맛있게 먹을 수 있다.

채소와 과일을 손질하면서 느끼는 가지런한 기분은 뭐라 말할 수 없을 정도로 정겹다. 어렸을 때 소꿉놀이를 하고 싶어 벽돌가루를 고춧가루처럼 빻고, 잡초를 다져 반찬을 만들던 아이의 놀이 본성이 깨어난다고 할까. 무슨 일이든 재미를 붙여 즐기는 것만큼 좋은 일이 있으랴.

5.
오미를 잘 살린 밥상이 보약밥상

아이가 중학교를 다닐 무렵부터 채식을 시작했는데, 쓸 수 있는 식재료가 제한되니 맛을 내기가 어려웠다. 이런저런 시도를 해보다가, 육류요리의 식감을 따라잡는 게 아니라, 채식 재료만 낼 수 있는 담백하면서도 부드러운 맛으로 요리 스타일을 바꾸는 게 좋겠다는 결론을 내렸다. 가족의 입맛이 하루아침에 바뀌는 건 아니겠지만, 맛있는 음식은 누가 먹어도 맛있는 법이 아니던가. 나만이 낼 수 있는 음식 맛으로 승부를 걸어보기로 한 것이다. 가능하면 자극적인 맛을 내는 향신료도 꼭 필요한 만큼만 사용하고, 감칠맛을 내는 조미료도 넣지 않기로 했다. 대신 재료 본래의 맛이 잘 우러나도록 했다. 재료를 많이 넣고 오래 끓여야 낼 수 있는 깊고 진한 맛 대신, 적정한 온도로 적당한 시간만 끓이면 낼 수 있는 깔끔한 맛이 포인트가 된 셈이다.

인간이 느끼는 기본 미각은 단맛, 신맛, 짠맛, 쓴맛의 네 가지다. 혀의 끝부분은 단맛, 앞부분은 짠맛, 옆부분은 신맛, 뒷부분은 쓴맛에 민감하다. 그러나 미뢰는 대부분 한 가지 이상의 맛에 반응한다. 매운맛은 미각이 아니라 통각의 일부다.

  하지만 실제로 맛을 느끼는 데에는 이러한 기본 미각 외에 후각, 촉각, 온도 감각이 복합적으로 작용한다. 따라서 우리가 음식을 먹으면서 '맛있다'라고 느끼는 것은 음식의 냄새와 질감, 온도뿐 아니라 분위기에도 상당히 영향을 받는다. 단지 양념 한두 가지의 차이가 아니라, 상황과 음식 사이의 궁합, 취향, 날씨와 장소에서 풍기는 분위기, 함께 식사하는 사람과의 관계 등에서도 맛을 느끼는 것이다.

다섯 가지 맛, 다섯 가지 효능

고기가 빠진 요리는, 먹어보기도 전에 왠지 맛이 없게 느껴진다. 반면 새소리, 바람소리, 풀벌레소리 들리는 숲속에서 몸과 마음을 이완하고 가볍게 채식으로 식사를 하면 저절로 힐링이 될 것처럼 편안한 기분이 든다. 조화로운 밥상이란 결국, 식재료나 양념 몇 가지만으로 결정되는 것이 아니라 음식을 통한 정서가 중요하다는 말이다. 채식 메뉴 중에는 식물성 조미료나 소스를 진하게 넣고 고기요리처럼 맛을 낸 요리들이 있는데, 이런 요리들은 뭔가 채식의 정서와 맞지 않는 듯한 기분이 든다. 채식을 오래할수록, 깔끔담백하면서 '딱 이 맛이야'라고 입안에서 느끼는 묘한 매력을 알게 되는데, 바로 재료가 가지고 있는 본연의 맛을 해치지 않은 요리를 먹을 때다.

  우리는 고기와 생선처럼 고단백·고지방 음식을 먹어야 포만감이 든다고 생각한다. 하지만 한 끼 식사에서 다섯 가지 맛을 고루 맛볼 수 있다면 채소요리만으로도 충분히 포만감을 느낄 수 있다.

채소요리에 들어가는 재료들을 조미하지 않은 채로 먹어보면, 짜고 달고 시고 매우면서도 약간 씁쌀한 맛까지 다섯 가지 맛을 골고루 느낄 수 있다. 신맛은 간, 쓴맛은 심장, 단맛은 비위, 매운맛은 폐, 짠맛은 신장과 연관되는데, 각각의 맛은 각 장부를 이롭게 할 뿐 아니라 이어져 있는 정서까지 북돋워 감정의 균형을 잡게 도와준다. 즉 자연 그대로 먹으면 오장을 이롭게 하는 맛 성분의 효능이 제대로 발휘된다는 뜻이다.

그러나 적절치 못한 섭생은 오히려 장부의 기능을 손상시킨다. 또한 사계절의 변화와도 상관이 있으므로 선택하는 음식이 사기四氣 중 어느 기운에 속하는지도 고려해야 한다. 예를 들어, 매운맛에 속하는 생강과 박하를 비교해보자. 생강은 매운맛을 가지고 있으면서도 성질이 따뜻하여 장 점막을 데워 소화를 돕고 몸에 열감을 주어 흥분시키는 반면, 박하는 매운맛을 가지고 있으나 서늘한 성질이 있어 청량감을 주면서 열을 식혀주는 작용을 한다. 또한 같은 단맛일지라도 따뜻한 성질을 가지고 있으면 기를 보충하는 작용을 하고, 차가운 성질을 가지고 있으면 음을 보충하는 작용을 하므로 구별하여 사용하는 것이 좋다.

오장의 건강이 균형 잡히도록 도와주는 보약밥상 차림은 어렵지 않다. 식재료 본래의 맛을 해치지 않도록 담백하게 조리하는 것이다. 처음에는 일부러라도 다섯 가지 맛이 나는 양념을 고루 사용해볼 수 있다. 가령 어떤 찬은 새콤달콤하게, 어떤 찬은 매콤하게, 어떤 찬은 짭쪼름하게 말이다. 후식으로 내는 차를 조금 쓴맛 나도록 즐기면 오미를 고루 섭취하는 보약밥상이 되지 않겠는가. 익숙해지면, 양념 맛을 점점 약하게 하면서 자연의 밥상을 차려보자.

〈음식의 다섯 가지 맛과 효능〉

맛	작용	적용	성분	해당 식품
酸(신맛)	소변, 혈액, 정액, 냉·대하 등을 수렴	허약 체질자의 출혈증, 식은땀, 기침, 오래된 설사, 유정, 소변실금, 냉·대하증	유기산 성분(H^+)	살구, 석류, 매실, 오미자, 귤, 과일류, 식초
苦(쓴맛)	열을 내리고, 습을 말리며 위를 튼튼하게 하며, 진액을 보충	열증 체질자의 변비, 기가 오르면서 가슴이 답답한 증상, 몸에 습이 많은 증상	알칼로이드 배당체	여주, 민들레, 취나물, 씀바귀, 죽순
甘(단맛)	기를 보하고 소화 기능을 도우며, 통증 완화, 이완, 건조함 방지	긴장해서 생기는 통증, 허약 체질자의 식욕 부진, 복통	당류 외에 당알코올, 일부 아미노산, 방향족 화합물, 알데히드 등	대부분의 곡류, 두류, 과류 외 많은 식재들
辛(매운맛)	기를 발산하고 통하게 하며, 혈액 순환을 돕고 노폐물 배출	초기 감기, 기 순환이 좋지 않아 생기는 빈혈 증상	휘발성 혹은 비휘발성 정유 성분	파, 생강, 고추, 후추, 계피, 무, 갓, 부추, 고수, 박하 등
鹹(짠맛)	굳어진 것을 부드럽게 하고, 건조한 것을 촉촉하게 하며, 보신 작용, 음과 혈 보충	굳어진 변과 오래된 담, 노화, 호르몬 부족으로 인한 생식기능 저하	무기 또는 유기염류(Cl^-)	다시마, 김, 좁쌀, 소금

6.
색을 살려 먹으면 영양도 산다

심리학자 메러비언$^{Albert\ Mehrabian}$의 법칙에 따르면, 청중 앞에서 발표를 할 때 그들의 집중력에 영향을 미치는 가장 큰 요소는 발표의 내용이 아니라 발표자의 옷차림과 외모, 표정과 제스처 등의 시각 요소와 발표자의 목소리 같은 청각 요소라고 한다. 대부분의 사람은 어떤 경험에 대해 판단할 때 이성적인 합의와 결론을 도출하는 과정 없이, 본능적으로 느낌 닿는 대로 생각한다는 뜻이다.

음식을 맛볼 때도 마찬가지인 듯하다. 우리는 단지 혀로만 맛을 느끼지 않는다. 어쩌면 음식이 입에 들어오기 전에 이미 그 음식이 맛있는지 맛없는지를 결정하고 있는지도 모른다. 만약 그 음식이 당신에게 정말로 짜릿한 감동을 주는 분위기를 만들었다면 말이다. 사랑하는 사람이 정성스럽게 싸들고 온 도시락을 받는 예상치 못한 순간, 말이 필요 없이 맛있고 배부른 감정이 든다. 혹시 그 도시락이 맛없다고 느낀다면, 어쩌면 그 사람을 사랑하지 않는 것인지도 모른다. 아니면 자신의 감정을 느낄 여유가 없거나.

다섯 가지 색을 살려 요리를 하면 맛도, 영양도, 입맛도 살아나면서 눈도 즐겁다.

음식이란 단지 결과물만 중요한 것이 아니다. 퇴근 후 집에 들어가는 순간, 주방에서 흘러나오는 밥 냄새, 구수한 된장찌개 냄새, 치지직 기름이 튀는 소리, 주방도구들이 부딪치는 소리는 가장 편안하고 아늑한 정서를 자극한다. '아, 집에 돌아왔구나, 이제 쉴 수 있구나.'

꼬르륵 고픈 배를 위로해주는 냄새를 풍겨야 한다. 소리를 일부러라도 더 내야 한다. 그래서 눈으로, 코로, 귀로, 머리로 자꾸 배고파지고, 그리워지고, 먹고 싶게 만든 후 밥을 먹도록 하자.

음식의 영양은 색깔에 있다

상을 차릴 때 빼놓을 수 없는 요소는 시각적인 풍요로움이다. 값비싼 그릇이나 장식이 필요한 게 아니다. 음식의 색을 적절히 배합하면 된다. 음식의 다섯 가지 색은 아름다울 뿐 아니라 사람 몸의 다섯 장부를 이롭게 한다. 아무리 입에 단 음식이라도 색소가 다 파괴된 요리는 건강에 해롭다. 식재료의 색을 최대한 살려 조리하고, 골고루 접시에 담으면 보기에도 좋고 몸에도 좋다.

우리가 일상적으로 섭취하는 식품들의 색을 결정하는 것은 식물성 유용 성분 phytochemicals 이다. 어떤 성분을 가지고 있는가에 따라 식물 특유의 색이 결정된다. 예전에는 식물의 색소 성분은 영양학적 가치는 없고 식욕을 돋우고 신선도 및 품질을 평가하는 요인으로 간주됐다. 음식의 맛과 향기, 기호성 등에 반영되는 정도로만 인식한 것이다. 하지만 최근에는 이들이 뛰어난 항산화·항암·항노화·항균 작용을 한다는 연구 결과들이 쏟아져나오고 있다. 일명 컬러푸드 Color Foods 라 불리는 식물의 색소 성분들은 불치병이나 말기암 환자들의 식이요법에 자주 사용되어 기적을 만들어내기도 한다.

현재까지 무려 4,000여 종의 식물 내재 영양소가 밝혀졌고, 효과 역시 끊임없이 새롭게 증명되고 있다. 연구 결과에 따르면 채소와 과일의 실질

적인 영양소는 섬유소와 씨, 색소 성분에 매우 풍부하다고 한다. 껍질을 모두 깎아내고 씨를 발라서 보기 좋게만 먹는 것은 영양적으로는 큰 낭비인 셈이다. 만성 질환자나 암 환자들이라면 품질 좋은 채소와 과일을 선별하여 2:1의 비율로 통째로 갈아 병증의 상태에 따라 4~8컵 정도 마시면, 면역체계가 바로잡히고 체질을 개선하는 데에도 도움이 된다.

〈음식의 다섯 가지 색과 효능〉

색깔	관계되는 오장	성분	해당 식품	효능
녹색	간	클로로필, 루테인, 인돌	신선초, 쑥갓, 브로콜리, 녹차, 시금치, 케일, 셀러리, 아욱, 근대	지방간 개선, 빈혈 개선, 시력 개선 및 보호, 간 해독 작용, 항암 작용
붉은색	심장	라이코펜, 캡산틴, 안토시아닌	토마토, 고추, 파프리카	심장질환 예방, 전립선암 예방, 혈전 형성 지연, 뇌졸중 예방
주황색과 노란색	비위 (소화 기능)	루테인, 플라보노이드	당근, 단호박, 귤, 옥수수, 국화꽃, 레몬	항산화 작용, 자외선 차단, 항암 작용, 소화 촉진, 당뇨합병증 예방, 혈액순환 개선
흰색	폐	이소티오시아네이트, 안토산틴, 알릴설파이드	무, 양배추, 새싹채소류, 마늘, 파, 배, 연근	면역력 증강, 항암 작용, 폐의 진액 보충, 소화 촉진, 기침 해소
검정색과 보라색	신장	안토시아닌, 라스베라트롤	검은콩, 흑미, 검은깨, 김, 차조기(자소엽), 가지	장내환경 개선, 기초대사 증강, 혈당 조절, 항산화·항암 작용, 에스트로겐 유사활성

재료의 색을 살리는 조리법

일부 비타민과 효소 등의 성분은 열에 약해 42도 이상으로 올라가면 파괴되므로, 가능하면 색소가 파괴되지 않도록 조리하는 것이 좋다. 시금치는 데칠 때 소금을 조금 넣고 색이 가장 선명할 때 불을 끄고 나서 찬물에 헹궈낸다. 브로콜리는 끓는 물에 소금을 넣고 5~10분 정도 데쳐서 색이 선명한 상태로 조리하고, 가지 역시 보랏빛의 안토시아닌 색소 성분이 누렇게 바래지 않도록 주의해서 찌거나 데치는 것이 좋다. 평소에 채소 접시를 밥그릇이나 국그릇처럼 필수적인 상차림 메뉴로 넣어서 오색 채소를 고루 담아 언제든 신선하게 생으로 먹을 수 있도록 식습관을 들이면 좋겠다.

채소요리를 할 때는 주재료의 색에 따라 곁들이는 고명의 색을 정한다. 가령 건나물은 색이 단조로우므로, 데쳐서 양념을 할 때 홍고추나 청고추를 넣어주면 색감이 살아난다. 고추장양념을 한다면 청고추를 고명으로 하고, 양념이 된장이나 간장, 소금일 때는 홍고추를 올리면 좋다. 김이나 파래초무침의 경우에는 무채를 곁들이면서 홍고추 고명을 얹거나 방울토마토나 레몬을 잘라 접시에 담아 장식하면 훨씬 맛있어 보인다.

재료의 색감을 살려줄 수 있도록 접시 색과 고명 색을 정해서 담으면 같은 요리라도 느낌이 달라진다. 요리에 들어간 재료들이 복잡한 색감을 가지고 있다면 무채색 접시에 담는 것이 깔끔하다. 가령 잡채처럼 알록달록 오방색이 다 들어간 요리라면 검정색 접시나 흰색 접시, 또는 은은한 청백색 접시가 음식을 맛있게 보이도록 한다. 볶음요리처럼 기름이나 소스를 사용할 경우에는 접시에 음식을 담은 다음에 소스를 끼얹어 윤기가 흐르도록 마무리를 하면 좋다. 대개 접시 색을 포함하여 재료의 색, 고명의 색이 다섯 가지로 조화롭게 하면 음식은 맛있어 보인다. 함께 찬으로 내는 요리들의 색감이 골고루 다섯 가지 색이 되게 배색하는 방법도 좋다. 가령 청고추찜, 감자볶음, 알타리무김치, 파래초무침에 단호박전을 곁들이면 보기만 해도 군침 도는 밥상이 된다.

 한번에 많은 요리를 하는 것이 부담된다면, 고명과 접시를 활용하여 색감을 주고, 요리 종류가 많은 날에는 요리 각각의 색감이 조화로울 수 있도록 상차림을 한다. 이렇게 차려진 밥상은 눈에도 즐거울 뿐 아니라 오장을 이롭게 하는 보약밥상이 되니 푸드 테라피가 따로 없다. 사람이 음식을 먹을 때의 느낌은 보면서 호감을 갖고, 입에 넣으면서 확인한다. 물론, 겉보기만 그럴싸하고 입에 넣고서는 뱉어버리고 싶은 음식이라면 곤란하겠지만, 같은 음식이라도 조금만 신경을 쓰면 화려한 만찬이 부럽지 않다.

알고 먹으면 보약 되는 음식 궁합

컨디션이 나빠질 때 내 몸에 가장 먼저 나타나는 증상은 무엇일까? 그 증상은 나의 체질을 알려줄 뿐 아니라 첫 증상을 잘 잡으면 상태의 악화를 막을 수도 있다.

증상에 따라 섭취해야 하는 음식을 잘 파악하고, 음식 간의 궁합을 고려하여 요리를 해서 먹자. 짝꿍 음식을 일주일에서 한 달 정도 계속 복용했을 경우 몸의 변화를 살펴보고, 호전 반응이 있다면 장복해도 좋다. 만약 별 반응이 없다면 조금 더 기간을 연장해본다. 부정적인 반응이 나타난다면, 식품의 종류를 바꾸어본다.

이런 증상엔 이런 식품

- 눈곱이 끼고, 눈이 충혈되면서 침침해진다 : 구기자, 결명자, 박하, 쑥, 국화, 민들레, 매실
- 콧물이 흐르면서 오한이 든다 : 쑥, 진피(말린 귤껍질), 생강
- 목이 잠기면서 편도가 붓는다 : 도라지, 생강, 배, 국화, 감자생즙
- 구내염이 생기고 입맛이 없다 : 토마토, 가지, 구기자, 코코아, 감잎차
- 변이 묽어지면서 설사를 한다 : 마늘, 무화과, 마, 검은콩, 강낭콩, 매실
- 변이 굳어지면서 화장실 가기가 어렵다 : 고구마, 사과즙, 무잎 생즙, 알로에
- 손발이 차고 빈혈 증상이 생긴다 : 마늘, 쑥, 시래기, 자소엽, 말린 생강

- 입에서 냄새가 난다 : 석류, 쑥, 녹차, 매실, 파슬리
- 체한 것처럼 속이 그득하고 답답하다 : 진피차, 사과즙, 현미차, 매실죽
- 마른기침이 나면서 가래가 많아진다 : 연근, 흰 파뿌리, 도라지, 우엉 생즙, 생강, 배

함께 먹으면 좋은 궁합

- 쌀+콩 : 쌀은 리신은 적고 유황 함유 아미노산인 메티오닌이 많은 반면, 콩은 리신이 많고 메티오닌이 적어 함께 먹으면 필수 아미노산을 온전히 섭취할 수 있다.
- 두부+미역 : 콩의 사포닌 5종을 과다 섭취하면 몸안의 요오드가 빠져나가는데, 해조류와 함께 먹으면 보충이 된다.
- 찹쌀+대추 : 찹쌀에 부족한 칼슘, 철분, 섬유질을 대추의 영양이 보충하며 이뇨 효과도 좋아진다. 단맛으로 인한 식욕 증진, 빨간색으로 인한 시각적 효과도 발휘된다.
- 냉면+식초 : 식초 중 유기산은 입맛을 돋우고 에너지 대사를 원활히 하여 피로 회복에 효과가 있다. 식초를 넣으면 Ph가 낮아져서 여름철에 발생할 수 있는 식중독이나 기생충 등을 살균하는 효과도 있다.
- 메밀+무 : 메밀의 루틴은 모세혈관을 튼튼하게 하고 변비를 예방하지만, 껍질 부분의 살리실아민과 벤질아민은 유해하다. 무에는 섬유소, 비타민C, 효소가 풍부하며 메밀의 유해 성분을 해독한다.

함께 먹으면 안 좋은 궁합

- 도토리묵+감 : 둘 다 타닌을 함유하고 있어 변비를 유발하며, 심하면 빈혈이 나타날 수 있다. 적혈구를 만드는 철분이 타닌과 결합하여 소화, 흡수를 방해하기 때문이다.
- 미역+파 : 둘 다 알긴산을 가지고 있어 맛이 안 어울리고, 흡수율도 떨어진다.
- 오이+무 : 오이의 아스코르비나아제가 무의 비타민C를 파괴한다. 이를 방지하려면 식초를 넣어

조리한다.
- 시금치+근대 : 시금치와 근대에는 둘 다 옥살산이 함유되어 있어 인체 내에서 수산석회를 형성해 결석을 만든다.
- 김+기름 : 김의 카로티노이드는 기름에 의해 흡수율이 높아지지만, 클로로필은 기름, 공기, 빛에 의해 빨리 산화되어 유해한 과산화지질을 생성한다. 이를 방지하려면 김을 구운 후에 밀봉하여 차광 용기에 보관하고 빨리 먹도록 한다.

2장

한방채식 기본 상차림

1. 오장을 튼튼하게 하는 보약밥 짓기

내가 처음 밥을 지어본 것은 대학교 때 동기들과 엠티^{membership training}를 가서였다. 능숙한 솜씨로 쌀을 씻어 밥을 안치는 친구를 부러워하며 바라보았다. 그녀는 칼질도 무척 다부졌을 뿐 아니라 간식거리로 정한 김치전도 순식간에 부쳐냈다. 나는 김치전을 어떻게 만드는지 몰라 반죽에 고추장을 넣었는데, 맛이 나지 않아 나중에는 쌈장까지 넣었다. 지금 생각해봐도 어이없는 맛이었다.

그러던 내가, 요리법은 둘째치고 식재료의 성분까지 꼼꼼히 따지는 주부가 되었다는 것은 참 대견한 일이다. 무엇이든 관심이 생기면 길이 보이는 법. 억지로 외운 것이 아니라, 내가 좋아서, 꼭 필요해서 습득한 정보로 인해 새로운 아이디어도 자주 떠오르고, 재미있기까지 하니 말이다.

건강을 지키는 현미밥 짓기

채식인이 되고 나서 가장 먼저 한 일이 백미를 현미로 바꾼 것이었다. 처음에는 꺼끌거려서 잘 넘어가지 않았지만, 차츰 익숙해지니 백미를 먹으면 싱거운 느낌마저 들었다. 아들녀석은 누런 현미밥 앞에 앉아 노래를 부르곤 했다. "엄마, 우리 흰밥 한번 먹으면 안 돼요?" 그러던 아들도 몇 년이 지나자 현미밥 예찬론자가 되어 꼬들꼬들한 식감을 즐기게 되었다.

현미밥을 맛있게 지으려면, 잠자기 전에 불려두었다가 아침에 밥을 하는 게 좋다. 소화와 배설에 큰 문제가 없다면, 현미멥쌀과 현미찹쌀을 3:1의 비율로 넣으면 무난하다. 변이 무르다면 현미찹쌀을 더 많이 넣어도 좋지만, 찹쌀의 비율이 올라갈수록 속이 더부룩해질 수 있다. 소화가 잘 안 되고 트림이 난다면 찹쌀은 미음처럼 묽게 먹고, 멥쌀 위주로 밥을 짓도록 하자. 멥쌀은 성질이 차거나 뜨겁지 않고 맛이 달며 기를 북돋는 효능이 있다. 전분이 75퍼센트 이상에 단백질, 지방, 비타민, 무기질의 함량도 풍부하다. 다만, 비타민과 무기질의 많은 양이 껍질 부위에 들어 있기 때문에 도정한 쌀이 아닌 현미로 밥을 지어야 영양을 고루 섭취할 수 있다. 1차 도정을 하여 왕겨만 벗겨낸 살아 있는 씨앗이 현미인데, 적당한 습도와 온도, 햇빛이 있으면 현미는 싹을 틔우지만, 백미는 이미 죽은 쌀이라 싹이 트지 않는다. 가장 좋은 것은 도정한 직후의 유기농 현미다. 현미는 냉동실에 보관하거나 서늘하고 건조하며 어두운 곳에 보관하는 것이 좋다.

신선한 현미로 지은 밥은 그 자체로 보약이다. 여기에 우리가 쉽게 구할 수 있는 약초들을 넣으면 그야말로 보약밥이 된다.

오장을 살리는 영양밥 재료

간을 보호하는 구기자

현대인은 스트레스 때문에 오장 중 특히 간 기능이 부실하기 쉽다. 평소 변비가 있으면서 눈이 잘 충혈되고 침침하거나 자주 피곤을 느끼면서 어지럼증이 있다면 간이 지쳐 있다는 뜻이다. 이럴 때는 말린 구기자를 물에 씻어 불려놓았다가 대추, 잣, 은행, 밤 등의 견과류와 함께 죽염을 조금 넣고 구기자영양밥을 지어 먹자. 구기자 30그램에 물 1.5리터를 넣어 구기자차를 미리 끓여두었다가 밥물로 써도 좋다.

 구기자는 서양에서 고지베리(goji berry)로 불리는데, 슈퍼푸드의 하나로 알려져 있다. 뛰어난 항암·항산화 작용으로 인해 노화 방지 효과가 크

구기자를 넣어 밥을 지어도 좋고, 구기자차를 밥물로 써도 좋다.

고, 보혈·보음 작용이 뛰어나 부족한 기운을 보충해주면서 생동감이 넘치는 에너지를 가져다준다. 간과 신장 기능을 보호하고 지질을 강하시키며, 혈당 조절이 잘 안 되거나 빈혈로 어지럼증을 느끼는 경우에도 좋다. 백혈구의 수를 증가시켜 면역력을 높이기 때문이다.

심장에는 대추와 목이버섯

평소 심장이 두근두근 떨리는 분들이나, 자꾸 뭔가를 잊어버리는 건망증 상이 있는 분이라면 대추 10개와 목이버섯 10장을 물 1.5리터에 넣어 끓인 다음, 차로 마시거나 밥물로 이용하면 좋다.

목이버섯은 성질이 평하고 맛이 달아 혈압을 내리게 하고, 출혈이 있을 때 지혈 작용을 한다. 피가 섞인 설사가 멎지 않을 때나 마음이 불안해 잠이 오지 않을 때는 물 두 잔에 목이버섯 30그램을 넣어 끓인 후, 목이버섯은 소금과 식초를 섞은 소스에 찍어 먹고 달인 물은 차로 마시면 효과가 있다. 여성들이 빈혈로 어지럼증을 자주 느낄 때는 목이버섯 30그램과 붉은 대추 30개를 함께 끓여 익힌 후 조청을 넣어 마시면 좋다. 단, 변이 무르거나 평소에 설사를 하는 사람에게는 맞지 않는다.

신장염이나 소변 이상에는 죽순

신장이나 간 기능 저하로 붓고 복수가 찰 때나 신장염으로 소변 이상이 올 때는 죽순을 먹으면 효과가 있다. 죽순의 껍질을 벗기고 얇게 잘라서 현미와 함께 죽을 끓여서 매일 두 번씩 먹으면 갈증이 심한 당뇨에 효과가 있다. 죽순을 넣어 밥을 지어 먹어도 좋다.

죽순은 성질이 차서 심장의 열을 식히는 데 좋은 약으로 쓰이고 염증과 부종을 다스리며 이뇨 작용을 한다. 심장과 신장은 음양의 관계로, 심장에 열이 올라가면 음양의 균형과 조화가 깨져서 신장 기능도 떨어지게 된다. 또한 심장은 소장과도 연관되는데, 심장의 열은 소장 기능에도 영향을 미쳐 소변 이상을 나타나게 한다.

체기를 자주 느낀다면 무밥

소화가 잘 안 되고 체기를 자주 느낀다면 무밥을 지어보자. 무는 성질이 다소 서늘하면서 달아 식체로 인해 답답하고 열이 날 때 소화제로 사용할 수 있고, 시원한 성질 덕분에 갈증 해소에도 좋다.

섬유질이 풍부한 무는 위장 유동을 촉진시키고, 감기나 유행성 독감, 뇌막염 등의 전염병을 예방하는 효과가 있고, 주독을 해소하고 어혈을 제거하는 데에도 효과가 있다. 목이 붓거나 코피가 날 때에는 무를 강판에 갈아 생즙으로 마시면 좋고, 오래된 기침이나 소화불량에는 무를 채 썰어서 밀가루무전을 부쳐 먹으면 도움이 된다.

돌솥에 무를 채썰거나 작게 깍둑썰기하여 깔고, 그 위에 씻은 현미를 안친 다음 무를 한 번 더 얹은 후에 무가 잠길 정도로 물을 부어 밥을 짓는다. 무 자체의 수분량을 고려하여 평소보다 밥물은 조금 적게 잡아야 한다. 봄에는 달래양념장, 가을에는 곶감이나 초피기름(산초기름)을 넣은 양념장을 곁들이면 별미다.

편식하는 아이에겐 고구마밥과 단호박밥

밥맛이 없고 편식을 하는 어린이들에게는 고구마밥이나 단호박밥이 좋다. 노란색 음식은 소화 기능을 도와 밥맛이 돌게 한다. 소화를 잘 못 시

소화가 잘 안 될 때나 목이 아플 때는 무밥이 제격이다.

키는 어린이에게는 밥보다는 죽으로 끓여주는 것이 좋다. 고구마나 단호박을 삶아서 믹서에 넣고 간 후 물을 부어 죽을 끓이는데, 여기에 현미가루를 섞어도 좋다.

기침과 가래에는 도라지, 마, 연근

폐에 열이 많은 사람과 폐에 한기가 많은 사람은 섭생법과 관리법이 달라져야 한다. 열로 인해 생기는 기침과 가래와 변비 등의 증상에는 열을 식혀주는 도라지, 마, 연근 등을 자주 먹어주면 좋다. 반대로 추위를 많이 타고 자꾸 콧물을 흘리는 냉증 체질에게는 생강, 마늘, 진피(귤껍질), 흰 파뿌리 등의 따뜻한 성질의 식품이 기관지 증상을 완화하는 데 좋다. 차로 우려내 밥물로 이용해도 좋고, 평소에 자주 마셔도 좋다.

마는 주로 갈아서 다른 음식에 섞어 먹지만, 생으로 썰어 샐러드로 먹으면 아삭한 식감이 별미다.

오장에 좋은 보약 재료

• 간 : 결명자, 목이버섯, 당근, 잣, 쑥, 미나리, 연근, 연잎, 셀러리, 옥수수수염, 시금치, 양배추, 표고버섯, 구기자, 녹두, 박하, 산수유, 식초, 매실

• 심 : 대추, 연근, 연밥, 건강(말린 생강), 우엉, 죽순, 토마토, 녹두, 밀, 영지버섯, 오미자, 팥

• 비 : 무, 고구마, 당근, 레몬, 마, 마늘, 양배추, 연밥, 옥수수, 콩나물, 파인애플, 진피, 두부, 땅콩, 율무, 좁쌀, 청경채, 팥, 표고버섯, 현미

• 폐 : 레몬, 도라지, 마, 마늘, 생강, 무, 미나리, 밤, 배, 배추, 우엉, 둥글레, 살구씨, 영지버섯, 매실, 오미자, 율무, 은행, 황기

• 신 : 부추, 밤, 쑥, 연밥, 옥수수수염, 파인애플, 호두, 결명자, 고구마, 마, 다시마, 미나리, 검은콩, 구기자, 보리, 산수유, 오미자, 은행, 좁쌀, 포도, 검은깨

현대인의 보약, 현미

논밭에서 여름 내내 길러서 막 추수한 상태의 벼(나락)를 1차 도정하여 제일 바깥 껍질(전체 무게의 25퍼센트)인 왕겨가 벗겨진 검푸른 색깔의 순수한 알맹이가 현미다. 현미는 속껍질인 쌀겨(미강, 전체의 5퍼센트), 씨눈(배아, 전체의 3퍼센트), 배젖(배유, 전체의 92퍼센트)의 세 부분으로 구성되는데. 여기서 쌀겨와 씨눈을 제거한 것이 백미다. 쌀겨와 씨눈은 전체 쌀 크기의 8퍼센트에 불과하지만, 대부분의 영양소가 이곳에 집중적으로 들어 있다. 가능하면 현미를 먹되, 소화 기능이 떨어졌거나 위 점막에 궤양이 있는 경우, 흡수를 잘 못 시키는 경우라면 5분도미를 섞어 먹으면 좋다.

5분도미, 7분도미, 9분도미는 도정한 정도로 쌀을 구분하는 말이다. 현미의 크기가 100이라면, 5분도미는 97, 7분도미는 95, 9분도미(백미)는 92 정도다.

현미도 아밀로오스와 아밀로펙틴의 함량에 따라 멥쌀과 찹쌀로 분류되는데, 찹쌀은 거의 아밀로펙틴으로만 구성되어 있고, 멥쌀은 약 20퍼센트의 아밀로오스를 가지고 있다. 성분의 차이는 거의 없지만 현미찹쌀은 성질이 따뜻하고 현미멥쌀은 성질이 평하므로, 몸이 냉한 사람이라면 찹쌀의 비율을 높게 하여 밥을 짓는 것이 좋다.

멥쌀을 한방에서는 갱미^{粳米}라 하는데 성질이 평하고, 맛이 달면서 쓰고, 독이 없다. 위의 기운을 고르게 하고, 살찌게 하며, 속을 데우고 이질을 멎게 하며 기를 보하고 답답한 증상을 다스린다. 멥쌀을 뜻하는 '갱' 자는 단단하다는 뜻인데, 찹쌀보다 단단하기 때문에 붙었다. 기^{氣}와 정^{精}은 쌀을 먹고 그것이 변화되어 생긴 것이기 때문에, 두 글자 모두 쌀 '미^{米}' 자를 따라 만든 글자다.

찹쌀은 나미^{糯米}라고 하는데, 책마다 조금씩 설명이 다르다.《동의보감》은 찹쌀의 성질이 다소 서늘하다고 설명했으나 《중약대사전》과 《본초강목》 등의 다른 고서에는 찹쌀의 성질이 따뜻하다고 나와 있다. 찹쌀은 속을 더부룩하게 할 수 있기 때문에 열이 많은 분들이 장복하면 가슴에 열을 조장하고, 정신이 무뎌져서 잠이 오게 만들므로 오래 섭취하는 것은 바람직하지 않다.

현미 선택법

가장 밥맛이 좋은 현미는 도정 직후의 쌀이다. 아무리 햅쌀이라도 도정한 후 오래 지나면 밥맛이 떨어지므로, 가능하면 갓 도정한 쌀을 구입하도록 하자. 대개 쌀 포장지 뒷면에 도정 날짜가 적혀 있으니 구입할 때 확인할 수 있다. 평소에 밥을 지을 때는 도정 직후의 햅쌀을 구입하는 게 좋고, 묵은 쌀은 벌레가 생기지 않게 창고에 잘 보관했다가 3~5년 지나면 슬쩍 볶아 약차로 복용한다.

한방에서는 3~5년 정도 지난 묵힌 쌀(도정하지 않고 묵힌 쌀)을 '진창미^{陳倉米}', '진름미^{陳廩米}'라 하여 약으로 사용했다. 이런 쌀은 성질이 따뜻하고 맛이 짜면서 시고 독이 없어 답답한 증상을 없애고, 설사를 멎게 하며, 오장을 보하는 효능이 있다.

현미 보관법

현미의 변질을 최소한으로 줄이려면 차고 건조하며 어두운 곳에 보관하는 것이 좋다. 적은 양의 쌀을 도정 직후 구입하여 냉동 보관하는 것이 최상이지만, 시골에서 부모님들이 쌀을 한 가마니씩 보내주시는 경우라면 통풍이 잘 되고 습하지 않은 베란다 다용도실 같은 곳에서 보관한다. 베주머니에 숯을 넣어 쌀 항아리에 넣어두면 쌀벌레가 생기는 것을 막을 수 있다. 이때 플라스틱 통은 피하고, 도기 항아리를 이용하는 것이 좋다.

2.
잡곡도 체질 따라, 증상 따라

주부들은 가족의 건강을 챙기기 위해 잡곡을 많이 넣어 밥을 짓곤 한다. 대형마트에서 포장해 판매하는 혼합곡식에는 포함된 잡곡 수가 10여 가지나 되는데, 가짓수가 많다고 해서 영양이 풍부해지는 것은 아니다. 소화 기능이 떨어진 사람들이 잡곡밥을 먹으면 가스가 차서 배가 더부룩해지고 자꾸 트림이 날 수 있다. 잡곡마다 성질이 다르기 때문에 어떤 것은 자신의 체질에 맞지 않거나 소화가 더뎌 위에 부담이 될 수 있다. 그러므로 잡곡의 성질을 이해하고, 자신의 체질 궁합에 맞게 한두 종류씩 섞어 밥을 짓는 게 좋다.

차가운 곡식, 따뜻한 곡식

곡식의 성질은 찬 것, 따뜻한 것, 평한 것이 있다. 밥 외에 우리가 면이나 빵으로 가장 많이 먹는 밀은 성질이 찬 곡식이다. 심장의 열을 내리고 변비를 해소하는 데 도움을 줘 열이 많은 서양인의 주식으로 안성맞춤이다. 보리는 약간 서늘한 성질이면서 이뇨 작용을 해서 변이 잘 통하지 않는 사람에게 좋다. 하지만 몸이 냉하거나 대변이 묽은 사람에게는 맞지 않는다. 메밀도 성질이 서늘한 편이다. 해독 작용이 뛰어나 포진이나 피부염에 좋고 만성 설사나 체증에도 좋지만, 소화 기능이 약한 사람들에게는 맞지 않는다.

성질은 조금 차지만 위를 상하게 하지 않아 노인이나 어린이에게 좋은 율무는, 비만인의 다이어트식으로 훌륭하다. 율무와 현미를 섞어 밥을 지으면 꼭꼭 씹어 먹을수록 살이 빠지는 놀라운 효과가 있다. 이뇨 작용도 있어 잘 붓는 체질이나 관절염이 있는 사람에게도 도움이 된다.

이에 비해 수수는 성질이 따뜻하여 몸이 냉하면서 소화기가 약한 사람에게 좋다. 어린아이가 밤에 소변을 자주 보거나 자다가 일어나 소변을 보는 습관이 있다면 수수밥을 먹이면 효과가 있다. 단 당뇨병 환자들에게는 수수가 맞지 않다. 당뇨를 한방에서는 소갈消渴이라 부르는데, 다식多食·다음多飮·다뇨多尿 증상과 함께 심한 갈증을 느끼기 때문이다. 소갈증에는 조(좁쌀)가 좋다. 조는 성질이 서늘하여 열을 식혀주고 해독시키는 작용이 우수하다.

당뇨와 고혈압에 좋은 곡류가 한 가지 더 있다. 바로 녹두다. 녹두는 성질이 서늘하여 청열 작용이 뛰어나므로 여름철 더위를 먹었을 때나 갈증을 심하게 느낄 때 밥이나 죽으로 해 먹기 좋은 재료다. 다만, 해독 작용이 강해 함께 먹는 다른 식재료나 보약의 약성까지 사라지게 하므로, 녹두를 먹을 때는 다른 재료의 효과를 기대하지 않는 것이 좋다.

간식으로 많이 먹는 옥수수는 성질이 평범하다. 요로결석이나 만성 신

> **〈갱년기 여성에겐 검은콩, 팥, 율무가〉**
>
> 　여성들이 갱년기가 되어 감정 조절이 잘 되지 않고 열이 올랐다 내렸다 하면서 잠을 이루기 어려운 것은 여성호르몬이 부족해졌기 때문이다. 이런 경우에 외부로부터 여성호르몬제를 공급받으면 크고 작은 부작용을 수반하는 경우가 종종 있다. 안전하게 여성호르몬의 균형을 회복하는 방법으로 《동의보감》에서는 검은콩과 팥, 율무를 같이 끓여 마시라고 제안한다. 검은콩은 신장의 기운을 돕고, 팥은 심장의 열을 꺼주며, 율무는 소화를 도와 인체 상부와 하부, 불 기운과 물 기운을 조화롭게 해주는 이치 때문이다. 차로 마실 경우에는 각각 10그램씩 넣은 후 1.5리터의 물을 붓고 끓이면 되는데, 중불로 끓이다가 약불로 줄여 은근하게 한 시간가량 졸이면 구수한 맛이 난다.

염, 수종 등의 증상이 있는 사람들이라면 옥수수를 차로 끓여 밥물로 쓰면 좋다. 옥수수수염도 함께 차로 끓여 마시면 좋다. 고지혈증이나 고혈압이 있는 사람에게도 옥수수가 좋다.

약재로 사용되는 곡물

특히 약성이 뛰어나 약재로 사용되는 곡물도 있다. 우리 조상들은 빨갛게 팥물을 곱게 들여 지은 밥을 홍반紅飯이라고 하여 임금의 수라상에 올렸다. 팥은 색이 고울 뿐만 아니라 약성이 평하면서 맛도 좋다. 한방에서는 적소두赤小豆라는 이름의 약재로 사용되는데, 단맛이 나면서도 약간 신맛도 난다. 이뇨 효과가 뛰어나서 부종을 치료하고, 해독 작용이 있어 염

조선시대 수라로도 올려진 홍반은 팥을 섞어 지은 밥이 아니라 팥 삶은 물을 밥물로 해서 지은 밥이다.

증을 완화시킨다. 황달로 혈뇨를 보는 사람에게 좋고, 대장옹종으로 통증이 있는 사람에게도 좋다.

팥의 사포닌 성분이 설사가 나게 하거나 비위를 상하게 할 수 있으므로, 팥을 삶아 첫 윗물은 버리고 다시 끓여 밥물로 써야 한다. 팥죽에 찹쌀 새알심이 들어가는 이유도 이런 작용에 대한 배려다. 너무 마른 사람이나 변이 무른 사람은 장복하지 않는 것이 좋다. 다이어트 식품으로 알려져 있어서 팥물을 상복하는 사람이 많은데, 자신의 체질에 맞는지 확인할 필요가 있다. 여름철에 많이 먹는 팥빙수는 더위를 물리치는 데 좋은 팥과 얼음이 들어가서 약성은 떨어지지만, 찹쌀떡과 곡물가루를 넣어 먹어야 냉증을 방지할 수 있다.

한방 약재 중 담두시淡豆豉는 뽕잎과 개똥쑥을 넣어 끓인 검은콩으로, 끓여지는 동안 약액을 모두 흡수한 검은콩만 찌고 말리고 발효시켜 건조한 것이다. 가슴이 답답한 증상이나 화병을 치료하는 약으로 사용된다. 검은콩을 이렇게 가공하면 약 기운을 위로 끌어올려 인체 상부의 열을 다스리는 작용이 커진다. 특히 입이 쓰고 귀가 울리거나 염증이 있는 경우, 열이 올랐다 내렸다 반복하는 갱년기 증상, 가슴이 답답하고 두통과 어지럼증이 있는 경우나 생리불순, 자궁하수 증상에 효과가 있다. 그러나 이 효능만 생각하고 비슷한 증상이 있다고 해서 모두 담두시를 먹으면 오히려 해가 될 수도 있다. 몸이 마르고 건조한 사람들, 간열이 심해서 이미 열이 많이 올라 있는 반면 하체가 냉한 사람들에게는 맞지 않기 때문이다.

감기 증상으로 열이 날 경우에는 담두시를 칡즙과 같이 먹으면 좋다. 피부발진에도 효과가 있는데, 이미 곪아 터진 경우에는 사용하면 안 되고 곪기 직전에 사용해야 약이 된다. 인체는 자연 그대로인지라 하루가 다르게 증상이 변하기 때문에, 음식이나 약의 복용 방법도 그에 맞춰 달라져야 한다. 체질만 고려할 문제가 아니라 변화하는 상태를 봐야 한다는 말이다. 그러므로 전문가에게 맡겨만 놓지 말고, 자신의 몸을 스스로 관찰하고 돌보는 습관을 갖는 게 중요하다.

검정콩을 발아시켜 건조한 것은 대두황권大豆黃卷이라는 이름으로 사용되는데, 밥에 넣어 먹으면 생콩보다 훨씬 고소하고 소화가 잘 된다. 영양 또한 풍부하다. 대두황권은 덥고 습한 열이 나는데 땀은 나지 않는 증상

검은콩을 약재로 가공한 담두시는 검은콩의 효능을 더욱 끌어올린 것이다.

을 다스리는 약이다. 이뇨를 돕고 쥐가 자주 나거나 관절통이 있을 때도 좋다. 검정콩을 발아시키는 과정에서 생긴 효소와 영양 성분들로 인해 위열을 해소시켜주면서 소화를 돕고, 경락을 소통시키는 효능이 증가하기 때문이다. 발아되지 않은 검정콩은 신장에 영향을 미치는데, 이는 콩의 모양이 우리 몸의 신장(콩팥)과 닮아 있다는 점에서도 유추해볼 수 있다. 반면 동그란 모양의 노란콩(대두)은 비위에 작용한다. 비위와 연관되는 흙 에너지는 음양을 조화시키는 기운을 가지고 있어서 둥근 모양, 황색의 음식들과 짝을 이루게 된다.

재밌는 것은 콩팥 모양의 검정콩에 싹이 돋아나면 둥근 기운인 비위에 작용한다는 점이다. 싹을 틔운다는 것은 음양 조화의 결과물이니, 아마도 어미의 마음이 음 기운인 물 에너지에 치우쳐 있다가 양기를 흡수하여 새싹으로 발아되면서 기운이 바뀌게 된 것은 아닐까, 혼자 생각해본다.

공부할수록 재미있고 오묘한 이치가 우리의 밥상에 있다. 매일 우리가 먹는 식재료들은 인체와 마찬가지로 또 다른 소우주라는 사실이 정말 흥미롭다. 먹는다는 것에 대해서, 강자가 약자를 잡아먹는다는 적자생존의 설명으로는 무언가 부족하다. 진정 그것은 서로 다른 존재와 존재의 만남이자 기운의 어우러짐이고, 부족한 것을 채워나가는 우주 원리의 소통 과정이 아닐는지.

3.
육수 대신 보약채수 만들기

국을 끓일 때, 대개의 가정에서는 쇠고기나 닭고기, 멸치나 새우, 조개 등으로 육수를 낸다. 그런데 오늘날 항생제와 성장호르몬제로 길러지는 동물들은 밀집사육 때문에 스트레스를 많이 받고, 비위생적인 시설에서 가둬 길러지는 동안 여러 가지 바이러스에 노출되기 때문에 안전성이 많이 떨어진다. 특히 뼈와 내장까지 고아서 탕을 끓이는 우리의 음식문화는 때로는 조금 위험하다는 생각마저 든다.

사람들이 육수를 선호하는 이유는 여러 가지다. 그중 가장 큰 것은 영양 보충을 위한 건강식의 필수조건이라고 여겨서일 것이다. 뼈째 고아 오랜 시간 우려낸 육수가 풍부한 단백질과 지방, 미네랄로 기운을 내게 해주리라는 믿음 때문에 대부분의 가정에서 엄마의 정성과 사랑을 표현하는 음식으로 선호되어왔다.

하지만 현대인의 생활방식이 달라지면서 음식의 종류와 식사 패턴도 변했다. 고기는 명절 때나 구경하던 시대와 달리, 지금은 매끼 고열량·고단백 음식을 먹을 수 있고, 다양하게 가공된 육류로 한 끼를 간단하게 해결할 수 있게 되었다. 평일에는 햄, 소시지, 돈가스로 밥을 먹고, 주말에는 피자와 치킨으로 즐거움을 찾는다. 쇠고기 성분의 수프로 맛을 낸 라면은 기본이고, 매일 육수로 우려낸 국물로 국과 찌개를 끓여 먹는다. 그러다 보니 예전처럼 못 먹고 가난했던 시절과는 달리 비만, 고혈압, 당뇨 등의 대사성 질환과 아토피, 비염, 천식, 건선 등의 면역계 질환에 시달리게 되었다.

비만이나 알레르기가 있는 사람들조차 매일 육수로 끓인 국과 찌개를 먹는 우리 식단에서 가장 부족한 영양은 무엇이고, 가장 넘치는 영양소는 과연 어떤 것일까? 음양의 균형을 잡는 한의학의 기준으로 생각해본다면, 오늘날 우리에게 필요한 보약은 육수가 아니라 채수다. 한약이란 결국 약초 국물이 아니던가? 그렇다면 끼니마다 한약을 달여 밥으로, 국으로 먹는 것은 어떨까? 바로 보약채수를 만들어 요리의 밑재료로 응용하는 것이다.

기본 채수에서 응용 채수까지

채수는 고기 대신 채소와 향신료로 맛을 내는데, 필요에 따라 다양한 채소를 활용할 수 있다. 우선 기본이 되는 채수 국물을 만들어두어야 하는데, 마른 다시마와 마른 표고버섯을 쓰면 된다. 요즘은 절단된 다시마를 손쉽게 구할 수 있으니, 국물용 다시마를 적당한 용기에 담아두고 필요할 때마다 조금씩 꺼내 쓰면 된다. 다시마에는 알긴산이라는 미끌미끌한 성분이 있어 단백질의 소화·흡수를 방해한다고 알려져 있다. 변비가 있

채수의 기본 재료는 마른 다시마와 마른 표고다. 여기에 파뿌리, 무, 생강 등 다양한 채소와 향신료를 첨가하면 맛에 변화를 주면서 효능도 높일 수 있다.

는 사람에게는 도움이 되지만, 영양이 풍부한 채수를 원한다면 다시마는 적당히 우려낸 후 건져내는 게 좋다. 기본 채수는 마른 다시마와 마른 표고버섯을 실온의 물에 한 시간 정도 담가 우려내기만 하면 된다. 손바닥 크기의 다시마 두 장에 마른 표고버섯 세 개, 여기에 물 1리터 정도면 적당한 비율이다. 다시마는 건져내어 따로 조리에 이용하고, 부드러워진 표고버섯은 적당한 크기로 잘라 국이나 찌개를 끓일 때 넣는다.

채수 끓이는 시간을 아끼려면

시간이 없을 때는 약초와 채소들을 가루로 만들어두었다가 채수 대용으로 이용할 수 있다. 우거지된장국을 끓일 때는 다시마를 30분 정도 우려낸 물에다 된장, 표고버섯가루, 들깨가루, 좁쌀가루, 생강가루를 잘 섞어 끓이면 구수하다. 얼큰한 탕을 끓이고 싶다면 말린 땡초를 이용한다. 기름에 땡초를 넣어 볶아 향과 맛을 낸 다음, 표고버섯과 다시마 우려낸 물을 붓고 끓이다가 국간장을 넣어 간을 하면 된다. 빨갛게 먹음직스러운 매운탕을 끓이고 싶다면 여기에 고춧기름과 고춧가루를 넣고, 청양고추와 생강을 넣으면 된다.

된장국을 끓이다가 마지막에 초피(제피)가루를 넣으면 소화를 도우면서 독특한 향이 얼큰한 맛을 돋울 뿐 아니라 발한 작용을 도와 몸이 개운해진다. 서양요리에 자주 사용되는 월계수잎, 바질, 오레가노를 말려서 가루 내어 넣으면 채소수프의 맛을 깊이 있게 만들어준다. 허브를 넣어 끓인 채소수프는 마지막에 흑후추를 뿌려 먹으면 된다.

오장에 이로운 재료들(45, 59쪽 참고)을 활용하여, 자신의 증상에 맞는 보약채수를 만들어 밥물이나 국물이나 찌개용으로 사용할 수 있고, 따로 차로 마셔도 좋다.

채수를 우려내는 시간(중불로 끓이다가 약불로 줄인 후의 시간)은 너무 오래 잡지 않는 게 좋다. 채소를 너무 오래 끓이면 오히려 영양이 파괴되고 국물 맛도 탁해지기 때문이다.

〈채수 재료에 따른 효능〉

기본 재료	응용 재료	추가 재료	효능
마른 다시마 마른 표고버섯	무나 무말랭이, 무청 다시마 우엉 표고버섯 양파	당근, 양배추	소화장애
		흰 파뿌리	감기
		구기자	당뇨
		홍화씨(볶은 것)	신경통, 어혈
		생강	소화장애, 손발 찬 것
		연근, 도라지	기관지
		목이버섯	불면증

다양한 재료로 채수를 끓여두면 밥을 지을 때나 국을 끓일 때 활용할 수 있을 뿐 아니라 차로도 마실 수 있다.

채수 끓이기

❶ 기본 채수 재료에 증상에 맞는 응용 재료들을 준비한다.
❷ 전체 재료 부피의 12~15배 정도의 물을 부어 중간불로 끓인다.
❸ 물이 끓기 시작하면 다시마는 건져내고, 나머지는 약한 불로 줄여 은근하게 달여준다.
❹ 재료들을 건져내고, 채수는 식힌 후 냉장 보관한다.

〈채수 재료와 조리 시간〉

재료	종류	끓이는 시간	이유
엽류, 조직이 부드러운 것들	무시래기, 양파, 버섯, 양배추 등	1시간	너무 오래 끓이면 불용성 성분들이 용출되어 소화장애를 일으킨다.
뿌리류, 조직이 단단한 것들	생강, 마늘, 무, 우엉, 연근, 도라지 등	1시간 30분~2시간	조직이 부드러워지게 한 다음 성분이 최대한 잘 용출되도록 한다.
해조류	다시마	10분 이내	미끌거리는 알긴산 성분이 단백질을 용출시키므로 오래 끓이지 않는다.
열매류	건구기자, 건대추 등	1시간 30분	속살이 너무 많이 퍼지면 국물이 탁해지므로, 원하는 맑은 정도에 따라 시간을 조정한다. 차로 마실 경우에는 속살이 퍼질 때까지 충분히 끓여도 된다.
씨앗류, 건약재류	홍화씨, 마른 황기 등	1시간 30분~2시간	조직을 부드러워지게 한 다음 유용성 성분을 용출시킨다.

4.
요리 시간은 줄이고 건강은 챙기는 오색양념

주방에서 어른들로부터 칭찬을 받은 적은 없지만, 서당개 삼 년이면 풍월을 읊는다고, 아들을 군대 보낼 때까지 주부 노릇을 하다 보니 적성에 맞건 안 맞건 대충 할 줄 아는 것들이 생겼다. 여전히 어수선한 기분이 들지만 말이다. 나처럼 바쁜 워킹맘들이, 시간과 노력은 적게 들이면서 더 먹고 싶다는 말을 들을 만큼 맛있는 요리를 하기는 쉬운 일이 아니다. 건강까지 챙기는 밥상을 차리는 건 더욱 그렇다. 남편의 로망은 늘 앞치마를 두르고 발그레한 미소를 띠며 자신을 위한 맛난 요리를 해주는 아내겠지만, 어쩌랴. 늘 남편보다 야근이 잦아 장볼 시간조차 없다면 말이다. 이상하게도, 여자나 남자나 바깥일을 하는 사람들은 집에서까지 일하는 게 그냥 싫다. 집에서는 그냥 아무 일 안 하고 누가 해주는 밥 얻어먹으며 좋아하는 배우가 나오는 드라마를 보며 놀고만 싶다.

맞벌이 부부가 늘어나면서 경제적인 부담을 어느 한쪽이 져야 하는 압박감은 사라졌지만, 한편으로는 어느 쪽도 집에 돌아와 온전히 쉬기 어려운 어정쩡한 동거 생활이 되어버린 것 같기도 하다. 일거리를 보면 서

예쁜 병에 건강소금과 귤피설탕을 포장해서 리본이나 네임텍을 붙이면 정성스러운 선물이 된다. 각각의 효능과 메시지를 작게 메모해 붙여두면 특별한 마음까지 표현할 수 있다.

로 눈치 보며 네가 할래 내가 할까 미루기만 하면서 말이다.

이러니 일 많고 바쁜 직장인들은 귀가 후 바로 요리 모드로 전환하는 게 쉽지 않다. 나만 해도 퇴근 후 옷을 갈아입고 주방에서 저녁 준비를 하기까지의 시간은 빨라야 30분이다. 샤워를 뒤로 미루더라도 말이다. 저녁 한 끼라도 얼굴을 마주보며 따뜻한 집밥을 챙겨 먹으려 들면, 저녁 식사 시간은 거의 9시가 되어버린다. 그래서 나의 화두 중 하나는 간단하고 빠르게 집밥을 하는 방법이다.

보통의 가정에서 집밥을 간단히 먹으려면 삼겹살 한 근이나 고등어 한 토막만 있으면 된다. 나머지 반찬은 냉장고에서 꺼내 새 접시에 담아놓으면 되고, 곁들여 국이나 찌개 하나 끓여놓으면 아무도 군말 없이 한 끼를 나눌 수 있다. 하지만 채식인의 밥상은 그런 게 없다. 콩고기나 콩탕

수육처럼 시중에서 파는 제품들로 간단히 요리할 수도 있겠지만, 저녁 만찬의 포만감을 채울 수는 없다. 무언가 신선하고 건강한 느낌이 드는 채식밥상이 필요한 것이다. 그래서 나는 어떤 채식 재료라도 간단히 요리할 수 있는 약념들을 만들었다.

양념이 아니라 약념藥念이다. 약이 되는 것을 염두에 두고 먹는다는 의미로 우리 전통 음식문화 속에서 사용된 말이다. 예전에는 자연으로부터 직접 채취한 온갖 약초들을 약념으로 만들어 계절별로, 체질별로 건강도 살리고 맛도 내는 조미료로 썼다. 그러나 현대에 와서는 화학첨가물 덩어리로 만들어진 조미료들을 양념으로 사용하고 있으니 약념이라는 말을 사용할 수가 없다.

소금과 설탕부터 건강하게

내가 가장 자주 사용하는 약념은 건강소금과 귤피설탕이다. 건강乾薑은 생강 말린 것을 일컫는 약재 이름이다. 생강은 소화를 돕고 위산 분비를 억제하면서 구토를 진정시키는 작용을 하는데, 오래 보관하기 어렵다는 단점이 있다. 그런데 생강을 말린 건강은 수분을 제거해 오래 보관할 수 있을 뿐 아니라 온열 작용이 더 좋다. 몸을 따뜻하게 하면서 장 운동을 도와 소화를 돕고 감기 예방에도 효과적이다.

건강소금을 나물 무칠 때나 찌개 끓일 때, 채소볶음, 떡볶이, 짜장, 카레 등을 요리할 때 쓰면 아주 간단하게 맛도, 건강도, 풍미도 살릴 수 있다. 오래 두고 사용하면 면역력이 커지고 폐 기능이 좋아져 오래된 기침도 다스릴 수 있다. 아침 기상 후에 건강소금을 작은 찻숟가락으로 하나 떠서 상온의 생수 250밀리리터에 섞어 마셔도 좋다. 레몬 반 개를 즙을 내 같이 넣으면 디톡스 효과가 상승한다.

귤피橘皮는 귤껍질을 가리킨다(햇귤의 껍질은 귤피라 부르고, 귤껍질을 1년 이상 오래 묵힌 것을 진피라 부른다. 약으로는 10년 이상 묵힌 것이 효능이 좋지만, 색이 까맣게 변하고 향도 나빠져서 일반적으로는 1~2년 정도 묵힌 것들이 약재로 유통된다). 겨울이면 어느 집이나 귤을 박스째로 사다놓고 먹는데, 귤을 먹고 나서 껍질을 말려두면 쓸모가 많다. 귤피를 이용할 생각이라면 친환경으로 재배된 귤을 구입해야 한다. 귤껍질을 흐르는 물에 잘 세척하여 보일러 잘 돌아가는 방에서 하룻밤 말리면 수분이 제거된다. 이렇게 꾸덕해진 귤껍질을 가늘게 채를 썰어 통풍이 잘 되는 곳에서 바삭해질 때까지 말리면 1년 내내 귤피차를 즐길 수 있다.

잘 말린 귤피를 분쇄하면 약념을 만들 수 있다. 소금과 섞으면 귤피소금이 되고, 설탕과 섞으면 귤피설탕이 된다. 귤피는 본래 단맛이 약간 나서 설탕과 맛이 잘 어울린다. 설탕을 넣어야 하는 요리나 차에 귤피설탕을 쓰면 맛도 더 좋아지고, 당분 과용으로 인한 피해도 줄일 수 있다. 드립커피에 귤피설탕을 조금 넣으면 신맛과 단맛이 조화를 이룬 신선한 커피 향을 즐길 수 있다.

갖은 채소를 말려서 오색약념 만들기

여러 가지 제철 채소를 말려두면 두고두고 오색약념으로 즐길 수 있다.

한번 만들어두면 국물요리에, 볶음에, 무침에 다양하게 쓸 수 있는 오색약념은 바쁜 주부의 필수품이다.

무말랭이를 분쇄하여 가루로 만들어두면 천연 조미료로 사용할 수 있다. 무 특유의 단맛과 매운맛이 건조 과정에서 부드럽게 가라앉는데, 이를 가루로 만들어 감칠맛이 필요한 요리에 넣으면 좋다. 채식으로 국이나 찌개를 끓일 때는 육수 대신 채수를 쓰는데, 채수가 미처 준비되지 않았을 때 무말랭이가루를 넣으면 국물 맛을 내기 쉽다. 같은 방식으로 양파나 표고버섯, 다시마 등도 가루 내 섞은 후 약념으로 쓸 수 있다.

무말랭이는 뻥튀기 튀기듯 해서 차로 끓여 마셔도 좋다. 가정에서는 튀기지 않고 덖으면 되는데, 구수한 맛이 일품이다. 무말랭이를 작은 덩어리로 분쇄해서 달궈진 철판 위에서 노릇하게 덖었다 식혔다를 아홉 번 반복하면 된다. 불을 가하는 것은 재료의 약성을 따뜻하게 하여 위병을 고치고 기를 순환시키는 명약을 만들어주는 비법이다.

다시마, 표고버섯, 양배추, 무말랭이, 마늘, 생강은 국물이나 나물 등의

오색약념 만들기

❶ 신선한 제철 채소 말리기 : 잘 씻어 물기를 털어낸 채소를 건조한 실내에서 채반에 널어 수분을 제거한 후, 볕이 좋은 시간에 통풍이 잘 되는 곳에서 완전히 건조시킨다(주변 환경이 조용한 곳이 좋고, 공장지대나 자동차가 많은 길가는 피한다).
❷ 말린 채소들을 믹서나 분쇄기를 돌려 가루를 낸다.
❸ 잡내를 없애고 맛을 부드럽게 하려면 나무주걱을 이용해 중불에서 팬에 볶아 식힌 후 보관한다.
❹ 각각 따로 작은 유리 용기에 담아두고, 필요한 요리에 사용한다.
❺ 몇 가지를 섞어 복합 양념을 만들어도 좋다.

    요리에 맛을 내는 데 쓸 수 있는 기본 약념이다. 이 밖에도 흔하게 사용하는 약초가루나 야생초가루를 이용해서 오색약념을 만들 수 있다. 봄이 되면 냉이를 말렸다가 곱게 가루 내면 초록빛이 선명한 냉이약념이 된다. 된장국에 넣어도 되고, 채소볶음이나 나물요리에 넣어도 좋다. 냉이가루를 소금에 섞으면 냉이소금이 되고 된장에 섞으면 냉이된장이 된다.
    파프리카가루와 고춧가루를 섞어두면 빨간색 약념이 된다. 자극적인

오색 채소를 잘 말려서 빻아두면 오색약념이 된다.

음식을 먹으면 안 되는 위궤양이나 십이지장궤양 환자들, 어린이들에게 좋다. 색은 선명하게 붉지만, 맛은 맵지 않다. 검은깨와 흑미, 검은콩을 갈아 소금과 섞으면, 호르몬의 균형을 잡아주면서 노화 방지를 돕는 보약소금이 된다. 나물 무칠 때나 채소 볶을 때 응용하면 좋다.

〈증상별 오색약념 블렌딩〉

증상	약념 재료
시력 증진, 간 기능 개선, 피부염 완화	냉이, 당근, 브로콜리
소화력 증진, 보기·보양	당근, 현미, 마
기관지 보호, 천식·인후염 완화	연근, 도라지
관절염 완화, 근육과 뼈 보강	시금치, 시래기, 모과
생리통 완화, 생리불순 개선, 자궁병 예방	브로콜리, 케일, 검은콩, 당귀

〈청 담그기〉

말려서 가루를 내어 활용하는 약념 말고도 우리는 전통적으로 청, 초, 장을 양념으로 써왔다. 그중 청은 샐러드 소스나 천연 조미료 역할을 할 뿐 아니라 음료로도 마실 수 있다.

청 담그는 과정은 기본적으로 재료를 설탕에 재 1차 발효를 시키고, 건더기를 걸러낸 뒤 2차 발효를 시키는 것이다. 설탕의 양은 재료의 수분 함량에 따라 정해진다. 수분이 많은 재료는 설탕의 양도 많아야 하고, 수분이 적은 재료는 설탕의 양도 적어야 한다. 새싹이나 꽃으로 청을 담글 때는 설탕 양을 재료 무게의 25~30퍼센트 정도 넣고, 잎채소에 껍질와 뿌리 등을 함께 넣을 때는 재료 무게의 50퍼센트 정도 넣는다.

매실이나 오미자, 오디 같은 열매를 사용할 때는 대부분 재료와 설탕의 비율을 1:1로 잡으면 되지만, 사과나 배처럼 당도가 높은 과일을 사용할 때는 설탕 양을 재료의 70~80퍼센트까지 줄인다. 또 홍삼이나 약재 등 말린 재료로 청을 만들 때는 설탕 대신 시럽이나 미리 만들어둔 다른 청을 사용하는 게 좋다.

1차 발효는 3개월 정도 걸리지만, 도라지·더덕·인삼류는 1년 후에 거르고, 오디·복숭아처럼 물컹한 과일은 2개월 후에 걸러낸다. 또 톳·다시마 등 해조류로 청을 담글 때는 1차 발효 기간을 4~5개월 정도로 잡는다. 담근 직후부터 1년간은 냉장 보관하기보다는 직사광선을 피해 20도 정도의 실온에서 보관해야 효소가 제대로 활성화된다.

〈함초청〉

염분을 먹고 자생하는 함초는 우유의 7배가 넘는 칼슘과 김의 40배가 넘는 철분 등 90여 가지의 미네랄과 필수 아미노산을 함유한 천연 영양제로, 고혈압, 당뇨, 비만 등의 대사증후군에 좋고 변비 해소에도 효과적인 식품이다. 함초를 생으로 먹을 경우에는 5~6월 정도에 구입해 조리하고, 7월부터 나오는 함초는 청을 담가두었다가 먹으면 좋다(단, 당뇨가 있는 분들은 청 대신 환으로 된 제품을 이용하자). 설탕과 함초를 1:1 비율로 담가 3개월 후 걸러내 2차 발효시키면 1년 후부터 마실 수 있다.

5.
인상파 요리를 만드는
마법의 향신료

우리가 매일 차리는 밥상이 늘 화려할 수는 없다. 주방에서 파티복을 입고 일할 수 없듯이, 일상의 세 끼를 어쩌다 한 번 먹는 잔칫상처럼 온갖 정성을 들여 차려내는 건 불가능하다. 양심 있는 남편이라면, 미안한 마음이 들어서라도 그렇게 차리는 것을 말릴지 모르겠다.

재미나게도, 우리 뇌는 정말로 맛있다고 느끼는 음식 한 가지만으로도 진수성찬보다 더한 감동을 받는다. 그러니 딱 한 가지 요리만 정신 차려 궁리해보자. 소박하지만 맛있는 반찬 한두 가지면 한 끼를 인상적으로 먹을 수 있다. 집중력 있게! 밀도 있게!

요리의 인상을 좌우하는 향신료

인상파 요리를 만들 때 꼭 필요한 것이 바로 향신료다. 우리가 금방 떠올릴 수 있는 향신료들은 마늘, 생강, 파, 후추 정도다. 파스타를 자주 먹는 가정에서는 바질, 오레가노, 파슬리, 월계수잎 정도가 추가될 것이고, 카레를 즐겨 먹는 가정에서는 강황이나 커민가루, 겨자씨를 따로 담아두고 맛과 향을 내기도 한다. 이들 향신료는 대부분 매운맛 성분을 가지고 있어서 음식의 잡내를 없애주면서 몸을 따뜻하게 해준다. 고추는 임진왜란 이후부터 사용되었는데, 그 이전에는 사찰요리에서 자주 사용되는 초피로 매운맛을 냈다고 한다. 그 외에도 깻잎, 부추, 쑥갓 등 향이 강한 채소류를 향신료로 사용하기도 했고, 오미자나 치자처럼 어여쁜 색을 지닌 꽃이나 열매를 색을 내기 위해 사용했다.

외국요리에서는 향신료가 더욱 다양하게 사용되는데, 생각해보면 우리는 대부분 향신료의 향과 맛 때문에 그 나라의 요리를 떠올린다. 인도의 커리는 강황, 정향, 회향 등의 향이 만들어내는 고유의 매운맛, 이탈리아의 스파게티는 오레가노, 월계수잎, 바질 등이 올리브오일과 마늘을 만나서 내는 향과 맛, 태국 전통 요리인 톰얌쿵을 떠올릴 때는 레몬그라스 특유의 향미를 떠올린다. 가만히 식재료들을 들여다보면, 기본적으로 사용되는 채소들은 어느 나라 요리든 비슷하다. 같은 재료로 기본 요리를 한 후 들어가는 향신료와 기름의 종류에 따라 각 나라 요리의 정체성이 만들어지는 것이다. 어느 나라나 복합적인 맛과 향을 내는 고유의 향신료들을 배합해서 사용하고 있는데, 인도는 가람마살라, 일본에서는 시치미七味, 중국에서는 오향이 대표적인 향신료 종합선물세트다.

인도에 가서 인도 전통의학인 아유르베다 교수로부터 요리 강습을 들은 적이 있다. 아유르베다는 생활의 철학이라는 뜻의 고대 산스크리트어로, 세계에서 가장 오래된 자연철학이자 자연의학이다. 인간을 대우주로부터 파생된 소우주로 보고, 우주와의 상호관계를 통해서 변화에 적절하게 대응해 건전한 삶을 이루는 방법을 기본적인 가르침으로 하고 있다. 아유르베다에서는 몸과 마음의 건강을 둘로 보지 않고, 건강을 위해 일상의 규칙성과 계절적 식이요법을 통해 육체와 정신의 건강을 통합적으로 관리할 것을 강조한다.

아유르베다 전통요리 수업에서 가장 먼저 가르치는 것이 바로 향신료의 종류와 쓰임새다. 양념이 강하면 자연요리가 아니라는 고정관념을 가지고 있었던 나는, 가람마살라를 설명하는 교수에게 "그런 것으로 맛을 내는 건 자연요리의 철학에 어긋나지 않느냐"고 질문했다. 교수의 대답은 "노^{No}"였다. 인도에서는 모든 향신료가 아주 신선한 자연 상태에서 생산되고 가공되기 때문에, 첨가물이 들어가지 않을 뿐 아니라 100퍼센트 자연식품이라는 설명이었다. 수업 중에 직접 가람마살라를 만들어봤다. 강황, 정향, 회향, 커민, 후추, 바질, 오레가노, 월계수잎 등의 향신료를 돌절구에 찧어 가루 낸 후 섞는 오래된 방식을 그대로 재현했다. 그러고 나니 '복합 조미료라 해서 다 같은 게 아니구나!' 저절로 고개가 끄덕여졌다. 그 이후, 나는 비슷한 재료들에 색다른 맛을 내게 하는 향신료의 매력에 푹 빠졌다. 향신료를 잘 활용하면 보약밥상을 손쉽게 차릴 수 있겠구나 싶은 생각에서였다.

다양한 향신료로 만국의 요리 즐기기

흔한 감자볶음 하나만 해도 그렇다. 감자와 양파를 볶을 때 당근을 넣어 색을 내는 건 지루하다. 여기에 강황가루를 넣어 노란색을 내면 같은 감

단순한 요리라 해도 강황가루를 뿌려서 색을 내면 맛과 향이 살아난다.

감자볶음이라도 보약이 된다. 강황은 한방에서 어혈을 풀어주고 복통을 다스리는 혈과의 약으로, 보통 울금과 통용되고 있다. 카레는 좋아하지만, 시중에서 파는 카레분말에는 뭐가 복잡하게 들어가서 싫다는 분들이라면, 깔끔담백하게 강황가루(울금가루) 하나만 장만하면 된다. 맛은 어떻냐고? 들기름에 감자와 양파를 볶아, 소금과 후추로만 간을 해도 고소하다.

셀러리나 달래, 쑥갓처럼 향이 강한 채소들도 말렸다가 가루 내 향신료로 사용할 수 있다. 단, 말린 것은 건조 과정에서 부피가 줄어들기 때문에 생채소와 같은 분량을 사용하면 너무 강한 향이 난다. 생것을 쓸 때의 6분의 1 정도를 사용하는 것이 좋다. 달래가루는 생달래보다 향은 좀 떨어지지만, 간장에 넣으면 달래간장의 향을 낼 수 있다. 강한 향을 싫어하는 사람들은 부드러워진 맛이 오히려 좋을 것이다.

중국요리가 먹고 싶을 때는 기름에 생강, 양파를 볶아 향을 낸 후, 채소

인도식으로 카레를 만들기 위해서는 다양한 향신료가 필요하다. 두루 갖추는 게 부담스럽다면 가람마살라를 구입하자. 단, 유기농 마살라를 구입할 것.

향신료의 향연, 채식카레

재료 : 감자, 가지, 브로콜리, 양파, 양송이버섯, 토마토, 고추
향신료 : 커민가루, 겨자씨, 강황가루, 계피가루, 정향가루, 마늘, 생강(모두 갖추기 어려울 때는 가람마살라로 대체)

❶ 기름을 넉넉히 두르고 향신료를 볶아 향을 낸다.
❷ ❶에 적당한 크기로 썬 채소를 넣고 약불로 줄인 후 팬 뚜껑을 덮어 푹 익힌다.
❸ 데친 토마토와 고추 2개를 함께 갈아 걸쭉한 소스를 만들어 ❷에 붓는다.
❹ 소금, 후추로 간을 하고 취향에 따라 꿀이나 시럽, 설탕을 조금 넣는다. 고소한 맛을 원하면 코코넛오일이나 코코넛밀크를 넣으면 된다.
❺ 고수잎으로 장식하고, 난(인도식 빵)이나 밥에 곁들여 먹는다.

를 볶다가 계피, 생강, 정향, 진피, 회향 등의 가루를 넣어 조미하면 된다. 이들 다섯 가지 향신료를 오향분 Chinese Five Spices이라 한다. 채소의 찬 성질을 향신료의 따뜻한 성질로 감싸 소화가 잘 되게 해주고, 장에 무리 없이 흡수되게 돕는 역할을 한다.

일본요리가 먹고 싶을 때는 초피와 와사비 또는 연겨자를 요리에 응용하면 좋다. 초피는 추어탕의 독특한 맛을 내는 재료로, 톡 쏘는 맛이 일품이다. 흔히 산초라 부르기도 하는 초피는 초피나무 열매로, 제피라고도 불린다. 소화기를 따뜻하게 하여 복통을 가라앉게 하고, 설사와 구토를 멎게 하며, 구충 작용도 뛰어나다.

바질이나 라벤더, 마조람, 민트, 로즈마리 등의 허브는 화분에 기르면서 잎을 따서 바로 요리에 사용할 수 있어서 좋다. 햇볕이 잘 드는 창가에 두고 흙이 마르지 않을 정도로만 관리하면 잘 자란다. 후추나 월계수잎, 회향, 정향 등은 통째로 구입해두었다가 사용하는 게 좋다. 월계수잎은 보통 통째로 넣고, 후추나 회향, 정향 등은 즉석에서 갈아 향을 낸다.

허브의 종류에 따라 생으로 먹기로 하고, 말려서 가루를 낸 후 약념으로 쓸 수도 있으며, 허브오일을 만들 수도 있다. 각 허브의 효능을 알아두고 다양하게 활용하자.

- **라벤더** : 스트레스 관련 장애나 피부 트러블에 좋다. 타박상으로 인한 멍이나 염증 치료에도 활용된다. 불면증이 있다면 라벤더오일을 베개나 이불에 두세 방울 떨어뜨린 후 잠을 청하면 도움이 된다.
- **로즈마리** : 진통·항균·항산화 작용이 좋고, 강장 효과도 뛰어나다. 신경을 튼튼하게 회복시켜주므로 저혈압, 신경피로, 스트레스 완화를 위해

자주 사용되는 등 기분전환에 효과적이다.

- **루콜라** : 난소·자궁·전립선·유방암을 예방하고 노화를 방지하며 신경세포를 튼튼하게 해준다. 독특한 풍미가 식욕을 증진시키며 비타민과 미네랄이 풍부해 샐러드로 많이 이용된다.
- **타임** : 두통과 빈혈에 효과적이며 우울증 개선 효과가 있다. 건조시켜 옷에 넣어두거나 냄새 나는 곳에 놓아두면 천연 방충·방향제로 사용할 수 있다.
- **바질** : 간 기능을 좋게 하고 해독 작용이 뛰어나 디톡스 재료로 많이 사용된다. 스트레스를 완화시키고 비만과 노화를 방지하고, 이뇨 작용과 소화를 돕는 작용도 한다.
- **애플민트** : 항균·항바이러스 작용이 뛰어나 감기와 세균성 질환에 좋

대부분의 허브는 잎이 연하므로 강한 햇볕이나 강한 바람이 부는 곳을 피해 통풍이 잘 되는 반그늘에서 말린다. 줄기째 거꾸로 매달아 말려도 되고, 잎을 하나씩 따서 채반에 널어 말려도 된다.

고, 구내염이나 인후염 등에도 효과적이다.

향신료들을 투명한 유리병에 담아 예쁘게 진열해두고는 내내 행복했던 기억이 있다. 여자들은 소꿉놀이하는 본성을 타고났나 보다. 요리를 하기도 전에 그저 바라만 보아도 배가 부르니 말이다. 어린 시절 보물상자에 자신만의 비밀을 하나씩 숨겨두었던 것처럼, 나는 허브들의 잎을 직접 말려 예쁜 병에 담아 하나씩 보관하는 게 재미있다. 뭔가 비밀스런 나만의 보물이 하나둘씩 늘어나는 기분이랄까.

6.
기름, 알고 먹자

채식인이 되면서 매일 챙겨 먹게 된 것이 견과류와 식물성 기름이다. 채식인이 되기 전에는 볶음이나 튀김요리에는 마트에서 구입한 대용량의 식용유를, 무침이나 소스 등을 만들 때는 참기름이나 들기름을 쓰는 게 내가 아는 기름의 쓰임새였다. 물론 참기름, 들기름도 마트에서 구입했고, 국산이니 수입산이니에는 관심이 없었다. 심지어 들기름 맛이나 참기름 맛이나 비슷하다며 나물을 무쳤던 기억이 난다. 그만큼 기름의 질이나 구입처, 종류 등에 대해 아는 바가 없었던 것이다. 그러다가 채식인이 된 이후부터 달라졌다. 활용하는 기름의 종류가 다양해졌다. 고기를 요리하지 않는 주방에서 기름의 위치는 그만큼 중요하다.

기름을 쓰기 전에 알아야 할 것들

기름을 제대로 활용하기 위해서 꼭 필요한 상식이 있다. 그중 하나가 불포화지방산(P)과 포화지방산(S)의 비율을 측정한 'P/S가'다. 이 값이 높을수록, 즉 불포화지방산의 비율이 높을수록 좋은 기름이라 할 수 있는데, 소와 가공육 지방의 P/S가는 0.09, 베이컨과 양고기의 지방은 0.17~0.50, 닭고기는 0.76, 생선은 평균 1.8 정도고, 우유와 버터는 0.11이다. 반면 대두유(콩기름)와 참기름은 5.6, 올리브유는 6.1~6.5, 해바라기씨유는 8.2이고, 들기름이 11.2로 가장 높다.

동물의 체온은 사람보다 높은 편이라 동물성 지방이 사람의 몸에 들어갈 경우, 녹지 않고 반고체 상태로 혈액 안에 축적될 가능성이 크다. 예전처럼 평소에 채식 위주로 식사하고 명절 때만 고기 섭취를 했던 식단에서는 동물성 지방이 혈관 내에 축적될 시간이 별로 없이 에너지로 사용되었다. 하지만 요즘처럼 운동도 부족하고, 고기를 과잉 섭취할 경우에는 지방이 에너지로 분해되어 사용되기가 쉽지 않아 비만이 되는 것이다. 따라서, 가능하면 불포화지방산이 풍부한 식물성 기름을 섭취하는 것이 바람직하다.

식물성 기름 중 좀 특이한 성격을 가진 게 있는데, 가공식품이나 과자 등을 만들 때 가장 많이 사용되는 팜유다. 팜유는 P/S가가 0.01~0.2로 동물성 지방 못지않게 녹는점이 높아 돼지기름에 맞먹는 20~28도다. 그래서 한때 팜유가 포화도 높은 동물성 기름처럼 혈액 순환에 방해가 되고, 성인병을 일으키는 나쁜 기름이라고 알려지기도 했다. 하지만 최근 연구에 의하면, 비록 녹는점은 높아 실온에서 반고체 상태지만 팜유에 함유된 카로틴, 토코페롤 등이 포화지방 성분인 팔미트산의 부작용을 상쇄시켜주기 때문에 식물유와 유사한 특성을 가지고 있다고 한다. 고온에서도 변질되지 않는 장점이 있어 튀김용으로 좋다.

상온에서 반고체 상태인 식물성 기름이 또 한 가지 있는데, 바로 요즘 다이어트 시장에서 인기가 큰 코코넛오일이다. 기름야자 열매에서 짜낸 기름이 팜유라면, 코코넛야자 열매에서 짜낸 기름이 코코넛오일이다. 코코넛오일은 일반적인 지방 구조인 장사슬 구조가 아닌 중사슬 구조로 되어 있어 간에서 직접 대사된다. 지방을 에너지로 빠르게 전환시켜 살찌는 것을 방지할 수 있다는 말이다. 칼로리도 낮아 다이어트 효과가 좋은 것으로 알려지면서 폭발적인 인기를 구가하고 있는데, 항암·항산화 작용이 뛰어나고 보습력 또한 좋아 피부에 직접 발라도 부작용이 없고 먹어도 안전한 기름으로 알려져 있다. 디톡스 식이요법이나 로푸드$^{raw\ food}$를 만들 때 재료들을 굳히는 일등공신이기도 하다.

들기름은 무침, 올리브오일은 샐러드?

들기름, 참기름의 효능도 만만치 않아 '우리 것이 최고여!'라고 외치게 만든다. 나는 고소한 참기름 향을 맡으면 밥에 간장과 참기름만 넣고 깨소금을 뿌려 먹던 어린 시절이 생각난다. 그 시절 참기름은 어찌나 고소했는지, 아직도 코끝에서 그 향을 느낄 수 있을 것만 같다. 요즘 참기름은 대량 생산으로 인해 그 향을 잃어버렸다. 농사 과정에서도 그러하거니와 기름을 추출하고 정제하는 과정에서 불순물을 제거하기 위해 여러 첨가물이 사용되기 때문이다.

좋은 기름이 뭐냐고 묻는다면 나는 저온압착 방식으로 추출된 국산 참기름, 들기름이라고 말하고 싶다. 중국산은 가격이 저렴하지만, 참깨냐

들깨냐 헷갈릴 정도로 멍청한 향이 난다. 더 많은 기름을 추출하기 위해 고온에서 까맣게 타도록 볶아 방부제와 색소를 첨가하기 때문이다. 볶은 참기름보다 더 좋은 건 생참기름이다. 참깨를 볶지 않고 추출한 기름은 흰색에 가까운데, 고소한 향이 적어 우리나라에서는 볶은 참깨를 주로 사용한다. 향은 볶은 것만 못하지만 영양소 파괴가 적고 고유의 향과 맛이 살아 있다.

 인도의 아유르베다요리나 서양요리에서는 볶지 않은 생참기름을 미용과 식용으로 모두 사용한다. 생참기름으로는 튀김을 할 수 있지만, 볶은 참기름으로는 어렵다. 꼼꼼하게 살림을 하고 싶다면 나물 무칠 때나 샐러드 소스를 만들 때는 생참기름이나 생들기름을 쓰고, 채소나 밥을 볶을 때는 볶은 참기름이나 볶은 들기름을 사용하는 게 좋다. 물론, 생으로 압착한 기름은 값이 비싸다.

 '엑스트라버진'이라는 이름이 왠지 신선하게 다가왔던 올리브오일은 어느덧 한국 주부들에게 친숙한 기름이 되었다. 식용유의 주원료인 옥수수와 면화, 콩 등이 유전자조작 종자로 재배된 수입 농산물이라는 사실이 알려지면서부터다. 올리브유는 열매에서 바로 짜낸 엑스트라버진 오일과 이 오일을 한 번 더 짠 버진 오일, 버진 오일을 짜낸 후 정제 과정을 거치는 퓨어 오일로 분류된다. 맛을 보면 올리브 특유의 씁싸름함을 농후하게 느낄 수 있는 게 엑스트라버진 오일이다.

 지중해식 다이어트의 일등공신이 바로 지중해 지방의 특산물인 올리브오일의 불포화지방산 덕분이라는 사실이 알려지면서 전세계인의 사랑을 받기 시작했다. 토마토소스와 올리브오일로 만든 파스타와 피자에 와인을 곁들인 식사가 대중화된 것도 지중해식 낭만에 대한 동경이 음식문

참기름으로 드레싱한 샐러드

재료 : 갖은 채소와 과일, 견과류, 매실청이나 꿀(또는 메이플시럽), 레몬 1/2개, 참기름

❶ 샐러드 준비하기 : 오색 쌈채소를 가늘게 채썰고, 과일과 견과류를 준비한다. 이국적인 느낌을 즐기려면 블랙올리브나 아스파라거스, 셀러리 등이 포함되면 좋다. 푸근하게 즐겨도 된다면 굳이 종류를 따지지 말자. 방울토마토, 감귤, 사과, 단감 등 어떤 과일이 올라와도 좋다. 상추, 깻잎, 치커리, 쑥갓 등 얼마든지 넣을 수 있다. 브로콜리를 넣고 싶다면 살짝 데쳐서 넣고, 나머지 잎채소들은 가늘게 채를 써는 게 쉽기 편하다. 여기에 건포도와 잣, 땅콩을 곁들이면 더 좋은데, 아몬드나 피스타치오, 캐슈너트 같은 수입 견과도 좋다. 중요한 건 이들이 서로 어우러져서 맛과 향을 내는 것이다.

❷ 소스 준비하기 : 참기름에 소금 조금과 매실청이나 꿀을 넣고, 버무리기 직전에 레몬즙이나 천연 과일식초를 떨어뜨린다. 참깨를 넣으면 더 고소하다. 생채소와 과일의 맛, 향을 그대로 즐길 수 있으면서도 서로 잘 어우러지게 해주는 초간단 소스다. 단, 넣는 순서를 지켜야 제맛이 난다.

화를 통해 사람들의 일상에 파고들었기 때문이다. 왠지 참기름, 들기름에서는 구수한 우리의 시골 향기가 나고, 올리브오일에서는 노상카페에서 파스타와 카푸치노를 즐기는 유러피언이 연상되기도 한다.

하지만 참기름으로는 나물무침, 올리브오일로는 샐러드라는 것은 고정관념이다. 참기름과 들기름으로도 커피나 와인에 곁들일 브런치나 디너테이블에 오를 샐러드 소스를 만들 수 있다. 방법은 아주 간단하다. 들기름이나 참기름에 레몬즙이나 꿀, 깨소금을 넣으면 된다.

샐러드 재료들이 적당한 크기로 잘려서 한 접시 위에 담길 때, 그 모습은 마치 교향악단에서 다양한 악기들이 지휘자의 우아한 손짓을 기다리며 집중하고 있는 모습처럼 느껴진다. 여기에 소스를 얹어 하모니를 이루고, 서로 몸을 부대끼며 깊이 소통해서 아름다운 음악처럼 맛과 향을 낼 때, 우리는 행복하다. 나는 정말로 맛있는 음식을 먹고 나면 아름다운 기분이 든다. 맛을 의미하는 '미味' 자가 아름다울 '미美' 자와 같은 발음을 사용하는 것도 그 때문일까?

활용도 높은 약초오일

기름을 골라 먹을 줄 알게 되었다면, 이제 기름으로 조금 다양한 재주를 부려볼 차례다. 재주 부리는 기술을 전수할 정도로 많이 아는 건 아니지만, 재미 삼아 실험을 해본 이야기를 수다 떨듯 늘어놓을까 한다. 2010년에 녹색연합의 일원으로 '고기 없는 월요일 Meat Free Monday' 활동을 홍보하러 멕시코 칸쿤에서 열린 '유엔 기후변화 당사국 총회 UNFCCC'에 참석한

적이 있다. 비영리 시민단체 활동가들의 숙소로 지정된 호텔에서 묵었는데, 전세계의 활동가들이 한자리에 모여 식사를 하는 것도 들뜨고 흥분되는 일이었지만 저녁마다 제공되는 다양한 뷔페식 만찬도 특별한 경험이었다. 물론 육류 메뉴가 더 많았지만, 채식인들이 많이 방문한 환경회의라서인지 샐러드와 오일류도 다양하게 놓여 있었다. 긴 테이블에 올리브오일병들이 늘어서 있고 그 앞 네임테그에는 로즈마리오일, 바질오일, 생강오일, 마늘오일, 민트오일 등의 이름이 적혀 있었다.

한국에 돌아와서 대용량 엑스트라버진 올리브오일과 밀폐 유리병을 몇 개 구입했다. 실험을 해보고 싶어서다. 오일을 용매로 허브의 정유 성분들을 추출해내는 원리다. 식물들이 지닌 향 성분, 맛 성분, 색소 성분들은 항균·항암·항산화 작용이 강한 유용성 영양 성분들이다. 올리브오일의 항산화 작용에 허브들이 지닌 파이토케미컬 성분들이 결합되면 영양도 상승, 맛도 상승, 향기도 상승하는 효과가 있다. 생강과 마늘도 편을 썰어 넣고 같은 방식으로 추출하면 되는데, 데운 기름에 볶아 향을 내는 것과는 다른 방식으로 활용할 수 있다. 약초오일은 가능하면 빨리 사용하는 게 좋다. 최대 저장 기간은 3개월이다.

약초오일 추출하기

재료 : 밀폐유리병, 허브, 올리브오일

❶ 허브들은 생으로 준비한다. 집에서 기르는 허브들의 잎을 사용하면 되는데, 로즈마리, 민트, 바질 등의 잎을 따서 물로 가볍게 헹군 후 물기를 건조시킨다.

❷ 병을 소독한 뒤 건조시킨 허브들로 반쯤 채우고 올리브오일을 붓는다. 이때 병의 5분의 1 정도는 남겨두는 게 좋다. 허브의 정유 성분이 잘 추출되게 하기 위해 흔들어줘야 하기 때문이다.

❸ 열흘 정도 매일 흔들어주면서 허브와 오일이 서로 잘 섞이도록 한다.

❹ 열흘이 지난 후 오일만 걸러서 따로 담아 보관한다.

* 파스타와 이탈리안 샐러드용 오일을 별도로 만들어도 좋다. 바질 한 손과 월계수잎 1장, 통후추 10알, 마늘 2개 분량을 편으로 썰어 병에 넣고, 오일을 병의 반쯤 부어 추출한다.

약초오일 활용하기

마늘오일이나 바질오일은 파스타를 만들 때 사용하면 좋다. 보통 구운 마늘을 올리브오일에 하룻밤 정도 재어놓았다가 알리오올리오를 만드는데, 생마늘로 만든 마늘오일로 대체해도 좋다. 보관 기간은 짧지만 파스타를 자주 먹는다면 간단해서 좋다. 매운고추오일도 이렇게 만들어둘 수 있다. 이탈리아의 매운 고추는 너무 비싸서 나는 우리나라 땡초 말린 것이나 청양고추를 활용한다. 태양초 고춧가루를 잘 데워진 오일에 볶아 향과 색, 맛을 내기도 한다. 맛은 조금 다르지만 아무렴 어떤가, 매우면 되지. 색다른 매력이 있으니 더 좋다.

생강오일은 인도 향신료를 이용한 요리나 매운 국물을 내는 요리에 사용하면 좋다. 인도 커리는 대부분 들소 젖으로 만든 버터인 기^{ghee}를 사용하여 특유의 고소한 맛을 내는데, 우유를 먹지 않는 나는 기 대신 코코넛오일이나 생강오일, 매운고추오일을 사용한다. 이들 오일에 겨자씨를 넣고 향을 낸 다음 채소를 볶으면 이국적인 볶음요리가 된다.

민트오일이나 로즈마리오일은 채소요리에 사용하면 된다. 샐러드 소스에 민트오일을 넣으면 뒷맛과 향을 상큼하게 해주고, 로즈마리오일은 버섯구이나 채소통구이 등에 넣어 향을 내기 좋다. 가장 간단한 채소요리 중 하나가 채소통구이다. 집에 있는 온갖 채소를 비슷한 크기로 자른 후 물기를 제거한 팬에서 기름 없이 구우면 되는데, 먹기 직전 허브오일을 살짝 뿌리면 된다.

〈다양한 기름의 활용법〉

• 올리브오일 : 체내의 나쁜 콜레스테롤 수치를 낮춰주는 올레산(오메가9)이 풍부하고 항산화 성분인 폴리페놀(100그램당 300밀리그램)도 많이 들어 있다. 샐러드의 주재료인 채소나 과일과 궁합이 좋은데, 특히 토마토와 함께 먹으면 리코펜의 체내 흡수율을 높여준다.

• 포도씨유 : 발연점(기름에 열을 가했을 때 연기가 나면서 기름이 분해되기 시작하는 온도)이 220도로 높은 편이라 다양한 요리에 사용이 가능하다. 향이 깔끔해 볶음요리나 부침요리에 적합하다. 불포화지방산이 캐놀라유보다 다소 적지만 오메가3의 일종인 리놀레산이 많다.

• 현미유 : 항산화 성분인 감마오리자놀이 100그램당 50밀리그램 함유돼 있다. 비타민E가 풍부하고 면역력 증진과 심장 건강에 좋다. 올리브유보다 발연점이 높고 기름 흡수가 적어 튀김 등 고온으로 조리하는 요리에 적당하다.

• 코코넛오일 : 50퍼센트 이상이 라우르산으로 이루어진 코코넛오일은 체내 포화지방산을 연소시켜주므로 다이어트에 좋다. 신진대사 증진 및 항균 작용을 한다. 발연점이 높아 볶음요리나 튀김요리에 적당하다.

• 유채씨유(캐놀라유) : 올레산 등 불포화지방산이 90퍼센트 이상 함유돼 있고, 나쁜 콜레스테롤의 수치를 낮춰주는 식물성 스테롤 성분이 함유돼 있다. 발연점이 240도로 높아 튀김요리를 바삭하게 할 수 있다. 기름 자체의 맛과 향이 없어 조리할 때 원재료의 풍미를 제대로 살릴 수 있다. 올리브오일보다 포화지방산 함량이 적은 반면 오메가3 지방산은 10배, 비타민E 함량도 50퍼센트 더 많다.

• 해바라기유 : 포도씨유보다 오메가3인 리놀렌산이 2배 이상 많다. 발연점이 232도로, 고온의 튀김요리에도 문제가 없다.

• 참기름 : 참깨 고유의 항산화 성분인 리그난 성분이 최대 1만ppm가량 함유돼 있다. 소량만 섭취해도 열량이 높아 다이어트에 해가 될 수 있으니 적당량을 섭취하도록 한다. 혈관에 탄력을 주어 피부 미용에 좋으며, 혈중 콜레스테롤 수치를 낮춰주어 동맥경화 예방에 도움을 준다. 나물무침용으로 적당하다.

• 들기름 : 모든 식용유 중에 오메가3(알파리놀렌산)가 54퍼센트로 가장 많이 함유되어 있다. 들기름 한 큰술에 들어 있는 오메가3의 함량은 고등어 한 마리에 들어 있는 함량과 맞먹는다. 오메가3는 인체에서 자체적으로 생산할 수 없어 반드시 음식을 통해 섭취해야 하며 심혈관 질환, 두뇌 발달에 도움을 주고 항염증·항비만 작용도 탁월하다. 또한 90퍼센트 이상이 불포화지방산으로 구성되어 있다. 샐러드나 나물무침용으로 적당하다.

7.
간단하게 만드는 보약고추장

어려서부터 나는 할머니가 허리를 꼬부리시고 쪼그리고 앉아 고추를 다듬던 모습에 익숙했다. 왜 저렇게 힘들게 고추를 말리실까 이해가 되지 않았다. 장마철에는 바깥에 널어놓은 고추가 비를 맞을까 봐 외출도 하지 않고 집을 지키셨고, 밤에는 습기 때문에 곰팡이가 슬지 않도록 선풍기를 돌리며 극진히 보살피셨다. 습한 날 집 안에 가득한 고추의 매캐한 냄새가 지루하고 끈적한 여름을 더 싫게 만들었지만, 할머니가 "고추 널러 가자" 하시면 마지못해 고추돗자리를 들고 나란히 옥상으로 올라갔고, "고추 걷자" 하시면 걷어서 내려오곤 했다.

할머니가 돌아가시고 나서는 어머니가 고추사랑을 물려받아서 그 모습 그대로 고추를 말려서 보내주신다. 이상하게도, 나이가 들어가면서 나도 점점 고추를 말리고 싶어진다. 아직은 바빠서 그럴 여유가 없지만, 언젠가는 나도 할머니처럼 꼬부라진 허리로, 어머니의 등짝처럼 고추돗자리 한 귀퉁이에 쪼그리고 앉아 고추를 다듬고 있지 않을까 싶다.

그렇게 늘 고추 냄새를 맡고 자란 덕분에, 한 번도 마트에서 고춧가루

베란다에 놓아둔 보약고추장. 작은 종지에 담긴 것은 구기자가루다.

를 사본 적이 없다. 마트에서 파는 고추장들은 순도 100퍼센트 국산 고춧가루를 사용한다고 자랑하고 있다. 문제는 고춧가루에 섞어 양념을 하는 것들이 대부분 수입산이라는 점이다. 미국산이나 호주산 소맥분(밀)과 정제 소금, 물엿에다 뭐가 들어갔는지 알 수 없는 복합 조미료를 넣어 들쩍지근한 맛을 낸다. 그 맛에 익숙해진 사람들은 시골표 고추장이 맛없다고 느낄 수 있다. 직접 고추장을 담글 여유가 없다면 재료를 확인하고 구입하는 것이 중요하다. 중국산을 섞지 않고 국내산 고춧가루를 사용했는지, 물엿 대신 쌀엿으로 만들었는지, 제재염이 아닌 자연염이 들어갔는지, 복합 조미료 대신 메줏가루와 엿기름으로 순박하게 만든 것인지, 그리고 모든 재료가 국산인지 확인해보자. '아는 것이 건강이다!' 초고속 인터넷 시대를 사는 우리에게 필요한 말이다.

〈고추, 보약에서 독약 사이〉

고추는 한방명으로는 랄초(辣草) 또는 번초(蕃椒)라는 낯선 이름을 가지고 있다. 성질이 뜨겁고 맛은 매워서 소화기를 따뜻하게 하면서 소화기 점막의 정체된 수분과 노폐물을 제거하는 효능을 가지고 있다. 또한 식체로 인해 답답한 기운을 내려 소화를 도와 설사나 복통에도 사용할 수 있다. 특히 위가 냉해서 자주 체한 기분이 드는 소음 체질에 좋다. 고서에는 고추를 식욕 부진을 다스리는 약으로 사용했다고 나와 있다. 열이 많이 나는 식품이니 당연히 몸에 열이 많은 사람이나 오래된 기침을 하는 사람은 장복하면 안 된다.

문제는 열 많은 중년 남성들이 늘 얼큰하게 먹는다는 점이다. 게다가 뜨거운 성질의 술과 고기를 함께 먹고 서로를 위무하며 30~40대를 보낸다. 그러고 나서 50대가 되면 당연히 고혈압에 고지혈증, 지방간 등의 대사성 질환을 맞게 된다. 고추가 문제라기보다는 열 많은 남성들이 열 받는 일을 하면서 열 많은 음식으로 스트레스를 해소하는 방법이 문제다. 우리 사회의 회식문화는 집단적 질병 공급소다. 그렇다고 회식 자리에서 썰렁하게 녹차 한 잔에 채식을 하자고 하기도 어렵고 말이다. 어쨌든 중년 남성들은 너무 맵고 자극적으로 먹는 것과 과음, 과식, 과로를 조심해야 한다.

하지만 적당히 섭취하는 고추의 영양은 유익하다. 고추에는 비타민C가 많아 감기와 두통, 치통, 각기병에 좋고 항균·항산화 작용을 하며 항암 효과도 있다. 한국인의 음식에 고추와 고춧가루가 없다는 것은 상상하기 어렵다. 화끈한 한국인이 매운 고추를 더 매운 고춧가루에 찍어 먹는 문화를 어찌 버릴 수 있겠는가.

고추장을 보약으로 만드는 구기자, 대추, 산수유

문제는 여름 내내 할머니와 어머니의 가녀린 노동의 대가로 얻은 비싼 고춧가루를 받기만 했지, 고추장을 직접 만들어본 적이 없다는 것이었다. 바빠서 그렇다고 변명을 해두겠지만, 그런 무심함과 나태함이 점점 부끄러워지는 나이가 되고 있다.

　많은 주부들이 장을 담그는 일은 아주 시간이 많이 들고, 잘 배워야 하며, 어려운 일이라고 생각한다. 나 역시 그랬다. 늘 어머니가 유리병에 담아서 김치와 함께 보내주시는 것을 아무 생각 없이 받아먹기만 했기 때문이다. 고추장은 원래부터 고추장으로 태어난 애라고 생각했다. 마트에서 파는 고추장을 사서 먹는 것에 대해서도 아무 거리낌이 없었다.

　우리 전통음식의 약성과 재료에 대해 관심이 생기고 나서 자료를 찾아보니, 고추장의 종류도 여러 가지가 있었다. 직접 누룩을 발효시켜 담그는 고추장이 있는가 하면, 찹쌀에 메줏가루와 조청을 넣어 간단히 만드는, 일명 엿고추장이 있었다. 생각해보니, 어릴 때 집에 있던 장항아리마다 고추장 맛이 달랐던 것 같다. 어떤 것은 색이 시커멓고 텁텁하면서 짠맛이 강했고, 어떤 것은 맵지만 단맛이 강해서 손가락으로 곧잘 찍어 먹었던 기억이 난다. 그게 바로 엿고추장이었다.

　누룩을 발효시키는 건 자신이 없고, 엿고추장은 간단히 도전해볼 수 있겠다 싶어 재료를 주문했다. 유기농 생협의 쇼핑몰을 이용해 국산 찹쌀가루와 메줏가루 그리고 쌀조청을 주문하고, 천일염은 3년 묵혀 간수가 빠진 것으로 준비했다. 여기에 예전에 말려서 가루 내 두었던 구기자와 대추를 넣어보기로 했다. 구기자와 대추는 점액 성분이 있어서 가루를 내기가 쉽지는 않지만 가정용 분쇄기로도 시도해볼 수 있다.

　구기자와 대추를 넣은 고추장의 맛은 기가 막혔다. 조청이 들어가 단맛도 적당했고, 간수가 빠진 천일염은 고소하면서도 짜지 않으면서 담백했다. 항아리 입구를 한지로 막고 통풍이 잘 되는 베란다에 놓고 일주일

영양까지 듬뿍, 보약고추장

재료 : 고춧가루 800g, 메줏가루 400g, 찹쌀가루 1.5kg, 엿기름 400g, 천일염 300g, 물 3.5l

❶ 고추장을 담을 그릇을 소독한다.

❷ 물 1.5l에 엿기름을 넣어 손으로 비벼가며 주무른다. 30분간 이대로 방치한 후 두 번 정도 걸러낸다.

❸ 남은 물의 반 정도(1l)를 끓이는 동안, 남은 물로 현미찹쌀가루를 개어 반죽한 다음 끓는 물에 섞어 저어가며 곱게 끓여 준다.

❹ ❸에 엿기름 걸러낸 것을 넣어 저은 후, 양이 반으로 줄 정도로 졸인 후 불을 끄고 식힌다.

❺ ❹에 천일염, 메줏가루, 고춧가루 순으로 넣고 잘 저어준다. (약초가루를 넣고 싶으면 맨 나중에 넣는다.)

❻ 이대로 항아리에 담고 한지로 뚜껑을 만들어 덮은 후 베란다에서 일주일 정도 숙성시켜 먹는다.

을 기다렸다. 일주일이 지나 맛을 보니 한결 간도 더 들고 단맛, 짠맛이 적당히 손을 잡고 자리를 잡아갔다.

한 번 성공하고 나니 자신감이 생겼다. 두 번째로 고추장을 담글 때는 산수유와 산조인을 추가로 넣어보기로 했다. 산수유와 볶은 산조인을 둘 다 가루 내어 구기자고추장과 같은 방식으로 담그니 보약이 따로 없다. 나물 무칠 때나 비빔국수를 버무릴 때도 왠지 뿌듯하고 건강해지는 기분이 절로 든다고나 할까.

〈고추장을 보약으로 만드는 식재료의 효능〉

구기자는 성질이 평하고 맛이 달아서 음식 재료로도 좋고 차로 끓여 마셔도 좋다. 또한 조혈 기능을 촉진시켜 골수세포를 분화, 증식시키는 것으로 알려져 있다. 보통 노인 질환이나 피부병, 만성 간 질환자들에게 권하고, 항암 식단으로도 꾸준하게 복용할 만한 재료다. 습진이나 대상포진, 신경성 피부염, 건선 등에도 사용된다.

대추는 비위를 보하고 기를 북돋는 보약류에 속하면서 정신을 안정시키는 작용을 한다. 몸이 허약해지면서 마음도 예민하고 까칠해지고 잠을 못 이루는 사람들에게 대추를 먹게 하면 잠도 잘 자고 밥도 잘 먹게 된다. 고콜레스테롤혈증에도 치료 효과가 있다고 알려져 있다. 다만, 당분이 많아 오래 먹으면 비만해질 수 있으니 다이어트를 하려는 사람은 조금만 먹도록 하고, 잘 붓는 사람, 식체가 있는 사람은 주의하는 게 좋다.

산수유는 약간 따뜻한 성질을 가진 신맛 나는 열매다. 오장 중 간장과 신장으로 들어가 영양과 호르몬의 부족으로 인해 생기는 어지럼증, 귀울림 증상, 요통을 치료하고, 식은땀 나고 체온 조절이 잘 안 되는 등의 갱년기 증상을 다스린다. 산수유의 신맛은 수렴 작용을 하기 때문에 정력이 떨어진 남성들이 소변을 자주 보거나 땀이 그치지 않고 계속 흐르는 허증을 다스리는 데 좋다.

산조인은 멧대추의 씨를 말하는 것으로 간과 담을 보하고, 정신을 편안하게 하는 효능이 뛰어나 불면증이 있거나 심장이 벌렁거리며 잘 놀라고, 조급해하는 사람에게 신경안정제 역할을 한다. 약으로 쓸 때는 볶아서 사용한다. 수험생들이나 갱년기 여성들에게 자주 사용되는 약재다.

8. 젓갈 없이 채식김치 담그기

백악관의 안주인 미셸 오바마가 자신의 트위터에 직접 담근 김치 사진을 올려 화제가 된 적 있다. 그녀는 김치에 설탕을 넣고 맵지 않게 버무려 미국인의 입맛에 맞는 김치를 선보였다. 외국인들도 한국의 전통식단이 건강식이라는 생각을 가지고 있는데, 정작 우리는 인스턴트 식품이나 육류반찬 몇 가지로 한 끼를 때우는 식사에 익숙해지고 있다. 요즘 젊은 주부 중에는 김치를 담글 줄 아는 사람이 드물다. 김치가 대량 생산되어 유통된다는 것이 다행이기도 하지만, 집집마다 장맛이 다르듯 김치 맛도 손맛 따라 다르다는 것도 옛말이 되는 건 아닌지 모르겠다.

젓갈 없는 김치는 불가능한가

한국인에게 가장 무난한 음식은 우리가 오랫동안 먹어왔던 밥과 국, 김치와 장으로 만든 찌개, 나물류다. 왜 이들 음식이 우리 식탁에서 오랫동안 사랑받을 수 있었을까 하고 살펴봤더니 이들을 만드는 재료의 성질이 대부분 너무 차거나 덥지 않아 어느 체질에나 다 어울리고, 아무리 오래 먹어도 탈이 나지 않기 때문이다. 그러나 한국인의 밥상이 지나친 염분 섭취로 인해 위암 발병률을 높이고 있는 것도 사실이다. 예전에는 저장할 방법이 마땅치 않아 음식의 염도를 높여 저장했지만, 요즘처럼 사시사철 재료를 구하기 쉽고 김치냉장고까지 있는 시대에는 맞지 않는 방법이다.

김치의 염분 농도는 젓갈이 들어가면서 더욱 상승했다. 오늘날 우리는 젓갈이 들어가지 않은 김치는 전통적인 방식이 아니라고 생각하거나 영양과 맛이 떨어진다고 여기지만, 우리 조상들이 김치를 담글 때 항상 젓갈을 넣었던 것은 아니다. 오히려 약 성분을 가진 제철 산야초로 저장성과 효능을 더하고 맛을 내는 방식이 더 보편적으로 응용되었고, 다양한 재료로 저장용 반찬들을 만들어왔다.

전통방식 그대로, 제철 채소들과 효능이 뛰어난 약초를 넣은 보약김치를 만들어보자. 배추 한 포기나 두 포기부터 시작해보자. 무도 반 개나 한 개면 충분하다. 갓과 청각 조금, 생강과 마늘, 양파도 집에 있는 것을 사용하면 된다. 배와 사과, 감자가 있다면 좀더 아삭하고 맛있는 배추김치를 담글 수 있다. 액젓을 사용하지 않는 대신 집간장을 사용하면 된다. 찹쌀죽에 들깨가루를 풀어 고소함을 더하고 강황가루를 넣으면 소화를 돕는 효능이 더해진 약선김치를 담글 수 있다.

다양한 과일로 맛을 낸 보약김치는 과일의 수분이 배추에 점점 배어들어가 익을수록 부드럽고 시원한 맛을 낸다. 또한 발효가 되면서 보약채수의 약성도 깊어져서 더욱 건강한 채식김치를 맛볼 수 있다.

〈젓갈 없이 즐기는 다양한 김치〉

우리나라 전통음식에 관한 소중한 자료인 《산가요록(山家要錄)》에는, 소금물에 담갔다가 저장하는 여러 가지 찬이 소개된다. 파, 가지, 무, 오이, 송이, 고사리 등의 채소를 소금만으로 절이거나 또는 곡물인 조밥, 쌀밥, 술지게미 등을 촉진제로 써서 발효시켜 먹는 채소 반찬을 '침'이라고 했는데, 동치미, 나박김치, 동과김치 등이 여기에 속한다. 제철 채소를 간장, 소금물에 향채와 함께 담가두었다가 간이 배고 맛이 들면 반찬으로 먹었던 것은 '저'라고 했다.

오이지는 과저(瓜菹)라 불렀는데, 푸른 오이를 깨끗이 씻어서 볕에 하루 말렸다가 한 겹은 향유잎, 한 겹은 오이를 놓아 항아리를 가득 채운 뒤에 끓인 소금물을 식혀서 부어주고 할미꽃으로 덮으라고 나온다. 향유는 여름철 설사병이나 더위병에 자주 사용되는 한약재인데, 오이의 찬 성분으로 인한 부작용을 막고 여름 더위를 물리치기 위해 사용된 것이 아닐까 싶다. 할미꽃은 한방에서는 백두옹(白頭翁)이라는 이름의 약재로 사용되는데, 이질과 배앓이병에 좋고 항균·해독 작용이 뛰어나 여름철 식중독이나 각종 전염병 예방 차원에서 응용되었던 것 같다.

또 다른 방법으로는, 푸른 오이를 한 치쯤 되게 잘라서 팔팔 끓는 물에 재빨리 데쳐서 파래지면 형개, 산초잎, 생강, 마늘을 섞어서 항아리에 담고, 달인 장물을 부어 하룻밤 지낸 뒤에 먹으라고 나와 있다. 형개는 항염 작용이 좋아 감기 치료나 인후염, 비염, 중이염, 피부염 등에 자주 사용되는 약재다. 여기에 향신 성분이 강한 산초잎, 생강, 마늘을 넣어 살균·해독 작용을 더했다.

• 향유는 꿀풀과에 속한 1년생 초본으로 '노야기'라는 이름으로도 불린다. 전국 각지에 자생한다. 신맛이 나는 풀로 여름철 더위 먹은 증상을 다스리는 데 많이 사용된다. 설사, 토하면서 두통, 가슴답답증, 땀이 안 나는 증상과 몸이 쑤시는 증상에 두루 사용된다. 땀이 많은 사람은 사용하지 않는 것이 좋다.

• 형개는 꿀풀과에 속한 1년생 초본으로 우리나라 전역에서 재배된다. 가을에 꽃이 필 무렵 채취하여 햇볕에 말린다. 보통 생으로 사용하지만 지혈을 목적으로 할 때는 재가 될 때까지 태워 사용한다. 오한, 발열, 두통, 신통에 주로 사용하고, 피부병과 구안와사(입이 돌아가는 증상), 편신마비(좌우 중 한쪽에만 오는 마비) 등에도 처방된다.

다양한 과일로 맛을 내는 보약김치

나처럼 김치라곤 담가본 적이 없는 주부들을 위해 기초부터 설명하자면 이렇다. 김치는 종류에 상관없이 기본 양념이 필요하다. 찹쌀죽을 쑤어 식힌 후, 고춧가루, 홍고추, 마늘, 생강, 양파를 섞어 믹서에 갈아 양념을 만들어둔다. 매콤한 맛을 좋아하면 여기에 청양고추를 함께 넣으면 된다. 아삭한 맛을 내려면 생감자를 넣고, 진하고 깊은 맛을 내려면 소금 대신 집간장으로 간을 한다.

깍두기처럼 약간 단맛을 내야 할 때는 설탕 대신 사과나 배, 홍시 등 과일의 단맛을 이용하면 좋다. 과일은 기본 양념에 미리 섞어 갈아두면 된다. 오이소박이는 기본 양념에 부추, 당근, 파프리카, 양파를 다져서 섞은 후 4등분한 오이에 속을 채우듯 넣는다.

채식김치를 먹으면서 젓갈 넣은 김치의 아쌀한 맛을 기대하는 건 장르를 잘못 선택한 일이다. 채식김치는 그 나름대로의 깔끔담백한 맛이 일품이기 때문에 새로운 맛의 장점을 즐기는 것이 좋다. 이 김치 맛에 익숙해지면서부터는 젓갈이 들어간 김치는 왠지 비린내가 나서 비위에 맞지 않았다. 채식으로 식사를 하면서부터 자연스럽게 입맛도 변하고 취향도 변하는 것은 당연한 일일지 모르겠다. 그러니 애써 채식을 하려고 고기를 끊기보다는 자연식으로 자주 식사하며 채식 생활에 차차 물들다 보면 큰 불편 없이 편안하게 채식인이 될 수 있다고 말하고 싶다.

가끔 사람들에게 채식요리를 해주면, 어떤 이들은 맛이 너무 약하다며 무슨 맛으로 먹느냐고 묻는다. 자극적인 양념 맛과 고소하고 씹는 맛이 있는 고기요리를 선호하는 사람들의 경우다. 그럴 때 나는 이런 생각이

젓갈 대신 과일, 보약김치

재료 : 배추, 소금, 찹쌀죽(찹쌀가루, 들깨가루, 보약채수), 여러 과일, 양념(집간장, 고춧가루, 감자, 청각, 생강)

❶ 배추를 절반으로 갈라 밑둥 부분에 칼집을 낸다. 질긴 겉잎은 뜯어내어 우거지로 이용하고, 흐르는 물에 배추를 씻은 다음, 배추잎 사이사이에 굵은소금을 넣어 절여준다. 소금의 양은 보통 김치의 10~15퍼센트 정도면 된다. 계절에 따라 절이는 시간이 달라지는데, 여름에는 보통 10시간 내외, 겨울에는 농도를 조금 묽게 하고 시간을 좀더 많이 잡는 게 좋다.

❷ 배추를 건져 체에 받쳐 물기를 잘 빼놓는다. 절여진 배추를 세웠을 때 45도 각도로 구부러지면 잘 절여진 것이다.

❸ 너무 진하지 않게, 은근하고 부드러운 맛의 보약채수(73쪽 참고)를 준비하고, 여기에 찹쌀가루, 들깨가루를 넣어 죽을 끓인다. 보약채수로 죽을 끓이면 깊은 맛을 내는 보약김치를 담글 수 있는데, 그러려면 보약채수를 미리 만들어두어야 한다. 보약채수의 구성은 체질이나 증상을 고려하면 된다. 너무 향이 강하거나 색이 많이 우러나는 것은 김치 맛을 해칠 수 있기 때문에 부드러운 색과 향이 나는 재료들로 채수를 우리는 것이 좋다. 무, 우엉, 표고, 양배추, 당근 등이 들어가면 된다. 여름철에 먹는 김치라면, 조상들처럼 향유나 할미꽃을 넣어 국물을 내도 좋겠다.

❹ 식은 죽에 집간장, 고춧가루, 감자와 여러 과일(홍시, 배, 사과 등)을 넣고 믹서로 간다. 홍시는 준비가 되는 계절이라면 별미로 넣어도 좋고, 없다면 안 넣어도 된다. 감자는 생으로 갈아 넣으면 전분 때문에 아삭거리는 맛을 낼 수 있다. 생강은 다지고 청각은 물에 담가 부드럽게 한 후 잘게 다진다.

❺ 물기를 뺀 배추에 ❹를 버무리는데, 무 반 개는 채썰어 소금에 살짝 절였다가 건져내고, 나머지 반은 크게 썰어 양념에 함께 버무린다.

젓갈을 넣지 않고 다양한 과일로 맛을 낸 채식김치는 부드러운 맛이 일품이다.

든다. 백화점에 진열된 명품 백이 소박하고 평범한 옷차림에는 어울리지 않듯이, 내가 매일의 일상에서 부담 없이 가까이 할 수 있는 요리는 소화가 잘 되어 부담 없고, 먹을수록 건강해지는 편안한 요리가 아닐까. 나를 편안하게 만들어주는 요리가 내겐 명품이다. 맛의 기준을 타인들의 평가에 맞추지 말고, 내 몸이 원하는 음식을 요리해서 먹는 것이 건강해지는 비결이리라.

〈된장으로 즐겨보자〉

콩을 발효시켜 만드는 된장은 소화·흡수율이 콩을 먹을 때에 비해 상승하는데다가 기능성 물질 또한 콩보다 늘어난다. 된장의 영양을 그대로 살리면서, 짜지 않게 즐기는 몇 가지 방법을 소개한다.

1. 된장차

된장의 영양과 효능을 고스란히 간직한 디톡스차로, 다양한 방법으로 즐길 수 있다.

첫째, 미지근한 물에 된장 한 작은술을 풀어 마신다

둘째, 볶은 현미를 분쇄하고 들깨, 잣, 아몬드를 가루 내어 된장에 개어 따뜻한 물에 두 작은술 정도 풀어 마신다

셋째, 몸을 따뜻하게 하려면, 생강 세 쪽, 계피 한 조각, 흑후추 세 알을 넣어 끓인 물을 조금 식힌 후, 된장 한 작은술을 풀어 마신다(감초를 넣어도 좋고 없으면 빼도 된다).

넷째, 따뜻한 물(보약채수를 활용하면 더 좋다)에 된장 한 작은술, 들깨가루 한 작은술을 체에 걸러 곱게 풀어 내린 후 두부를 잘게 깍둑썰기하여 넣으면 초간단 된장국이 된다(오색약념을 조금 넣으면 좋다).

2. 생된장 두부장아찌

생된장(밥그릇 하나 정도)에 생두부 반 모를 깍둑썰기하여 박아둔다. 보름 정도 지나 꺼내 먹으면 장아찌처럼 개운한 맛을 즐길 수 있다. 취향에 따라 오색약념을 함께 넣는다. 먹기 직전, 들기름과 통깨를 넣으면 감칠맛이 산다. 이대로 나물무침, 된장찌개에 넣는다

3. 된장현미소스

생된장, 현미가루(또는 오트밀가루), 아몬드와 캐슈너트(다른 견과류로 대체 가능), 오미자청(또는 유자청이나 레몬청), 레몬즙, 올리브오일을 적당 비율로 섞는다. 샐러드 소스로 쓰거나 빵에 발라 먹을 수 있다.

4. 두부쌈장

두부를 으깨어 된장에 넣고, 들깨가루나 견과가루, 오색약념, 매실청(안 넣어도 된다), 올리브오일, 통깨를 넣어 섞는다. 된장의 염도를 낮춰주면서 식감도 부드럽게 해준다.

3장

계절에 따른 보양채식

1. 봄나물로 북돋는 봄기운

자연은 우리에게 병도 주고 약도 주었다. 자연의 이치대로 살지 않으면 병을 주어 가르치고, 약도 주어 스스로를 치유하게 만들었다. 그래서 대부분 계절병을 고치는 약은 제철에 생산되는 재료들이다. 항균·해독 작용을 하는 봄의 야생초들과 갓 캐낸 봄나물들은 노화와 암을 예방하는 항산화 성분이 풍부하다. 냉이, 두릅, 민들레, 원추리, 봄동, 쑥, 취, 상추, 아욱, 돌나물, 껍질콩, 미나리, 쑥갓, 아욱, 시금치 등 2월부터 4월에 생산되는 봄나물들은 천연 멀티 비타민·미네랄 영양제다. 긴 겨울을 보내는 동안 쌓였던 묵은 피로와 독소들을 섬유질이 풍부하고 목기木氣가 왕성한 녹색 채소들로 해독하며 간 건강을 돌보는 이치라고나 할까.

나물을 요리할 때는 본래 재료가 가진 고유의 향기, 식감, 맛을 해치지 않고 자연 그대로의 건강한 맛을 살리는 것이 좋다. 제철 나물들은 질이 부드럽고 신선해 약간의 간만 하되, 새순은 독성을 가지고 있는 경우가 있으므로 살짝 데치는 게 좋다. 너무 오래 데쳐서 채소 자체의 색이 바래거나 질이 너무 물러지면 영양이 파괴된다.

춘곤증, 아토피 등 봄에 찾아오는 증상은 봄에 난 나물로 치료할 수 있다.

　여린 채소는 그대로 먹거나 살짝 김만 쐬듯 데치고, 조금 억센 채소는 끓는 물에 소금을 넣고 색이 선명해질 때까지 데친 후 건져서 무치는 게 좋다. 나물을 무칠 때 양념은 짠맛, 매운맛, 고소한 맛이 어우러지게 하면 좋다.

　짠맛은 소금으로 낼 것인지 간장이나 된장으로 낼 것인지 정하고, 매운맛은 고춧가루를 넣을 것인지 고추장에 버무릴 것인지 정한다. 고소한 맛은 참기름과 들기름, 깨소금이나 들깨가루 등으로 내면 된다. 단맛을 선호한다면 나물에 약간의 설탕이나 청을 넣을 수도 있고, 도라지나 무를 생채로 무칠 때는 새콤한 맛을 곁들여 입맛을 돋울 수 있다.

쓴맛 나는 채소로 몸과 마음의 열 다스리기

한약국을 오래 운영하다 보니, 매년 비슷한 시기에 비슷한 증상을 호소하는 분들을 만난다. 겨울이 끝나고 봄이 오기 시작하는 2월 말부터 3월 초에는 얼굴이 자꾸 달아오른다는 환자들이 많이 온다. 특히 속앓이를 하며 감정을 삭이는 분들이나 갱년기 여성들, 알레르기 환자들이 그런 증상을 호소한다. 이럴 때는 쓴맛 나는 씀바귀나 고들빼기, 민들레가 보약이다. 쓴맛은 열을 식혀주는 효능을 가지고 있어서 염증을 치료하고, 심장의 열을 다스려 정신을 안정시킨다. 얼굴이 붉고 변이 무른 사람들은 자주 먹으면 좋고, 심장에 열이 있는 사람은 상복하는 것이 좋다. 마른 사람이나 변비가 있는 사람은 너무 많이 먹지 않는다.

씀바귀, 고들빼기, 민들레 같은 채소는 쓴맛이 효능을 가지고 있으므로 너무 우려내지 말고 쓴맛 자체를 즐기면서 먹어야 약이 된다. 쓴맛이 싫다면 유자청이나 매실청같이 단맛 나는 소스, 레몬즙이나 천연 식초를 넣어 달콤새콤하게 무쳐 먹으면 다양한 식감으로 상큼하게 나물을 즐길 수 있다.

두릅으로 머리를 맑게 하기

목두채木頭菜라는 이름으로 불리는 두릅은 나무의 가장 꼭대기에서 나는 나물인데, 그 생기는 부위처럼 기운이 인체의 위쪽에 작용하여 병증을 다스린다. 자연계에서 생명과 생명 사이에는 서로 비슷한 파동끼리 공명

봄나물의 효능은 쓴맛에서 나온다. 쓴맛 자체를 즐기며 먹도록 하자.

하는 에너지가 있기 때문에 가능한 일이다. 식물을 약으로 사용할 수 있는 까닭은, 아마도 그들이 가진 기운과 맛이 물질화되기 이전에 파동의 형태로 몸과 공명하기 때문일 것이다. 사람이 누군가와 늘 소통하고 싶고 공명하고 싶어하듯, 식물과 사람의 관계 또한 그런 원리에 의해 서로를 돕고, 살리고, 공생하도록 맺어진 것이 아닐까.

두릅은 뇌에 작용하여 신경을 안정시키고 머리를 맑게 하여 두통과 어지럼증을 다스리고, 위의 소화 기능을 도와 식욕을 돋우고 위염과 위경련, 위궤양을 개선한다. 이뇨 작용과 진통 작용도 있어 부종과 신장염, 관절염에 좋을 뿐 아니라 당뇨에도 효과적이다. 두릅처럼 향이 강한 재료는 강한 향신료와 같이 요리하지 않는 것이 좋다. 두릅 특유의 향과 맛이 효능을 발휘하므로 살짝 데치는 정도로 조리해 그대로 즐기는 것이 제일 좋다. 변이 무른 사람이라면 생강즙을 넣은 초고추장에 찍어 먹으면 효과를 볼 수 있다.

매일 한 가지 조리법으로만 먹으면 질릴 수 있다. 그럴 때 나는 쑥버무리나 고추찜을 조리할 때처럼, 씻은 후 물기가 묻어 있는 두릅에 현미가루와 전분가루를 1:1로 섞어 솔솔 뿌린 후 찜통에 살짝 쪄서 양념장에 찍어 먹곤 한다. 초고추장을 만들어 찍어 먹어도 좋고, 집간장에 들기름, 통깨, 고춧가루를 섞고 레몬즙이나 감식초를 넣어 소스를 만들어서 뿌려 먹어도 좋다. 두릅의 향이 살아 있으면서 맛은 부드럽다.

말려 먹으면 더 좋은 고사리와 취나물

제사상에 빠짐없이 오르는 고사리는 뼈를 튼튼하게 해주고 이뇨 작용을 돕고 해열·살균 효과가 있다. 단백질, 지방, 당질, 섬유질, 철분 등과 함께 비타민A와 비타민B_2가 들어 있으며 면역력을 증강시킨다. 방목하는 소나 말이 고사리를 먹으면 다리 힘이 빠져 주저앉게 된다는 속설이 있는데, 고사리의 티아미나아제^{thiaminase}라는 효소가 비타민B_1을 분해하기 때문이다. 이 때문에 성숙한 고사리잎을 많이 먹으면 비타민B_1 결핍 증상이 나타날 수 있다. 이를 보완하려면 고사리나물을 무칠 때 현미 미강을 함께 넣거나 쌀뜨물에 삶으면 된다. 쌀뜨물에 삶으면 질감도 부드러워지고 영양 손실도 보충해준다.

고사리는 생으로 먹기보다 말렸다가 데친 것을 먹는데, 곤충의 침입을 막기 위해 어린 잎에서 만들어내는 '청산' 성분 때문이다. 고사리 어린 순이 여름까지 자라면 이런 특수 성분이 많아져서 고사리를 먹는 사람에게 해를 입힐 수 있다. 그러나 건조된 고사리를 불려서 데치거나 볶으면 대부분의 유해 성분은 사라진다.

산에서 만나면 생잎을 질겅질겅 씹어 먹으며 허기를 달래기도 했던 취나물은 성질이 따뜻하여 혈액 순환을 촉진시키고, 근육통이나 관절염, 요통에도 효과가 있다. 기관지의 진액이 부족해서 마른기침을 하거나, 신경성으로 목이 부을 때, 말을 많이 해서 목이 쉬었을 때, 만성 기관지염이나 인후염이 있는 사람들에게 특히 좋다. 취나물을 건조시키면 칼슘과 섬유질이 더 많아진다.

냉이죽으로 춘곤증 몰아내기

냉이는 간 기능을 돕고 비타민A가 풍부해 시력을 좋게 해주며 칼슘이 많아 성장기 어린이들에게 좋다. 여성들에게도 좋은데, 생리불순과 생리전 증후군뿐 아니라 갱년기 증상에 도움이 된다. 한방 이름으로는 제채薺菜라고 하며, 성질이 따뜻하고 맛이 달며 독이 없으며 이뇨·지혈·해독 작용이 있다. 쌉싸름한 맛을 너무 우려내지 말고, 살짝 데쳐 색이 선명해질 때 건져서 가볍게 무쳐 먹는다. 된장이나 집간장, 들깨가루, 청국장가루에 들기름을 넣어 고소한 맛을 내면 봄 향기를 제대로 느낄 수 있다.

춘곤증으로 피로감을 느낄 때 냉이를 먹으면 졸음을 몰아준다. 《동의보감》에서는 냉이로 죽을 끓여 먹으면 좋은 피가 간으로 가도록 도와 피를 맑게 해주고, 눈을 밝게 하며 몸을 정화한다고 나와 있는데, 냉이죽을 끓일 때는 연한 뿌리를 쓰는 게 좋다.

향긋한 냉이죽

재료 : 냉이, 현미, 소금

❶ 냉이는 뿌리의 흙을 털어내고 흐르는 물에 씻은 다음, 잎은 손으로 뜯고 뿌리는 다져준다.

❷ 현미는 물에 씻어 첫 물은 버리고, 두 번째 물에 담가 1시간 정도 불린다.

❸ 현미는 백미보다 덜 퍼지기 때문에 죽을 쑤려면 오래 걸리므로 블렌더로 반 알갱이 크기로 갈아서 죽을 쑨다. 쌀 불린 물은 버리지 말고 죽물로 이용한다.

❹ 쌀알이 익을 때까지 약불로 잘 저어가며 죽을 끓이다가 손질한 냉이를 넣고 조금 더 끓인다. 냉이 향을 제대로 즐기고 싶다면, 죽이 다 퍼진 후에 냉이를 넣어 너무 무르지 않도록 적당한 시점에 불을 끄는 것이 중요하다.

❺ 먹기 전에 소금으로 간을 한다.

2.
증상별, 단계별
환절기 감기 다스리기

지구온난화 때문에 봄 날씨는 더욱 변덕스러워졌고, 오락가락하는 기온 때문에 감기에 걸려 고생하는 분들이 많다. 단순한 감기나 독감에 걸려도 걱정이지만, 요즘은 신종플루나 새로운 변종 바이러스도 걱정이다. 백신조차 개발되어 있지 않은 신종 슈퍼바이러스 때문에 매년 희생자들이 늘어나고 있기 때문이다. 사람들은 감기에 걸리면 빨리 낫고 싶어 병원이나 약국으로 달려가 항생제를 복용한다. 특히 면역력이 약한 신생아나 어린이들이 고열로 인해 상기도 감염이 합병될까 두려워 서둘러 항생제를 먹이는 경우가 많다.

하지만 항생제의 남용은 우리 몸의 저항력을 더욱 약하게 만든다. 신생아 때부터 항생제를 자주 사용해온 어린이들이 4~5세가 되면, 감기약을 먹어도 잘 낫지 않게 된다. 그래서 한 달 내내 감기를 달고 사는 경우도 많다. 게다가 합병증으로 만성 비염과 축농증, 천식까지 수반하기도 하니 감기를 얕잡아봐서는 안 된다.

진피와 국화, 박하를 함께 우려낸 차는 초기 감기에 효과적이다.

초기 감기 물리치는 토마토수프

감기는 초기 관리가 중요하다. 처음에 '아, 감기에 걸리나 보다' 싶을 때 얼른 대처하는 게 좋은데, 코가 맹맹하거나 목이 간지럽고 부은 기분이 들거나 재채기에 오한이 들고 뭔가 컨디션이 깨지는 기분이 들 때 말이다. 초기에는 바이러스가 아직 몸에 깊이 들어오지 않은 상태라 적절히 대처하면 감기로부터 빨리 벗어날 수 있다.

감기에 걸린 지 3일 이내에는 찬 바람을 쐬거나 샤워를 하면 땀구멍이 활짝 열려 몸에 찬 기운이 들어오므로 주의하는 게 좋다. 바이러스가 얼씨구나 좋다 하고 더 깊이 들어와버리면 감기약을 오래 달고 있어야 하

생강과 계피를 넣은 토마토수프

재료 : 토마토, 생강, 마늘, 고추, 견과류, 코코넛오일, 향신료(커민씨, 겨자씨, 고수잎, 강황가루, 계피가루)

❶ 토마토(중간 크기로) 두 개를 데쳐 껍질을 벗긴 후, 생강 큰 것 한 쪽, 마늘 중간 크기 한 쪽, 고추 한 개를 넣어 물을 부은 후 믹서에 갈아준다. 이때 코코넛 과육이나 잣, 아몬드 등이 있으면 함께 갈면 고소하다(열을 내고 싶으면 청양고추가 좋고, 매운맛이 싫으면 홍고추나 풋고추를 이용한다).

❷ 갈아둔 재료들을 냄비에 넣고, 중불로 은근하게 끓인다. 코코넛오일을 두 스푼 정도 넣고, 커민씨나 겨자씨, 고수잎, 강황(울금)가루 등을 조금 섞어준다. 없으면 있는 것만 넣어도 된다(코코넛오일 대신 올리브오일을 넣어도 된다).

❸ 적당히 맛이 우러나고 수프의 색이 토마토 빛깔로 은은해지면 불을 끄고 소금으로 간을 한다. 꿀을 조금 넣어도 좋다.

❹ 그릇에 담은 후 계피가루와 코코넛 플레이크를 뿌려서 먹는다.

기 때문이다. 감기약을 먹으려면 초기에 먹는 게 좋다.

이때는 박하를 넣은 차로 피부의 열을 다스리고, 비타민C가 풍부한 감잎차를 마시고, 죽염을 한두 알 정도 혀에 넣어 침으로 살살 녹여가며 먹으면 좋다. 또한 가능하면 소화가 잘 되는 음식을 따뜻하게 먹는 게 좋은데, 땀을 낼 수 있는 생강과 계피를 넣어 채소수프를 끓여 먹으면 도움이 된다. 나는 몸이 오슬오슬해지고 컨디션이 떨어진다 싶을 때는 토마토수프에 생강과 계피를 넣어 먹는다.

오래된 감기는 견과죽으로

감기가 일주일 이상 지속되면 몸의 기운이 많이 떨어지므로 면역력을 북돋는 섭생에 신경을 써야 한다. 몸의 정기가 외부로부터 들어온 사기^{邪氣}와 싸우다가 지쳐버린 것이기 때문인데, 아군에게 힘을 실어주려면 에너지를 보충해주어야 하는 것이다. 이 시기 바이러스의 위치는 몸 바깥쪽에서 좀더 안쪽으로 들어와 있는 상태다. 따라서 우리 몸안에 자기 진영을 구축하려는 적군의 기세가 만만치 않은 상태라고 볼 수 있으므로, 영양의 균형이 잡힌 식사와 비타민 식품의 섭취에 신경 쓰며 푹 쉬는 것이 중요하다.

허약해진 체력을 보충하기 위해 자극성 음식이나 고단백·고지방의 동물성 식단으로 식사하는 것은 금물이다. 감기로 인해 몸이 허해진 상태라 소화에 부담이 없으면서 담백한 채식이 오히려 도움이 된다. 소화시키는 데 사용되는 시간과 에너지를 줄여주면서도 영양이 풍부하고 흡수가 잘 되는 채소와 견과류를 넣어 끓인 영양죽이나 부드러운 연두부를 이용한 요리를 먹고 비타민과 미네랄이 풍부한 채소와 과일을 주스로 만들어 자주 마셔주는 게 좋다.

기운이 없고 괜히 처지면서 여기저기 몸살 기운으로 쑤시고 아프다면 잣이나 호두처럼 견과를 넣은 현미죽을 쑤어 먹으면 좋다. 소화도 잘 될 뿐 아니라 에너지를 보충해주기 때문이다. 현미와 잣은 미리 불려놓았다가 블렌더에 반 알갱이 크기로 갈아서 끓이면 된다. 잣은 부드러워 금세 갈리기 때문에 죽을 쑤기가 좋다. 소화 상태가 많이 안 좋다면 알갱이를 보다 곱게 갈면 된다.

잦은 기침에는 진피곶감죽을

하루 종일 뛰어놀다 지쳐 쓰러져 잠든 어린이들은 이마에 송글송글 땀방울이 맺히고, 코로는 쌕쌕 거친 숨소리를 내곤 한다. 감기라도 걸리면 쇳소리 나는 기침을 하거나 목에 가래가 걸려 넘어가지 않는 헛기침을 자주 하느라 밤잠을 설치고, 코의 염증 때문에 숨을 쉬기 어려워 입을 벌리고 자는 경우도 있다. 그러다가 코와 목, 기관지 점막이 더욱 건조해져서 오랫동안 기침이 멎지 않고 듣기 거북할 정도로 숨 넘어가는 기침을 하다가 토하는 경우도 있다. 열이 많거나 점막이 약한 어린이들은 자주 코피를 흘리기도 하는데, 건조한 계절에는 더욱 심해진다.

이런 증상은 기관지가 약한 노인들에게서도 마찬가지로 나타난다. 일교차가 심한 환절기에, 기침 때문에 깊은 잠에 들지 못하고 새벽에 깨어

한참을 뒤척이다 아침을 맞는 어르신들이 많다. 이럴 때 사람들은 약봉지를 챙겨두거나 병원에 달려가 호전되기를 바라지만, 맛도 좋고 기관지에도 좋은 음식이 보약보다 나을 때도 있다. 호랑이도 달랜다는 달콤한 곶감과 향긋한 감귤껍질을 달여 죽을 쑤어 건강을 챙겨보자.

귤껍질은 기침과 가래를 멎게 할 뿐 아니라, 기의 순환을 도와 몸을 따뜻하게 한다. 풍부한 섬유질과 비타민으로 피로 회복에 도움이 되고 소화도 돕는 식품이다. 곶감은 기관지를 촉촉하게 만들어 기침을 멎게 하고 가래를 삭혀준다. 오랜 설사병에도 좋고, 치질로 인해 피가 나는 증상도 다스린다. 곶감의 타닌 성분 때문에 평소 곶감을 잘 먹지 못하는 사람도 진피가 들어가면 안심하고 먹을 수 있다. 변비가 심한 경우라면 여기에 호두와 잣 등의 견과류를 더 넣으면 좋다.

한 달 이상 지속되는 감기는 잡기가 쉽지 않다. 감기 후에 기침이 떨어지지 않아서 1년 동안이나 계속 기침을 하고 있다는 분들을 종종 보았다. 이런 경우는 바이러스가 장부 깊숙이 자리를 잡아 본거지를 확보하고 몸의 기운을 약하게 만든 것이라 볼 수 있다. 또한 오랜 기침으로 기운의 소모가 크고, 몸의 면역력이 많이 저하되어 있어 폐결핵이나 천식 등의 만성 질환으로 발전할 수 있으므로 보다 근본적인 체력 관리와 체질 개선을 위한 섭생법이 필요하다.

기관지 점막에 가래가 많아 기침이 떨어지지 않는 경우에는 마, 도라지, 은행 등을 요리에 응용하면 좋다. 항산화 성분이 풍부한 마늘과 양파 등의 향신료도 몸을 따뜻하게 해 도움이 된다. 매실이나 오미자로 담근 발효액을 자주 마시고, 신선한 채소와 과일을 평소보다 많이 섭취하는 것이 좋다. 약해진 몸을 회복하고 기초체력을 다지기 위해서는 한 달 이

달콤하고 향긋한 진피곶감죽

재료 : 현미(멥쌀, 찹쌀), 곶감, 귤껍질, 생강, 호두, 대추, 소금

❶ 현미멥쌀과 현미찹쌀을 3:1의 비율로 섞어 물에 불린다(둘 중 하나는 흑미로 대체해도 좋다).
❷ 쌀을 불리는 동안 진피를 달궈진 팬에 볶는데, 향이 구수하고 향긋하게 오르면서 노릇한 상태가 되면 불을 끊다. 이때 기름은 넣지 않는다.
❸ 냄비에 볶은 진피, 현미쌀뜨물과 분쇄한 현미를 넣어 중불로 끓인다. 진피가 씹히는 게 싫다면 진피차를 끓이거나 우려낸 물로 죽을 쑤어도 좋다.
❹ 곶감을 작고 얇게 썰어두었다가 현미가 부드럽게 씹힐 정도가 되면 넣고 약불로 한 번 더 끓인다.
❺ 호두와 대추를 썰어서 고명으로 얹고, 소금을 조금 넣어 간을 한다.

〈감기 종류별 섭생 리스트〉

감기에 진행에 따라 다음의 식재료를 요리에 응용하거나 차로 우려 마신다. 달인 물을 약처럼 마셔도 좋다.
- 초기 감기에 열이 나면서 눈, 코, 목에 가벼운 염증이 있을 때 : 박하, 국화, 표고버섯, 매실, 진피(귤피), 생강, 계피, 목련꽃봉오리(신이)
- 목감기로 편도선이 부었을 때 : 무즙, 죽염, 배즙, 검은콩, 매실, 마늘, 국화, 도라지
- 기침과 가래가 많을 때 : 연근, 흰 파뿌리, 귤피(진피), 은행, 배, 머위, 생강, 도라지, 오미자, 매실
- 감기를 평소에 예방하려면 : 감잎차, 현미밥, 자죽염, 채소과일주스, 견과류를 잘 챙겨 먹고 오장 중 약한 장부를 튼튼하게 하는 음식(45, 59쪽 참고)을 자주 먹는다.

상 지속적인 식이요법과 운동을 병행하면서 마음을 편안하게 하는 생활방식으로 바꾸어야 한다.

몸에 찾아온 감기는 단순히 기침과 콧물을 만들어내는 것이 아니라 우리의 생활방식과 몸의 환경을 바꾸라는 자연의 신호다. 감기에 걸렸을 때, 몸과의 대화를 천천히 시도하면서 자신에게 맞는 생활방식, 식습관, 여가 활동, 주변 동료와의 관계 등을 점검해볼 수 있는 계기로 삼는다면, 병은 우리의 적이 아니라 친구가 된다. 변덕스러운 날씨가 반복될수록 감기에 걸릴 가능성이 커진다. 채식은 기후변화를 해결하는 가장 빠른 방법이기도 하다. 평소에 채식을 하면서 기초체력을 다지고 지구환경도 보호해보자.

3.
더위로 지친 여름을 위한 보양채식

여름철에 식중독 사고가 늘어나는 이유는 높아진 온도와 습도 때문에 음식물이 평소보다 빨리 상하는 데 있다. 음식물만 탈이 나는 게 아니다. 우리 몸도 달라진 기후환경에 영향을 받는다. 소화기가 허약한 사람들은 배에서 소리가 나면서 복통을 호소하는 경우가 많고, 변이 물러지면서 심한 경우에는 며칠 동안 계속 설사를 한다. 신경이 예민하거나 고민이 많은 사람들은 위액과 담즙이 역류하여 식도가 쓰리거나 불편한 증상을 호소하기도 하고, 체기가 가시지 않아 조금만 과식해도 복통을 느끼곤 한다. 현대인은 더위로 지친 심신을 보양하고 땀을 흘리느라 소모한 기운을 보충하기 위해 고단백·고칼로리 영양탕을 먹는다. 그러나 소화 기능이 정상이 아닐 때는 영양탕이 오히려 부담을 준다.

여름철 섭생법은 두 가지 중 하나다. 피부 열을 빨리 식혀서 더위를 덜 타게 하는 방법과 몸 안팎의 온도차가 적게 나도록 속을 데워 체온 조절을 위해 소모되는 에너지를 줄이는 방법이다. 무조건 고지방·고단백의 고칼로리 음식을 먹는다고 해서 보양이 되는 것이 아니다. 체질과 소화 상태, 영양 상태를 고려해서 부족한 것을 채워주고 남는 것은 깎아주어야 제대로 보약이 되는 것이다. 요즘처럼 많이 먹으면서 운동은 부족해 비만한 사람들이 많은 시대에는 보태주는 보양식이 도움이 되지 않는다. 독소를 배출시키면서 영양이 높은 음식들이 보양식으로 더 적합하다.

삼계탕 대신 들깨채소탕

전통적으로 삼계탕은 땀을 많이 흘리고 지친 사람들에게 필수적인 여름철 보양식으로 알려져 있다. 어려서는 몸보신을 한다고 하면 영계 뱃속에 찹쌀을 넣어 끓인 후 뽀얀 속살을 다 발라 먹고 뼈만 남으면 죽을 끓여 먹는 것이었다. 삼계탕과 백숙은 가정식으로는 최고의 보양식이었고, 엄마의 정성과 사랑을 표현하는 음식이기도 했다. 하지만 체질 공부를 하고 나서 여름 보양식 문화를 되짚어보니 여러 가지 생각이 들었다.

인삼은 체질적으로 소음인에게 어울리는 보약이다. 비위와 폐를 보하고 기를 끌어올리는 약으로 으뜸이다. 황기도 소음인의 약이다. 땀 분비를 조절하고 면역력을 증강시키는 보약이다. 더불어 들어가는 마늘과 찹쌀, 대추도 모두 소음인의 약재다. 소화기가 약한 소음인이 여름만 되면 입맛이 떨어지고 땀을 통해 진액이 빠져나가 골골대니, 체질에 맞는 보약을 여러 가지 섞어 기운을 보충하게 한 것이다. 문제는 추위를 잘 타고 소화 기능이 약한 소음인을 위한 삼계탕을, 열 많고 다혈질이며 움직임이 많은 양 체질의 사람들이 먹으면 오히려 열이 더 많아져 부대낄 수 있다는 점이다.

요즘처럼 닭요리가 인스턴트 식품으로, 패스트푸드로 만들어져 유행하고 있는 문화에서 체질을 논하는 것이 왠지 우습게 느껴진다. 누구나 쉽게 맛있게 잘 먹고 있지 않느냐고 이야기할 테니 말이다. 하지만 그 덕분에 애꿎은 닭들은 공장식 축사에서 대량 생산되느라 참기 어려운 고통을 겪는다. 밀집해 키워지느라 부리가 잘리고 조류독감 때문에 살처분까지 당하고 있다. 예전처럼 마당을 뛰어놀던 암탉과 수탉이 아니라 공장에서 길러지는 가공식품 닭들이 인간을 건강하게 할 수 있을지 생각해볼 일이다.

열 많은 소양인에게 권하고 싶은 보양식은 따로 있다. 들깨를 넣은 채소탕이다. 들깨는 임자(荏子)라는 한방명을 가지고 있는데, 성질이 따뜻하고, 맛이 매우며 독이 없다. 《동의보감》에는 씨를 갈아 쌀과 섞어 죽을 끓여 먹으면 살이 찌고 기를 보한다고 나와 있다. 뼈와 진액을 보충하고 갈증과 기침을 멈추게 하며 몸속 독소를 제거하고 혈액을 정화하는 효능이 있다. 비타민C도 풍부하여 피부 미용에 좋고 장 운동을 촉진하는 섬유질과 변을 부드럽게 해주는 지방이 많아 변비 해소에도 좋다.

넣고 빼는 재료를 조금씩 변화시키면 체질에 상관없이 누구든 즐길 수 있는 보양식이 들깨채소탕이다. 장염이나 설사 증상이 있거나 변이 무른 사람은 채소를 들기름 대신 물에 볶고, 들깨가루와 콩가루 대신 현미찹쌀가루에 말린 생강가루를 넣어 묽게 죽을 끓여 먹는다. 설사가 오래 계속된다면 한두 끼 정도 굶은 후, 채소와 견과류를 뺀 재료로 미음을 쑤어 먹는다. 몸에 열이 많은 사람이라면 생강과 계피를 빼고 요리한다. 계피는 너무 오래 끓이면 향이 강해져서 다른 재료의 맛을 가리니 10분만 끓인 후 건져내거나 요리가 완성된 후 계피가루를 뿌려 먹는다.

한 끼 식사 대용, 들깨채소탕

재료: 채수, 들깨가루, 현미가루, 콩가루, 감자, 양파, 방울토마토, 브로콜리, 들기름, 생강가루, 견과류, 대추, 후추, 월계수잎

❶ 채소들을 우려낸 보약 국물(채수)을 준비한다. 표고버섯, 다시마, 양배추, 당근, 양파와 무말랭이를 기본으로 하고, 때에 따라 필요한 재료를 첨가할 수 있다. 여름 보약에 자주 들어가는 맥문동과 둥글레를 넣으면 폐음을 보강하는 보약이 되고, 구기자를 넣으면 보혈 작용이 상승해 피를 맑게 해준다(채수 끓이는 방법은 73쪽 참고).

❷ 들깨가루, 현미가루, 콩가루를 2:1:1의 비율로 섞어 미지근한 물에 개어둔다.

❸ 감자, 양파, 방울토마토, 브로콜리 등의 채소를 적당한 크기로 썰어둔다.

❹ 탕기에 들기름을 살짝 두르고, 생강가루를 볶아 향을 낸다. 생강의 향과 기가 채소들을 감싸주어 속을 데워주고 소화가 잘 되게 돕는다. 열이 많은 사람이라면 이 과정은 생략해도 좋다.

❺ 썰어둔 채소들을 ❹에 넣어 볶는다.

❻ 적당히 볶아지면 약불로 줄인 후, 뚜껑을 닫아 은근하게 익힌다.

❼ 적당히 채소가 익으면 준비해둔 채수를 부어 조금 더 익히는데, 이때 호두나 잣, 캐슈너트 등의 견과류를 넣어준다.

❽ 채소가 다 익으면 ❷를 조금씩 넣어가며 풀어준다. 너무 일찍 넣으면 국물이 풀처럼 엉겨붙어 식감이 떨어지기 때문에 채소가 다 익고 국물이 어느 정도 우러난 이후에 넣는 것이 맛도 부드럽고 좋다.

❾ 그릇에 담아 낼 때, 대추를 돌려깎기하여 장식하고, 잣을 올리면 좋다. 취향에 따라 후춧가루나 월계수잎을 넣어도 좋다.

생강과 계피로 여름 냉증 이기기

소화가 잘 안 되는 냉한 체질의 사람이 에어컨 냉방 때문에 몸이 더 냉해지고 손발이 찬 증상이 있다면 생강을 가까이 해보자. 생강은 성질이 따뜻하고 매운맛이 속을 덥혀줘 감기를 다스리며, 구토와 기침을 멈추게 하는 작용도 뛰어나다. 생강을 말린 건강은 비위의 점막을 따뜻하게 데워줘 기 순환을 돕고, 구토를 멈추고 복통을 다스리게 한다. 특히 장염으로 인해 설사하거나 배가 차서 복통이 있는 경우에 좋다. 또한 냉증을 다스리므로 추위를 타면서 기침이 멈추지 않는 증상에도 좋다.

생강과 계피를 달여서 따뜻한 차로 마셔도 좋고, 이것을 식히고 곶감과 잣을 띄워서 시원한 수정과로 마셔도 좋다.

시나몬 특유의 향미가 일품인 계피는 치유 작용을 가진 약초 중 동서양을 불문하고 가장 오래되고 가장 널리 애용되지 않았을까 싶다. 계수(육계)나무의 어린 가지는 계지桂枝라 하는데, 성질은 맵고 달며 따뜻하다. 기가 가벼워 위로 뜨는 성질이 있어 초기 감기에 기운이 없고 오한 발열이 날 때 사용된다. 또한 우리 몸의 혈분血分, 즉 혈액의 길이 막힌 것을 뚫어주고 몸을 따뜻하게 하기 때문에, 추위로 인해 생긴 어혈, 생리불순, 관절염을 치료하는 처방에 사용된다. 계지의 대표적인 성분은 신나믹 알데히드cinnamic aldehyde로서 특유한 향취를 가지고 있으며, 혈관 확장, 발한 촉진, 해열, 진통 작용이 있고, 진정, 소염, 항알레르기 작용을 한다.

계지에 비해 뜨거운 성질을 가진 육계는 속을 따뜻하게 하고 몸에 있는 한기를 몰아낸다. 혈액 순환을 도우며 하체를 튼튼하게 하는 효능도 가지고 있어 신의 기운이 허해서 생기는 요통에 좋다. 명절에 먹는 수정과의 재료로 사용되기도 하고, 카푸치노의 거품 위로 풍미를 주는 계피는 성질이 맵고 따뜻해 주로 소화기를 데워 설사와 구토를 멈추게 하는 작용을 하고, 풍습으로 인한 사지 마비 증상을 완화하는 데에도 활용된다. 보통 식용으로는 육계와 계피를 구분하지 않고 사용한다.

한여름 더위를 식혀주는 가지요리

한 끼 식단에 올려진 요리 중 가족의 이목과 관심을 집중시키는 메인요리는 대부분 고기요리나 생선요리고, 채소는 영양의 균형을 맞추기 위해 곁들일 뿐이라 생각한다. 그래서 채식요리 하면 맛이 없고 조리법도 빈약한 느낌이 든다. 하지만 채소 하나하나의 영양은 생각보다 엄청나다. 식물 개체의 생명을 유지하기 위해 필요한 모든 영양 물질을 자신의 몸에 저장해두기 때문이다. 주인공과 엑스트라의 관계를 뒤집어서 채소요리가 주인공이 되도록 정성을 들이고, 고기는 먹고 싶을 때 곁들여 먹는 정도로 해보자. 중년 이후 뱃살 고민이나 고혈압, 비만, 당뇨 등의 성인병으로부터 자유로워질 수 있다.

채소가 주인공이 되었을 때 어떤 변신이 가능한지 보여주는 맛있는 요리를 소개한다. 여름 하면 생각나는 가지다. 보라색을 내는 플라보노이드 성분의 일종인 안토시아닌^{anthocyanin}은 블루베리, 자색고구마, 검정콩, 차조기, 가지 등에 들어 있는데, 시력 저하를 예방하며 간 기능을 보호한다. 자외선과 스트레스로 인해 생성되는 활성 산소의 활동을 억제하고, 암과 동맥경화 예방, 노화 예방 등의 효과도 뛰어나다. 가지에도 나스닌^{nasnin}이라는 이름의 안토시아닌 성분이 들어 있다. 가지는 94퍼센트가 수분이어서 비타민과 미네랄이 풍부한 편은 아니지만, 칼륨의 이뇨 작용으로 부종을 억제하며 성질이 차서 한여름 더위를 식히는 효과가 있다.

가지를 세로로 길게 슬라이스해 오븐이 아닌 그릴에 구워 먹으면 깜짝 놀랄 만한 식감을 맛볼 수 있다. 적당히 부드럽고 고기의 질감을 대신할 만큼 쫄깃해 "어머, 당신 채소 맞아?" 하는 소리가 절로 나온다. 안토시아닌 성분이 파괴될 정도로 푹 익히거나 오래 불을 가하는 것은 좋지 않다. 기름에 볶으면 변색을 방지할 수 있을 뿐 아니라 영양 성분의 흡수도 좋아진다.

오색 채소와 두부를 감싼 가지롤

재료 : 가지 2개, 호박, 당근, 파프리카, 양파, 두부, 현미유나 올리브유, 소금, 바질 또는 오레가노, 후추

❶ 가지를 세로로 얇게 슬라이스한다.

❷ 소금, 후추를 섞은 기름을 가지 앞뒤 면에 붓으로 발라둔다.

❸ 3분간 그릴에서 중간불로 굽는다. 그릴이 없다면 프라이팬에 기름을 두르지 말고 중불로 굽는다.

❹ 오색 채소를 가늘게 채썰어 준비한다.

❺ 두부는 기름에 노릇하게 볶으면서 으깬다.

❻ ❺에 오색 채소를 섞어 한 번 더 볶아준다.

❼ 소금과 향신료를 넣어 ❻에 간을 한다. 향신료는 취향에 따라 넣는데, 로즈마리, 오레가노, 바질 중 한 가지를 넣어도 좋고, 강황가루를 넣어도 된다. 소금과 후추, 마늘을 조금 다져 넣어도 맛있다.

❽ 구운 가지 위에 볶은 오색 채소와 두부를 얹고 돌돌 말아 그릇에 보기 좋게 담는다.

❾ 참기름, 매실청(또는 생강청), 레몬즙, 소금을 섞은 소스를 곁들여도 좋다.

불고기 안 부러운 건가지볶음

재료 : 말린 가지, 집간장, 오색약념, 마늘, 후추, 참기름, 조청

❶ 말린 가지를 한 시간 정도 미지근한 물에 불린다.
❷ 집간장, 오색약념, 마늘, 후춧가루, 참기름, 조청을 넣어 양념장을 만든다.
❸ 불린 가지를 건져내 물기를 짠 다음 양념장을 붓고 조물조물 무친다.
❹ 팬에 기름을 두르고 양념한 가지를 넣어 볶는다. 불고기 같은 식감의 쫄깃한 맛이 일품이다.

4.
맛있는 여름 보약,
한방음료

아무리 몸에 좋은 음식일지라도 억지로 참으며 삼켜야 할 정도로 맛이 없다면 즐겁게 먹을 수가 없다. 음식은 감정을 만들어내고, 함께 나누는 사람들과 정서적 유대를 형성하며, 때로는 스트레스를 푸는 묘약이 된다. 그래서 음식은 맛있고 봐야 한다.

생활이 복잡해지고 대인관계를 통해 받는 압박감이나 스트레스가 과중할수록 사람들은 맛있는 음식에 집착하는 경향이 있다. 입이라도 즐거워야 행복한 기분이 들기 때문이다. 그래서 더욱더 자극적이고 짜릿한 맛에 흥분한다. 달콤하고 기름진 음식으로 마음의 위안을 삼는다. 건강검진 결과는 어떻게 나오든 일단 맛있어서 행복하니까.

건강한 요리라고 하면 맛은 별로일 거라는 선입견을 갖는다. 하지만 건강한 재료들로 '맛있게' 요리하는 방법은 생각보다 어렵지 않다. 물론 사람마다 미각이 다르고 식성이 다르니 내 입에 맞는 음식을 보편적으로 권할 수는 없지만, 그래도 맛있는 음식은 누가 먹어도 맛있는 법이다.

더운 여름에는 식욕이 떨어지며 자꾸 물만 먹고 싶고, 시원한 과일이나 얼음 음료로 달래주지 않으면 갈증이 나서 참기 어려울 때도 있다. 하지만 입맛 당기는 대로 얼음물이나 찬 과일을 먹으면 배탈이 난다. 이럴 때 정말로 간절한 것은 건강에 도움이 되면서도 맛있는 마실거리다. 입만 즐거운 나쁜 음료는 가라, 이제는 속 편하고 건강에도 좋은 착한 음료를 마실 테다!

1년 정도 제철에 맞는 보약음식과 음료로 밥상의 멋과 맛을 내는 일에 익숙해지면, 다음 계절이 오기 전에 미리 준비해두어야 할 것들이 보이기 시작한다. 제철에 매실, 오미자, 오디 등을 대량으로 사두고 발효액을 담글 수 있는데, 그러려면 밀폐 유리병이나 항아리도 있어야 하고 설탕도 준비해야 한다. 과일도 제철에 사면 두 배 이상 저렴하다. 얼려도 맛이 좋은 과일은 이때 사서 얼려두었다가 아이스크림이나 셰이크로 만들어 먹으면 좋다.

대부분의 과일은 냉동실에서 보관하지 않는다. 수분이 많은 과일과 채소는 해동하면서 과일 본래의 아삭한 맛이 사라지고 흐물흐물해지기 때문이다. 하지만 얼려놓은 홍시를 반쯤 해동해 아이스크림 대용으로 먹거나, 딸기나 바나나를 얼렸다가 얼음과 함께 갈아 여름 음료로 만들어 먹는 것은 괜찮다.

만능 여름과일 바나나

바나나는 냉장고에 넣으면 안 되는 과일로 유명하다. 금방 색이 변하기 때문이다. 하지만 냉동실은 괜찮다. 껍질을 벗겨 한 번 먹을 분량씩 나눠

얼린 바나나와 생식용 두부(혹은 부침용 두부)에 망고를 넣고 갈면 간단하게 푸딩을 만들 수 있다. 바닐라에센스를 조금 넣으면 더 부드러운 맛이 난다. 당도를 높이려면 메이플시럽을 넣는다.

바나나는 고구마와 궁합이 잘 맞는다. 둘 다 섬유질이 풍부해 소화가 잘 된다. 얼린 바나나와 찐 고구마를 함께 갈면 아이스 고구마셰이크가 된다. 자색고구마를 이용하면 색감도 고와진다.

냉동실에 얼려두면 건강 음료를 만드는 데 다양하게 활용할 수 있다.

바나나는 위경련이나 궤양이 있는 사람들에게 좋은 과일이다. 지인 중에 위경련이 심한 사람이 있는데, 항상 바나나를 가지고 다닌다. 속이 빈 상태에서 경련이 일어나면 극심한 통증을 느끼기 때문에, 조금이라도 느낌이 이상하다 싶으면 바로 바나나를 먹는다고 한다. 바나나에 들어 있는 세로토닌 성분이 위산을 중화해 통증을 완화하기 때문이다. 또한 항균 작용도 가지고 있어서 위궤양이나 위염에 효과가 있다.

바나나는 성질이 다소 차기 때문에 열이 많은 사람에게 맞는 음식이다. 특히 장 점막이 건조해 변비가 있는 사람들이 바나나를 먹으면 장 운동이 활발해지고, 변비나 치질을 고치는 데 도움이 된다. 또한 바나나의 단맛은 신경을 이완시켜주는 효능이 있어서 신경이 예민해질 때 바나나를 먹으면 도움이 된다. 바나나 껍질도 약으로 쓰이는데, 피부 질환이 있을 때 껍질을 달여 먹으면 효과가 있다.

    냉한 체질인 소음인이 찬 성질의 과일을 많이 먹으면 몸이 더욱 차가워진다. 냉한 체질이라면 바나나만 먹지 말고 생강편을 같이 먹으면 좋다. 또 한 가지 방법이 있는데, 바나나를 익혀 먹는 것이다. 달궈진 팬에 오일을 두르고 바나나를 구우면 금방 반투명한 색으로 변한다. 바나나의 단맛도 상승해 아주 달콤한 간식이 된다. 바나나에 밀가루 옷을 입혀 튀김을 해 먹으면 이국적인 달콤함을 즐길 수 있다. 계피가루를 조금 뿌려 먹으면 바나나의 찬 성질을 보완할 수 있어서 어느 체질이나 무난하게 먹을 수 있다.

    단맛 나는 과일들의 맹점은 다름 아닌 칼로리다. 특히 바나나는 탄수화물의 비율이 높아 비교적 살이 빨리 찐다. 당뇨 환자라면 바나나는 먹지 않는 것이 좋겠다.

우유 대신 두유와 칼슘 풍부한 채소

요즘 생산되는 우유들은 대부분 공장식 축산방식으로 사육된 소들에게서 나온다. 생명의 생존 이유는 종족 번식이 첫 번째일 텐데, 사육 소들은 자기 새끼를 위해 젖을 물리지 못한다. 성장호르몬제로 유선 분비를 자극하여 우유를 대량 생산해 사람을 위해 바쳐야 하는 소들은 얼마나

〈두유 만들기〉

① 콩에 두 배의 물을 부어 8시간 정도 불린 후 껍질과 콩을 분리한다.
② 껍질과 분리된 콩이 잠길 정도의 물을 새로 부은 후 5분 정도 끓여준다. 오래 끓이면 냄새가 나빠진다.
③ 콩만 걸러 두 배의 물과 함께 믹서기에 넣고 간다.
④ ③을 거즈로 걸러주면 맑은 두유와 비지가 분리된다.
⑤ 두유를 마실 때 취향에 따라 소금을 조금 넣어도 좋다.

억울할까? 억울한 감정이 녹아 있는 쇠젖을 먹는 아이들, 병든 소의 병든 젖을 먹는 아이들이 과연 건강해질 수 있을까?

우유 대신 칼슘이 풍부한 녹색 채소와 견과류, 그리고 두유를 먹으면 어떨까? 두유는 단백질은 우유보다 많고 탄수화물이나 지방은 우유보다 적다. 우유의 탄수화물 유당은 유당불내증을 유발하여 설사를 일으키는 반면, 콩에 풍부한 식이섬유소와 올리고당은 장 환경을 활성화시키고 혈당과 혈청콜레스테롤 수치를 낮추고, 대장암 등을 예방한다.

두유를 활용해서 약재를 냉침하면 여름에 시원하게 즐길 수 있는 건강 음료가 된다. 특히 찬 음식이나 찬 음료를 많이 먹고 장에 탈이 자주 나는 어린이에게 좋다. 생강과 계피를 넣은 두유에 얼린 바나나와 시럽을 넣고 믹서기에 함께 갈아도 좋다. 이때 얼음 두 개를 같이 갈면 슬러시처럼 먹을 수 있다. 투명한 유리잔에 담을 때는 계피가루와 호두, 아몬드를 슬라이스하여 장식한다.

매끄러운 우유에 비해 두유의 식감이 껄끄럽다고 느끼는 사람들도 있

향긋한 생강계피두유

재료 : 생강청(또는 생강 한 쪽), 통계피 2개, 두유 500㎖, 계피가루

❶ 생강 한 쪽과 통계피를 잘 씻어 두유에 넣고, 약한 불로 은근하게 5~10분 정도 끓여준다.
❷ 생강 대신 말린 생강을 넣어도 되고, 생강청을 넣어도 좋다. 생강은 담백하고, 말린 생강은 매운맛이 더 강하다. 생강청은 단맛이 강해 생강의 매운 향이 덜해지므로 취향에 따라 선택한다.
❸ 한번에 많이 만들어두었다가 냉장 보관하며 마셔도 좋다.
❹ 마시기 전, 계피가루를 살짝 뿌려준다.

칼슘이 풍부한 아몬드코코넛밀크

재료 : 아몬드, 코코넛 과육, 물, 건과일, 천일염

❶ 아몬드와 코코넛 과육을 물에 하룻밤 불린 후, 물을 부어 갈아준다.
❷ 단맛을 상승시키려면 푸룬자두 한 개 또는 건포도를 한 큰술 정도 첨가하고, 천일염을 아주 조금 넣는다.
❸ 향을 내려면 바닐라에센스를 조금 넣어준다.
❹ 거즈를 덮은 체반에 껍질을 걸러주면 깔끔하게 밀크만 얻을 수 있다.

다. 그렇다면 아몬드나 코코넛으로 만든 밀크를 즐겨보자. 아몬드와 코코넛은 영양도 풍부하여 음료나 요리에 다양하게 이용할 수도 있다.

어린이들이나 청소년에게는 별로 인기가 없는 건나물들이 이들에게 필요한 영양소는 듬뿍 가지고 있다. 특히 우유를 통해서 보충하라고 말해지는 칼슘을 풍부하게 가진 채소가 많다. 시래기는 우유보다 칼슘이 두 배 이상 많다. 취나물이나 호박고지도 풍부한 미네랄을 자랑한다. 아이들에게 건나물을 자주 먹이고 현미밥에 두부, 콩, 된장을 요리해 밥상을 차려준다면 알레르기에 걸리지 않으면서 키도 잘 클 것이다.

흔히 골고루 먹는다는 것의 기준은 고기와 채소를 모두 갖춰 먹는 데 맞춰져 있다. 고기냐 채소냐가 아니라 얼마나 소화가 잘 되고, 몸에 맞게 영양분을 섭취하는가가 중요하다. 아이를 완전 채식주의자로 기르는 게 목적이 아닌 이상, 과감한 채식 식이요법을 너무 두려워할 필요는 없다. 분명한 것은 몸에도 좋고 먹기도 좋은 착한 밥상은 누구에게나 도움이 된다는 사실이다.

〈어린이를 위한 여름철 착한 아이스크림 3가지〉

상큼한 옐로 아이스크림
재료 : 파인애플, 바나나, 망고, 강판에 간 생강즙 조금, 오렌지 과육 1개, 당근 슬라이스

달콤한 복숭아초코 아이스크림
재료 : 바나나, 복숭아, 딸기, 초코시럽, 코코아 파우더, 호두, 계피가루

고소한 레드 아이스크림
재료 : 바나나, 딸기, 블루베리, 체리, 아몬드, 호두, 크랜베리

① 바나나, 딸기, 파인애플 같은 과일은 미리 얼려둔다.
② 얼린 과일과 나머지 재료들을 푸드프로세서로 잘 섞어준다.
③ 그릇에 담고 예쁘게 장식한다.
④ 과일을 얼려두지 않았을 경우에는 모든 재료를 섞은 다음 냉동실에 얼렸다가 먹기 30분 전쯤 꺼내면 된다.

5.
땀으로 고생하는 당신에게

한낮에는 무더위가 기승을 부리고 열대야로 잠을 설치는 날이 계속되면서 급격하게 체력이 떨어지는 사람들이 있다. 이런 사람들은 외출하기도 싫을 만큼 몸이 처지고 의욕이 없어지면서 밥맛까지 잃어버려 여름만 되면 체중이 줄어든다. 평소에도 땀을 많이 흘리는 이들은 날이 더워지면 곤란할 정도로 온몸이 땀에 젖기도 한다. 여름을 잘 나기 위해서 보양이 필요한 것이 바로 이런 이들이다. 땀을 통해 몸의 진액이 빠져나가면 체력 소모가 심해지고 면역력도 떨어지기 때문이다. 한방에서는 이럴 때 땀구멍을 조절해주면서 폐의 기운을 북돋는 황기를 사용한다.

땀으로 고생한다면 황기를

한약국에 앉아 있다 보면, 상담의자에 앉는 자세나 표정, 얼굴색이나 손바닥 색, 몸에서 나는 냄새나 눈동자의 느낌 등만 살펴보고도 저 사람에겐 황기가 맞겠다 느껴질 때가 있다. 주로 손바닥이 노랗고 얼굴빛도 핏기가 별로 없이 노란 편으로 창백한 느낌이 감도는 왜소한 체형의 사람들에게 황기가 잘 맞는다. 누워서 가슴 위에 가지런히 두 손을 모으고 있으면 손이 저린 사람, 손끝 발끝이 차고 한숨을 잘 쉬며 식은땀을 흘리는 사람도 황기가 잘 맞는다. 황기는 쉽게 피로감을 느끼면서 손발이 자주 저리거나 소화가 잘 안 되는 체질에 적합하다.

황기는 성질이 따뜻하고 맛은 달며 생기발랄한 에너지를 가지고 있다. 몸의 상중하 모두에 작용하고, 피부와 내장, 혈관에 모두 약으로 쓰일 만큼 광범위하게 약효를 발휘하는 전천후 에너자이저라고나 할까. 얼굴이 허여멀건하고 살이 좀 찐 사람이 자꾸 땀을 흘리면 황기가 잘 맞지만, 피부가 거무스름하면서 기가 센 사람들과는 황기의 억센 기운이 부딪치기 때문에 맞지 않는다. 땀을 지나치게 많이 흘리는 사람에게는 땀을 덜 흘리게 해주지만 반대로 땀을 너무 안 흘리는 사람들에게는 땀구멍을 열어 노폐물을 배출시키도록 돕는다.

황기만으로 보약밥상을 차리려면 질 좋은 황기를 구하는 것이 우선이다. 3년 이상 자라 굵은 것이 좋다. 중국산은 단면을 잘라보면 내부에 둥근 테두리가 없이 단순하고 껍질 표면에 반점이 많은 편인 반면, 국산은 둥근 원 모양이 단면에 진하게 보인다. 국산 황기는 쪄도 색이 거무스름하게 변하지 않고 뽀얀 채로 그대로 있고 껍질 표면이 매끄럽다. 껍질을 벗기지 않은 채로 써야 약효가 좋다. 황기 달인 물로 죽을 쑤어도 좋고, 각종 탕류에 국물로 넣어도 좋고 밥물로 응용해도 좋다. 단, 열이 위로 자꾸 오르고 쉽게 흥분하는 양 체질을 가진 사람은 장복하거나 한번에 많은 양을 먹지는 않도록 한다.

〈죽과 밥에 넣는 '황기차' 달이기〉

① 황기 30g에 물 1.5ℓ를 부어 끓인 후, 물이 끓으면 약불로 줄여 은근하게 1시간 정도 달여준다. 졸지 않도록 불을 약하게 한다.
② 달인 황기차는 꿀을 타서 마시거나 밥물, 죽물로 넣어 조리한다.

〈황기의 효능을 높이려면〉

한방에서는 약재들의 약성을 원하는 장부로 보내기 위해, 여러 가지 보조 재료를 써서 가공하는데 이러한 과정을 '수치(修治)' 또는 '포제(炮製)'라고 한다. 황기의 경우, 피부에 생긴 종기나 염증을 다스릴 때는 생것 그대로를 약으로 사용하지만, 기관지가 약해서 자꾸 기가 처지고 면역력이 떨어져 감기에 자주 걸리는 증상에 쓸 때는 꿀물을 넣어 황기를 볶아 '밀자황기(蜜炙黃芪)'로 만들어 쓴다. 또한 허리가 자꾸 쑤시고 힘을 못 쓰거나 다리에 힘이 풀릴 때는 소금물을 넣어 볶아 쓴다. 《본초문답(本草問答)》이라는 고서에는 황기에 대한 설명을 이렇게 재미있게 풀어 놓았다. "황기는 뿌리의 길이가 여러 척에 이르고 땅속 깊이 들어가 땅속에 있는 황천의 수기를 끌어들여 위로 싹과 잎을 낳는다. 기란 곧 물이요, 물을 끌어당긴다는 것은 기를 끌어당기는 것이다. 뿌리의 속이 성글어 구멍이 큰 것은 물 기운을 많이 끌어당기기 때문에 강하게 보하는 작용이 있다. 뿌리의 질이 많이 성긴 황기가 보기 작용이 강하다." 이것을 인체에 비유해보자면, 황천의 수기란 결국 신장과 방광의 물 기운을 의미한다. 즉 선천적으로 타고난 기운을 황기가 끌어들여 기를 상체나 피부 쪽으로 상승하게 하는 작용을 한다는 뜻이다.

위로 올리는 작용이 강하니 자궁하수나 위하수, 탈항 등의 증상에 아주 적절한 약이라고 볼 수 있다. 위하수는 위 점막이 지나치게 이완된 경우인데, 황기를 달여 먹으면 근육에 탄력이 생기고 수축되어 위를 위로 잡아당겨주는 효과가 있는 것이다. 그런 원리에서 보면 나이가 들면서 여성들의 몸매가 처지고 주름이 생기는 데도 황기의 끌어올려주는 작용이 많은 도움이 된다.

더위로 잃은 입맛 찾아주는 황기맥문동죽

땀을 많이 흘리는 사람들에게 도움이 되는 약재가 하나 더 있다. 아파트 화단이나 도심 빌딩의 작은 화단에서 뾰족하고 파릇하게 촉을 세우고 자라는 맥문동이다. 꽃의 색깔은 보랏빛으로 위로 촘촘하게 돋아나 있다. 맥문동에서 약으로 사용하는 부위는 뿌리(괴근)인데, 속에 들어 있는 심을 제거하고 쓴다. 맥문동의 성질은 과하게 찬 편은 아니지만 찬 쪽에 가까우면서, 촉촉하게 윤기가 있다. 폐가 건조하고 코 점막이 약해서 코피를 자주 흘리는 사람, 마른기침을 하는 사람에게 좋다.

우리가 어떤 일로 노심초사하게 되면 피가 제 갈 길을 가다가 멈춰서 뭉치기도 하고 염증이 생기기도 하는데, 이럴 때 맥문동을 먹으면 피의 길을 잘 터주어서 편안해진다. 이 작은 식물이 내 마음을 어찌 알고 풀어주는가 싶다. 산꼭대기에서 자라거나 바위 틈에서 구사일생으로 피어나는 희귀한 식물이 아니라, 먼지가 뽀얗게 앉아 쳐다보지도 않는 동네 뒷길에 평범하게 살고 있는 식물이라는 점이 더 반갑다. 요즘은 인터넷으로도 구하기 쉽지만, 직접 눈으로 확인하고 구입하는 것이 좋다. 하루 시간을 내어 약재시장을 방문해보자. 국산 맥문동은 불투명하면서 끝 부분에 붉은색이 감도는데, 중국산보다 품질도 효능도 훨씬 뛰어나다. 중국산은 가늘고 투명하고 단맛이 강하다. 조금 가격이 비싸더라도 국산으로 굵은 것을 구입하는 게 좋다.

갱년기 여성의 울체된 감정과 우울증, 열이 올랐다 내렸다 반복하는 증상에도 맥문동이 도움이 된다. 이런 증상들이 왜 생길까 가만히 생각해보면 재미있다. 여자들이란 본디 로맨틱한 것을 좋아해서 언제나 촉촉

왼쪽이 황기, 오른쪽이 맥문동이다.

한 분위기로 은근하게 위로받기를 원하는 존재다. 그런데 나이가 들면서 마음 둘 데도 마땅치 않고, 위로는커녕 늘 화닥화닥 성질만 부리거나 꽁해서 말도 잘 안 붙이는 가족들과 같이 산다면 낭만적인 기분은 구경도 못하고 답답한 가슴에 불이 붙는 것이다. 여성호르몬이 잘 분비될 때는 여성적인 에너지로 상대를 안아주고 참아줄 수 있었는데, 물 기운이 점점 줄어들다 보니 더 이상 참기도 어려워지는 것이다. 입이 잘 마르고, 식욕 조절이 잘 안 되고, 기분도 들쑥날쑥해지다가 밤에 잠이 잘 안 오고, 얼굴에 홍조감이 느껴진다면 맥문동으로 무슨 요리든 시도해보기를 권한다.

  성질이 조금 끈적거려서 소화가 잘 안 되는 경향이 있기 때문에 설사가 잦거나 변이 무른 사람은 자주 먹지 않는 것이 좋다. 끓이는 방법은 황기와 동일한데, 이 두 재료를 함께 끓인 국물로 죽을 쑤면 그야말로 보

잣을 곁들인 황기맥문동죽

재료 : 황기 15g, 맥문동 15g, 물 1.2ℓ, 베이킹소다 20g, 현미 1/2컵(가루로 대체 가능), 잣 1/2컵, 소금

❶ 베이킹소다를 푼 물에 황기와 맥문동을 20분 정도 담갔다가 흐르는 물에 씻어낸다(건조 과정에서 생긴 이물질이나 잔류 농약, 중금속을 제거하는 효과).
❷ 현미와 잣은 물에 불린 후 믹서에 갈아둔다.
❸ 물 2ℓ에 황기와 맥문동을 넣어 중불로 끓이다가 물이 끓으면 불을 줄여 1시간 정도 은근하게 끓여준다. 물이 졸지 않도록 불을 약하게 한다.
❹ 약재를 건져낸 후, 갈아둔 현미와 잣을 넣고 눌어붙지 않게 주걱으로 저어가며 끓인다. 소화력이 약한 사람은 고운 가루 죽을, 씹는 식감을 좋아하는 사람은 반 알갱이 정도의 죽을 쑨다.
❺ 먹기 전에 소금으로 간을 하고 잣을 고명으로 얹는다.

약이 따로 없다.

　황기와 맥문동을 넣은 현미죽은 입맛을 잃은 어린이나 노인들, 허약 체질자들, 갱년기 여성들이 기운 없고 잠을 잘 못 자면서 식은땀이 흐를 때 좋은데, 특히 소화기가 약해 잘 체하고 쉽게 피로감을 느끼는 분들이라면 반찬으로 무를 함께 먹으면 좋겠다. 황기와 맥문동의 은은한 향이 감돌아 맛이 부드러운데, 여기에 버섯이나 채소를 넣어 고소한 채소죽으로 끓여도 좋다.

　죽은 소화가 잘 되기 때문에 병을 앓고 난 후 회복식이나 기력 보강을 위한 치유식으로 많이 쓰인다. 쌀 알갱이가 씹히도록 굵게 쑨 죽도 있고 쌀알 반 정도의 작은 알갱이로 죽을 쑤는 경우도 있는데, 죽을 먹는 사람의 소화 상태와 재료의 종류에 따라 정하는 것이 좋다. 죽물은 대개 쌀 분량의 5~6배의 물을 사용한다. 소화 기능이 양호하고 치아 상태가 좋다면 쌀알 그대로 쑤는 옹근죽을, 소화 기능과 치아 상태가 중간 정도라면 쌀알을 굵게 갈아 쑤는 원미죽을, 소화 기능이 약하고 씹기가 불편한 치아 상태라면 쌀알을 곱게 갈아 쑤는 무리죽으로 조리하면 좋다.

　연세가 많은 어르신들이 병에 걸려 누워 있는 경우라면 미음의 형태가 낫다. 이때는 쌀 분량의 10배가량의 물을 붓고 낱알이 푹 물러 퍼질 때까지 끓인 다음 체에 받쳐 국물만 마시게 한다. 말기 암 환자나 대장 질환자 등 소화기 점막의 상태가 좋지 않은 경우에도 미음이 흡수율을 높일 수 있어 더 좋다.

6.
낙엽이 떨어지며
마음까지 우울할 때

젊음의 화려한 날들은 가고, 세월 따라 변하는 모든 것이 지겹고 지친 기분이 든다. 이럴 때 우리가 갈망하는 것은 평범한 일상에서 느끼는 작은 평화다. 별다를 것 없는 매일매일이 새삼 소중하게 느껴지고, 늘 곁에 있는 사람들이 오늘따라 사랑스러워진다. 그러면서 우리는 태어난 원래의 자리를 돌아보게 된다. 고향이 그리워지고 가족의 품이 그리워진다. 공기처럼, 존재감을 내세우지 않으면서도 내 곁을 지켜주는 모든 것이 소중해진다.

그러면서 슬슬 변화가 지겨워지고, 불안으로부터 도피하고 싶은 마음이 우리를 안주하게 한다. '이제부터는 더 이상 방황하지 말고, 돌아다니지 말고, 이 땅 위에서 두 발을 딛고 살아봐야지. 이제 나도 내 땅을 갖고 내 가족을 지키며 제대로 한번 살아보겠어'라고.

아무것도 아닌 내 자리를 있는 그대로 받아들일 때, 더 이상 나 아닌 것을 꿈꾸지 않는 마음, 평상심으로 살아가는 것이 더없이 소중하게 느껴지기 시작할 때, 마음에 평안이 찾아온다. 그런데 자연은 한시도 우리를 그대로 내버려두지 않는다. 살 만하다 느끼는 바로 그때, 야속하게도 또 다른 변화가 찾아온다. 가을이 되면 나무는 푸르름을 잃어버리고, 사람에게선 젊음을 데려간다. 젊은 날의 불타던 사랑도 서서히 퇴색한다. 버릴 것을 버린 자리, 군더더기 없이 남아 있는 앙상한 자신을 바라볼 때 느껴지는 슬픔과 상실감.

그럼에도 우리는 살아가야 한다. 가을은 그래서 모질다. 담담하게 있는 그대로의 소박한 자신을 받아들일 준비가 되었는가? 아니면, 모진 인생의 파노라마가 아직도 원망스러운가?

힐링 채소수프로 으슬으슬한 몸과 마음 달래기

사는 게 뜻대로 풀리지 않아 가슴이 답답하거나, 인생의 전반전을 끝내고 후반전을 어떻게 시작해볼까 고민하는 사람이 있다면 일본의 힐링 영화를 시간 되는 대로 감상해보면 좋겠다. 우리나라에서도 많이 알려진 〈카모메 식당〉의 오기가미 나오코 감독의 〈안경〉〈수영장〉〈요시노 이발관〉 같은 작품들도 좋고, 섬으로 놀러갔다가 발이 묶인 젊은 청년과 혼자 살아가며 요리를 즐기는 할머니의 로맨틱한 우정을 소재로 한 〈하와이언 레시피 — 호노카아보이〉도 좋다. 일본 드라마 중에서는 〈빵과 수프, 고양이와 함께 하기 좋은 날〉이 마음에 들었다. 〈카모메 식당〉과 〈안경〉 등에서 주연을 맡았던 고바야시 사토미가 그녀 특유의 힐링 에너지로 드라마 전체를 꽉 채우고 있다.

주인공 아키코는 식당을 운영하던 어머니의 갑작스런 죽음을 계기로 출판사를 그만두고, 샌드위치와 수프를 파는 가게를 연다. 요리는 좋아했지만 직업으로까지 생각해보지 않았던 그녀는, 다른 사람의 방식이 아닌 자신만의 색깔이 담긴 요리와 친절로 그녀다운 일터와 삶을 만들어간다. 그녀가 이웃과 직원, 손님들과 정감을 주고받는 방식은 자연스럽고 편안해 보인다. 가게의 빵과 수프는 먹어보지 않아도 담백하고 깊은 맛이 나는 건강한 음식처럼 느껴진다.

하루는 그녀가 외곽에 있는 사찰을 찾아가 스님을 만나 담소를 나눈다. 스님 역시 10년 전까지만 해도 전혀 출가를 꿈꾸지 않았던 사람이었다. 어느 날 아버지의 부고를 듣고 그가 오랜만에 사찰을 찾아왔는데, 문득 자신에게 스며들어오는 무언가가 있었다고 한다. 그게 무엇이었을까? 그는 그 길로 출가하여 그 사찰에서 10년간 주지 생활을 하고 있었던 것이다. 스님이 담담하게 했던 말이 인상적이다. "아름다움도 상대적인 것이다. 나를 부담스럽게 하는 아름다움은 오래가지 못한다. 바라보면 그저 편안해지는 것이 정말 아름다운 것이다." 스님에게 스며들어왔던 것이 바로 편안함 아니었을까?

어쩌면 우리가 찾는 일상의 평안과 쉬는 기분은 별다른 게 아닐지도 모르겠다. 그저 내가 매일 반복하는 일 속에서 편안해지는 것, 매일 마주치는 사람들과 무리 없이 지내는 것, 그리고 매일 먹는 음식들이 내 속을 편안하게 해주는 것. 그래서 하루하루가 별일 없이 편안한 것이 힐링 그 자체가 아닐는지. 〈빵과 수프, 고양이와 함께하기 좋은 날〉에서 수프와 빵을 먹는 사람들을 보면서, 나도 가만히 있을 수 없어 수프를 끓이고 샌드위치를 만들었다. 건강한 힐링 수프라고나 할까. 우울하거나 몸이 처지는 기분이 들 때, 드라마처럼 편안한 일상을 떠올리며 빵과 수프를 먹

마음까지 따뜻한 힐링 채소수프

재료 : 온갖 채소, 올리브오일, 마늘, 허브, 소금

❶ 당근, 가지, 오이, 호박, 방울토마토, 연근, 고구마 등은 통으로 동근 모양 그대로 썰어 모양을 낸다.

❷ 마늘 두세 쪽을 편으로 썰어 올리브오일에 살짝 볶아준 다음, 준비된 재료를 모두 넣고 볶는다. 기름에 살짝 볶으면 파프리카나 가지 등의 색이 변하지 않아 영양소 파괴가 적다.

❸ 마늘과 올리브오일의 풍미가 재료들을 감싸 어우러지면 채수를 부어 뭉근하게 끓여준다. 이때 월계수잎과 로즈마리, 바질, 통후추 등을 넣으면 좋다.

❹ 소금으로 간을 맞춘다.

어보면 좋겠다.

　날이 추워지기 시작할 무렵의 으슬으슬함은 때로는 강추위보다 더 춥게 느껴지곤 한다. 이럴 때는 마음도 덩달아 스산해지기 마련인데, 드라마 속 주인공이 되어 수프를 끓여보자. 채소들을 오색으로 준비하자. 당근, 우엉, 고구마나 감자, 연근 등의 뿌리채소와 배추, 시금치 등의 잎채소, 그리고 오이, 가지, 호박, 파프리카, 브로콜리, 콜리플라워 등 집에 있는 재료들을 모두 내놓고 조금씩 썰어 수프 재료로 사용하면 된다.

　은은하고 담백하면서도 속을 데우는 깊은 느낌이 정말로 힐링을 시켜주는 듯하다. 게다가 그릇에 담아놓으면 동글동글한 재료들의 색감이 어우러져서 강퍅했던 마음을 스르르 녹여버리는 편안함이 있다. 정말 이쁜 요리다.

두부로 만드는 샌드위치

　수프에 곁들이는 샌드위치는 일반적으로 많이 사용하는 샌드위치용 빵도 좋지만, 일명 시골빵이라 불리는 자연 발효빵 '캄파뉴'나 '치아바타'로 만드는 게 좋다. 달걀이나 우유가 들어가지 않아 조금 투박한 질감이긴 하지만, 고소하고 소박한 느낌이 마음에 든다.

　시간이 조금 난다면, 두부를 얇게 썰어 그릴이나 오븐에 구워 빵에 얹어도 좋은데, 소금과 후추, 오일을 발라 구우면 된다. 시간이 없다면 두부를 으깨 들기름과 소금, 후추를 넣고 프라이팬에서 노릇해질 때까지 볶아 샌드위치 속에 넣어도 맛있다.

두부 샌드위치

재료 : 방울토마토, 양파 외 다양한 채소, 마늘, 두부, 강황가루(커리파우더), 바게트빵 또는 치아바타

❶ 두부 반 모는 미리 으깨고, 집에 있는 여러 가지 채소를 작게 썰어둔다. 시금치가 들어가면 더 맛있다.
❷ 팬에 올리브오일을 두르고 편으로 썬 마늘, 양파를 볶다가 으깬 두부를 넣어 함께 볶는다.
❸ 두부가 노릇해지기 시작하면 썰어둔 채소들을 넣어 함께 익힌다. 간단하게 소금, 후추를 넣어 간한다.
❹ 재료들이 부드러워지면 강황가루(또는 커리파우더)를 넣어 한 번 더 볶은 후 빵에 얹는다.

〈마요네즈 대용으로 사용할 수 있는 간단한 드레싱 만들기〉

1. 견과 마요네즈
재료 : 캐슈너트나 땅콩, 아몬드 1/2컵, 소금 1/2작은술, 두유 1컵, 레몬즙 2큰술
① 믹서기에 견과류와 두유를 넣고 곱게 간 후 낮은 불에 계속 저어가며 끓인다.
② 여기에 레몬즙, 소금 등을 넣고 마무리한다.

2. 두부 마요네즈
재료 : 두부 1/2모, 견과류 1/2컵, 셀러리 40g, 레몬즙이나 식초 1큰술(금방 먹을 때는 레몬즙을, 두고 먹을 때는 식초를 사용), 올리브유 혹은 현미유 2큰술, 조청 2큰술, 소금 약간
① 견과류(땅콩, 호두, 아몬드, 캐슈너트 등)를 따로 믹서에 간다.
② 셀러리를 믹서에 갈다가 여기에 두부를 뺀 나머지 재료를 넣고 다시 한 번 믹서에 간다.
③ ②에 두부를 으깨어 넣고 갈다가 마지막으로 ①을 넣고 섞어서 완성한다.

3. 두유 마요네즈
재료 : 올리브오일이나 현미유 1컵, 두유 1/3컵, 설탕 3큰술, 소금 1작은술, 땅콩 1/5컵, 캐슈너트(다른 견과로 대체 가능) 1/5컵, 식초 2큰술, 겨자 1큰술
① 두유에다 설탕과 소금으로 간을 해둔다.
② 간한 두유에 땅콩, 캐슈너트, 식초, 겨자를 넣고 믹서기를 돌린다.
③ 믹서기를 돌리면서 현미유를 넣어준다(믹서의 위 뚜껑을 열고 가운데로 조금씩 넣어야 한다).
④ 돌리다 보면 점점 걸쭉한 마요네즈가 되는 것이 보이는데, 더 이상 섞이지 않으면 완성된 것이다.

서걱거리는 마음은 채소찜의 부드러움으로

우울할 때는 맛있는 걸 먹는 게 최고다. 하지만 우울증이 오래되었거나 화병이 있는 상태라면 무언가를 한다는 것 자체가 내키지 않을 때가 많다. 보다 안정된 마음의 상태를 원할 때 선택할 수 있는 음식 중 조리에 대한 부담이 전혀 없는 요리가 채소찜이다. 몇몇 채소는 생으로 먹는 것이 오히려 흡수율을 떨어뜨리는 경우도 있고, 질겨서 맛이 떨어지기도 한다. 이런 채소들을 살짝 찌면 단맛이 상승하고 질감이 부드러워져서 먹기에 편하고 장도 따뜻해지는 기분이 든다. 왠지 사는 게 서걱거리는 느낌이 드는 날, 채소찜의 부드러운 질감을 즐기며 먹어보자. 모든 일이 이렇게 부드럽고 편안하기만 하면 얼마나 좋을까. 씹기 어려운 질긴 채소들이 부드러워지는 것처럼 말이다(레시피는 200쪽 참고).

〈마음과 감정을 이완시켜주는 식재료들〉

- **귀리** : 신경계를 안정시켜 걱정, 근심, 스트레스로부터 보호해준다. 매일 아침 오트밀로 식사하는 것도 좋은 방법이다.
- **국화** : 뇌의 관상동맥을 확장시켜 두통을 낫게 하고 신경을 안정시켜준다. 눈의 충혈과 상기증에도 좋다.
- **목이버섯** : 빈혈과 두통을 다스리고, 피부 미용과 다이어트 효과도 좋은 편이라 여성들이 자주 먹으면 좋은 식재료다.
- **대추** : 비위를 보하고, 심장 혈액 순환을 도와 정신을 편안하게 해준다.
- **라벤더** : 충격을 받거나 감정 조절이 잘 되지 않을 때 이완시켜주는 효과가 탁월하다. 위 재료들로 요리를 해서 먹고 라벤더오일로 마사지를 해주면 좋다.

7.
부부의 기력을 되찾아주는
가을 별미

추석 명절에 선물로 들어온 더덕을 수분이 생기지 않도록 신문지로 한 번 싼 후, 밀폐 용기에 담아 냉장 보관해두었더니 한 달이 지나도록 싱싱하다. 손질하기가 귀찮아서 그렇지, 더덕은 요리로 다양한 맛을 낼 수 있는 보양식품 중 하나다. 요리는 정성이 들어간 만큼 맛이 난다는 어른들 말씀이, 더덕을 손질할 때마다 생각난다. 온통 흙으로 뒤덮인 몸뚱이를 왼손으로 쥐고, 껍질을 살살 긁어 벗겨내는 동안 얼굴이 조금 일그러진다. 더덕의 점액질이 손이나 칼, 도마에 묻으면 끈적거리면서 잘 씻기지 않기 때문이다. 뽀얀 속살을 드러낸 더덕을 반으로 갈라 작은 요리 방망이로 살살 두들겨주면 제법 모양이 잡히면서 그제서야 요리할 맛이 나기 시작한다.

한방에서 더덕은 사삼^{沙蔘}이라는 이름으로 사용되는데, 《명의별록^{名醫別錄}》에는 심복통과 가슴저림 증상을 치료하고, 두통과 피부 열을 다스리며 오장을 안정시키므로 오래 복용하면 좋다고 나와 있다. 특히 폐열로 인한 오래된 기침을 다스리는 데 좋지만, 기관지에 한기^{寒氣}가 들어 일어나는 기침에는 더덕을 쓰지 않는 것이 좋다. 아무리 좋은 약성을 가진 재료라도 체질과 병증에 맞아야 약이 되는 것이다.

더덕은 교감신경을 흥분시키는 작용도 있어 남성들의 강장제로도 알려져 있다. 대개 남자들은 스트레스를 받아도 시시콜콜 이야기를 하거나 풀지 못하는데, 이런 상태가 오래 지속되면 열독으로 인해 폐의 진액이 손상되어, 잘 뱉어지지도 삼켜지지도 않는 가래가 끓으면서 입이 마르고 갈증이 난다. 가래 뱉는 소리가 편하게 들리지 않거나 마른기침을 한다면, 더덕을 생으로 갈아 마시거나 요리로 만들어 보양을 해주면 좋다. 색소가 풍부한 과일과 채소를 함께 갈아 마시면 항산화 작용과 해독 작용을 도와 간 기능까지 회복된다. 열 많은 남편에게 열을 조장하는 값비싼 녹용, 인삼, 삼계탕 먹여봐야 오히려 몸만 더 피곤해진다. 체질에 맞는 정성스런 요리가 가장 좋은 보약이다.

열 많은 남편에겐 더덕요리

더덕요리 하면 가장 먼저 떠오르는 방법이 고추장양념을 해서 굽는 것이다. 고추장에 고춧가루를 섞어 빨간색을 내는데, 나는 여기에 들기름과 조청, 생강, 소금, 통깨를 곁들인다. 더덕을 손질하려면 조금 번거롭다. 끈적한 진액이 손에도 묻어나고, 칼에도 붙어버려서 여간 고약한 게 아니다. 그래서 나는 하루 날을 잡아 한꺼번에 손질해서 냉동실에 얼려둔다. 한 번 먹을 만큼씩 싸서 얼려두는데, 해동해서 요리해도 그 질감이 사라지지 않는다. 다만 향은 조금 옅어진다. 큰 녀석은 반으로 자르고 작

더덕을 결대로 가늘게 찢고 여러 가지 채소를 곁들이면 샐러드가 된다. 올리브오일, 매실청, 레몬즙, 소금에 견과류를 갈아 넣고 소스를 만들어 끼얹으면 별미다.

은 녀석은 그대로 두들겨 납작하게 펴는데, 가능하면 접시에 담았을 때 키가 비슷하도록 손질하는 게 좋다. 미리 만들어둔 양념장에 더덕을 하룻밤 재워놓으면 조리했을 때 더 깊은 맛이 나고 색도 고와진다.

가스레인지를 사용하다 보니 석쇠는 잘 사용하지 않지만, 어쩌다가 기분을 제대로 내고 싶을 때는 철물점에서 구입한 석쇠를 꺼낸다. 가스 불에 먼저 석쇠를 5초씩 세 번 정도 쬐어 소독하고, 그 위에 더덕을 잘 펴서 얹는다. 약불로 구워야 제맛이 나는데, 양념한 더덕 표면에 참기름을 붓으로 얇게 발라주면 윤기가 나면서 더 고르게 익는다.

더덕으로 건강한 보약밥상을 차릴 수 있는 요리법이 많다. 그중 하나가 더덕의 탄력 있는 질감을 살린 샐러드인데, 아삭한 식감과 더덕의 향이 살아 있어 좋다. 또 한 가지 방법은 더덕죽이다. 소화가 잘 안 될 때나, 반찬거리가 마땅하지 않을 때 더덕죽을 별미로 내면 좋다.

부드럽게 즐기는 더덕죽

재료 : 현미 1컵, 물1ℓ(쌀 양의 8~10배 정도), 더덕 두 뿌리, 소금 약간, 잣 조금

❶ 현미를 물에 불려두었다가 믹서로 알갱이가 반 정도 되도록 갈아 물을 부은 후 천천히 죽을 쑨다.
❷ 더덕은 껍질을 벗긴 후 결대로 가늘게 찢어놓는다.
❸ 죽이 완성되면 더덕을 고명처럼 얹고, 잣을 곁들인다.
❹ 더덕과 잣은 먹기 직전에 죽과 섞어 향과 아삭한 식감을 즐긴다.

예민한 아내에겐 도라지요리

옛말에 더덕은 남자에게 주고, 도라지는 여자에게 주라고 했다. 더덕은 성질이 차면서도 가벼워, 열로 인한 진액 부족 증상을 다스리는 데 효과가 있다. 반면 도라지는 성질이 평하면서 신경을 소통시키는 작용이 뛰어나, 신경성으로 가슴이 답답하고 화병이 나 목이 잘 붓거나 통증이 있는 여성에게 효과가 좋다.

3년 이상 된 백도라지는 약으로 쓰이는데, 한방에서는 길경桔梗이라는 이름으로 부른다. 길경은 숨이 차는 증상을 치료하고 기운을 위로 끌어올리는데, 마치 기와 혈을 실어나르는 나룻배 같은 역할을 한다. 가슴과 옆구리가 칼에 찔린 듯이 아픈 증상을 치료하고, 배가 차오르고 장에서 소리가 들릴 때, 잘 놀라거나 겁먹고 두근거리는 증상을 다스리는 데도 효과가 있다. 즉 가슴의 막힌 길을 뚫어 잘 소통시키는 약이라 볼 수 있다. 도라지는 나물이나 초무침으로 많이 먹지만, 그렇게 해서는 자주 먹기가 어렵다. 도라지를 말렸다가 가루로 내 양념으로 사용하거나 차로 끓여 마시면 부담 없이 상복할 수 있다.

목이 잘 붓거나 편도선염이 있을 때 도라지청을 많이 마시는데, 상복하면 당분 섭취가 많아지는 단점이 있다. 청 대신 도라지와 감초를 함께 달여 마시면 쓴맛을 보완하면서도 약성을 더 좋게 만들 수 있다. 한방에서 인후통에 자주 응용되는 처방 중 감길탕甘桔湯이 있는데, 바로 감초와 길경이 주된 약재다. 매연과 중국발 미세먼지로 고생하는 시기에 도라지와 감초, 모과를 차처럼 달여 수시로 마셔주면 감기 예방의 효과뿐 아니라 기관지를 보호할 수 있다.

〈도라지의 효능 높여주는 탱자 열매〉

가슴이 이유 없이 꽉 막힌 것처럼 답답할 때는 도라지에 탱자 열매를 같이 넣어 끓여 마시면 좋다. 탱자나무의 어린 열매는 지실(枳實)이라 부르고, 성숙한 열매는 지각(枳殼)이라 부르는데, 지실은 피부 가려움증이나 오랜 식체, 명치 밑이 답답하고 아픈 것을 낫게 한다. 또 호흡이 가쁘거나 급성 기관지염이 있을 경우에도 효과가 좋다. 탱자 껍질이 청색과 황색으로 반반씩 물들었을 때가 제일 효능이 뛰어나다. 덜 익어 새파랗거나 너무 익어 말캉할 때는 효능이 떨어진다.

재미있는 것은 어린 지실보다 성숙한 지각의 성질이 온순해서 뚫는 힘이 약하다는 점이다. 어린 지실은 훑어내리는 작용이 강해서 막히고 뭉친 것을 강하게 헤쳐버리는 반면, 지각은 살살 달래서 풀어주는 격이다. 지각은 부드러운 약성 덕분에 몸의 상중하 어디에나 작용하지만, 주로 가슴과 어깨, 피부 쪽에 사용된다. 변비를 고치고 싶을 때 한 가지 약재만 간단히 달여 먹고 싶다면 지각을 쓰면 좋다.

탱자 열매에 속눈이 생기기 전에는 지실로 사용하고, 속눈이 생기면 지각의 효능으로 사용한다. 일반적으로 알고 있는 탱자나무의 성숙한 열매라기보다는 속눈이 생긴 어린 과실을 지각으로 본다는 점이 좀 특이하다. 아래 사진의 왼쪽이 지각, 오른쪽이 지실이다.

엄마와 아이 모두에게 좋은 지실차

재료 : 지실, 볶은 현미나 보리

❶ 지실 20g에 물 1.5*l*를 부어 끓인다.
❷ 물이 끓으면 약불로 줄여 은근하게 1시간 정도 달인다.
❸ 볶은 현미나 보리와 함께 끓이면 맛이 부드러워져 아이들이 마시기 좋다.
❹ 지실차 한 가지만 달여 마셔도 아토피에 효과가 있다.
❺ 맛이 매우 쓰기 때문에 열을 내리는 작용이 강하다. 평소 속이 냉한 사람은 주의할 것.

〈여성을 위한 재료, 남성을 위한 재료〉

여성을 위한 재료
- 쑥: 몸을 따뜻하게 해주고, 자궁 어혈을 풀어 순환을 좋게 한다. 소화 기능도 증진시키면서 신경도 편안하게 다스린다.
- 당귀: 조혈 작용이 있어 빈혈을 다스리고, 몸을 따뜻하게 해 혈액 순환을 돕는다.
- 자소엽: 가슴의 기가 뭉친 것을 풀어줘 마음을 안정시키고, 염증을 다스린다.
- 도라지: 신경성으로 인한 인후염과 가슴답답증을 풀어준다. 가래를 삭혀주고 기관지 열을 다스린다.
- 토란: 여성호르몬을 보충해주고, 칼슘이 풍부해서 뼈 건강을 좋게 한다. 신경 안정 작용도 가지고 있다.
- 구기자: 빈혈과 어지럼증을 다스리고, 스태미너를 좋게 해준다.
- 검은콩: 여성호르몬 유사활성 작용으로 갱년기 여성에게 유용하다. 풍부한 단백질과 섬유질, 비타민, 미네랄을 겸비해 항암 작용과 항노화 작용이 뛰어나다.
- 브로콜리: 여성호르몬을 생성하도록 돕고, 칼슘을 비롯한 풍부한 미네랄로 신경계와 근골격계, 순환계 대사를 돕는다.

남성을 위한 재료
- 오미자: 생리활성 물질이 풍부하고 항산화 작용이 뛰어나 자양강장, 피로 회복에 좋다. 허해서 흘리는 식은땀, 기력이 소모된 증상을 다스리는 데 탁월하다.
- 산수유: 소변 이상이나 요통에 효과가 있고, 정력이 약한 증상을 다스린다.
- 복분자: 하체가 부실하고 소변이 약해지는 증상을 다스리고, 정력에 좋다
- 구기자: 혈당 강하와 혈압 조절 작용으로 중장년층의 만성 질환을 예방한다.
- 마: 자양강장 작용으로 스태미너를 증진시키고, 소화를 도우며, 장을 튼튼하게 해 변 상태를 좋게 만들어준다.
- 더덕: 기관지를 보하고 몸의 진액을 생성시키며 심신 과로로 인해 생긴 가래를 삭혀 기를 순하게 내려준다.
- 은행: 고지혈증이나 동맥경화증 등의 혈액순환 장애로 생기는 병증을 다스리고, 임포텐스나 소변 이상에 효과가 있다.
- 호박씨: 아연이 풍부해 전립선과 방광을 건강하게 한다.

8.
초겨울 추위를 이기게 하는 음식

기온이 뚝 떨어지니 몸이 움츠러들면서 마음까지 심란해진다. 바쁘고 할 일 많을 때 감기라도 걸리면 큰일이다 싶다. 이럴 때는 얼큰한 국물이 있는 탕을 먹고 속부터 데워 땀을 좀 내고 나면 몸이 개운해질 것 같다. 동네 채소가게에 들러 재료들을 샀다. 나도 모르게 청양고추, 양파, 생강에 손이 간다. 어려서는 이런 강한 향신 성분이 들어간 재료들은 양념으로 들어가는 것조차 싫어했다. 어른들은 왜 저런 맛을 좋아하는지 이상하다고 여겼다. 입맛이란 자연스럽게 변하는 것이지만, 한편 생각해보면 인생의 쓴맛과 매운맛을 겪으며 살아오는 동안 음식 맛에 대한 기호도 달라지는 게 아닐까 싶다. 혀끝이 얼얼해지는 맵싸한 맛이 그리워지는 걸 보니 말이다.

인생극장이 단맛 나는 이야기들로만 꾸며진다면 얼마나 지루하고 재미없을까? 쓴 약을 먹고 나서 한 입 깨무는 달콤한 사탕처럼, 우리 삶은 어떤 날들은 비극으로, 어떤 날들은 코미디로 뒤엉켜 흘러가버린다. 우울한 날에는 저녁밥상을 조금 매콤하게 맛을 내본다. 가슴속 답답함을 이야기로 두런두런 풀어내는 것도 좋지만, 매운맛으로 속을 확 풀어주는 음식 하나가 위안이 되기도 한다. 이렇게 춥고 으슬으슬한 날에는 더욱 그렇다.

얼큰한 버섯탕으로 추위 몰아내기

장바구니에 버섯들을 종류별로 담는다. 표고버섯은 생것보다 말린 것이 영양이 더 풍부하다. 새송이와 느타리, 목이, 양송이 등 구색을 갖춰 담는다. 모둠버섯탕을 얼큰하게 끓여 먹기 위해서다. 얼큰한 탕에 들어갈 채소는 무, 청경채, 브로콜리, 당근, 호박 등 냉장고 단골손님들이면 충분하고, 특별히 곁들일 고수를 산다. 대형마트에서 파는 고수는 얼토당토않게 생긴 것이 비싸기만 해서 다시 내려놓을 때가 많다. 재래시장을 다니다 보면, 노상에서 고수를 파는 할머니나 향신료가게가 있다. 없다면 인터넷으로 허브 파는 곳을 검색해보자. 그도 여의치 않으면 말린 고수가루를 구해도 된다. 고수 향을 별로 안 좋아하는 사람들도 많은데, 나는 고수 향이 참 좋다.

얼큰한 탕은 뭐니 뭐니 해도 얼큰한 국물 맛이 중요하다. 나는 채수를 미리 만들어두었다가 밥도 하고, 국도 끓이고, 주스 만들 때도 넣어 영양 보충을 한다. 채수 기본 재료(72쪽 참고)에 제철 채소를 곁들여 끓여둔다. 냉장고에서 꺼낸 채수에 집간장을 넣어 다시 한소끔 끓이는 동안, 채소를 자르고 매운 향과 맛을 낼 양념장을 만들어두면 된다.

미리 끓여둔 채수에 청양고추와 생강으로 향을 내고 모둠버섯을 넣은 얼큰한 탕에는 두부나 흰 가래떡을 썰어 넣어도 좋고, 쌀국수나 수제비를 띄워 먹어도 이색적인 요리가 된다. 탕을 먹고 나면 콧등부터 땀이 촉촉하게 배어나오면서 온몸이 따뜻해진다.

탕이나 국을 맵게 끓이거나 볶음요리를 얼큰하게 만들고 싶을 때, 방법은 모두 같다. 다진 청양고추와 생강을 넉넉한 기름에 볶으면 풍미가 살아난다. 생선육수나 닭육수 등을 사용하지 않아도 부드럽고 깊은 국물 맛을 내준다. 모둠버섯얼큰탕은 겉으로는 별로 매워 보이지 않지만, 한두 모금 숟가락으로 떠먹으면 금방 혀가 얼얼해지고 코끝에 땀방울이 맺힌다. 청양고추와 생강의 매운맛 때문이다.

한방에서 고추는 번초蕃椒라는 이름으로 부르는데, 식욕 부진을 다스리고 추위를 물리치는 작용을 한다. 이것은 고추가 혈액 순환을 촉진시켜 말초신경을 자극하기 때문이다. 속이 미식거리면서 체한 기분이 들 때, 구토가 나거나 설사를 할 때도 효과가 있다. 다만 많이 먹으면 자극성이 있는 캡사이신 성분 때문에 위염이나 장염 등을 유발하기도 하니 위장 점막이 약하거나 열이 많은 분들은 주의하자. 생강은 장 점막을 따뜻하게 만들고 위액 분비를 자극하여 소화를 촉진시키고 살균·해독 작용이 뛰어나다. 또한 혈관운동중추와 호흡중추를 흥분시켜 몸에서 열을 내도록 한다.

우리의 전통음식 가운데는 생강과 고추를 활용한 요리들이 다양하게 발달해 있다. 아마도 채식 위주의 섭생을 보완하는 데 이런 맵고 따뜻한 성분의 향신료들이 큰 역할을 해왔기 때문일 것이다. 계피, 후추, 초피, 마늘, 양파 등도 몸을 따뜻하게 해주는 재료다.

채식을 하면 추위를 많이 타게 된다고 오해하는 사람들이 많은데, 사실일까? 에스키모인들처럼 추운 극지방에 사는 사람들이 육식을 하는 이유는 채식 재료를 구할 수 없어서지, 채식을 하면 추위를 더 타기 때문은 아니다. 동물의 체온이 사람보다 높아 육식을 하면 채식을 할 때보다 열을 내는 데 유리한 것은 사실이다. 그러나 우리가 추위를 느끼는 이유는 단지 더운 음식을 먹지 않고 찬 음식을 먹기 때문이 아니라 체온 유지를 하는 데 필요한 조건들이 여러 가지 이유에 의해서 깨지기 때문이다.

음 체질인 사람들이 추위를 많이 타는 편인데, 그중에서도 소화 기능이 약하면서 신경이 예민하여 잘 체하고, 성격이 소심하여 늘 스트레스를 받는 성격을 가진 사람들이 더욱 추위를 탄다. 음식물을 통해 들어온 영양분을 분해하여 에너지로 전환하는 소화 과정이 활발하게 기능하지 않으면 음식물이 정체되면서 순환장애 물질을 발생시키는 상태가 장기간 지속되는데, 이 때문에 체온 유지가 잘 안 되는 것이다. 게다가 신경이 예민하여 자율신경계의 균형이 깨져서 체온 유지가 안정되게 이루어지지 않으니 에너지대사 기능도 자연스럽게 저하된다. 이런 체질을 가진 사람들이라면, 우선 마음을 안정시킬 수 있는 생활방식과 소화가 잘 되는 식습관을 갖는 것이 무엇보다 중요하다.

속까지 풀어주는 모둠버섯얼큰탕

재료 : 표고버섯, 새송이버섯, 목이버섯, 청경채, 브로콜리, 당근, 호박, 고수, 감자전분
얼큰한 국물 재료 : 마른 다시마, 마른 표고버섯, 통생강, 청양고추, 집간장, 소금

❶ 마른 다시마 2조각, 마른 표고버섯 3개, 통생강, 양파, 흰 파뿌리를 넣고 10분간 끓인 후 다시마를 건져내고 집간장 세 큰 술을 넣어 다시 한소끔 끓인다.
❷ 청양고추 3개를 반으로 갈라 씨를 털어내고 잘게 다진다. 통생강 반 쪽도 다진다.
❸ 팬에 기름을 넉넉히 붓고 다진 청양고추와 생강을 넣어 볶는다. 씹히는 게 싫다면 충분히 볶은 후 기름만 따라내 사용해도 되지만, 탕에 넣으면 씹히는 맛이 강하지 않으므로 그대로 넣어도 상관없다.
❹ 준비된 버섯과 채소들을 팬에 넣어 함께 볶는데, 채수를 한 국자 정도 넣고 볶는다.
❺ 준비된 국물을 ❹에 붓고 은근한 불로 끓인다.
❻ 재료가 속까지 다 익으면 전분가루를 풀어 걸쭉하게 하고, 소금으로 마지막 간을 한다.

9. 얼어붙은 손발을 녹이는 따뜻함을 찾아

겨울만 되면 손발이 꽁꽁 얼어붙어 추위에 떠는 사람이 많다. 장갑과 두꺼운 양말로 무장해도 냉기가 가시지 않아 다른 사람들보다 겨울나기가 어렵다. 그 이유는 몸의 말단 부위까지 혈액 순환이 되지 않아 체열이 고르게 전달되지 않기 때문이다. 또한 체온을 자율적으로 조절하는 자율신경계의 기능이 원활하지 않은 탓도 있다. 체온 조절, 땀 분비, 수면 조절, 대소변 조절 등은 뇌의 특별한 명령 없이도 몸이 스스로 알아서 하는 일인데, 이 기능이 약해지면 잠을 이루기 어렵고, 대소변에 문제가 생기고, 땀이 지나치게 많이 나거나 너무 적게 나기도 하며, 체열이 널뛰기를 하여 불안한 기분이 든다.

이런 증상을 자율신경 실조증이라 하는데, 대개는 우울증과 건망증 등을 동반하면서 신경이 매우 예민해진다. 손발이 찬 분들 가운데는 특별히 우울하거나 신경장애 없이 그저 순환이 잘 되지 않아 추위를 타는 경우도 있지만, 대부분은 이런 증상 중 한두 가지를 가지고 있는 경우가 많다. 우리 몸 전체를 관통하여 연결하는 혈관과 경맥은 훈훈하고 따뜻한 기운이 불어야 잘 통하는 법이다. 겨울철 수도관이 얼어붙으면 물이 흐르지 않는 것처럼, 혈관이나 경맥의 소통이 원활하지 않아 몸이 냉한 사람들은 기온이 내려갈수록 컨디션이 나빠지기 쉽고 건강상의 적신호가 나타난다.

냉증을 물리치는 습관과 식재료

냉증 탈출법

• 블랙티를 꾸준히 마신다 : 생강 3쪽, 계피 2조각, 흑후추 10알을 넣어 끓인 차에 꿀을 타서 마신다.

• 소화가 잘 되는 음식을 먹는다 : 소화 기능이 떨어지면 말초혈관 순환이 나빠져서 수족냉증이 오기 쉽다. 소화 기능을 점검해보자.

• 복부 마사지를 해준다 : 배꼽 주변을 시계 방향으로 1일 200회 이상 마사지해준다. 이때 바디오일을 조금 사용하면 더 좋고, 맨살 위로 하는 것이 효과적이다. 좋아하는 음악을 들으며 명상하듯 마사지를 하자.

• 족욕이나 각탕을 한다 : 반신욕은 체력이 약한 사람에게는 부담을 줄 수 있다. 대신 족욕이나 각탕은 누구에게나 무난하다. 단 38~42도의 물에서 20분간만 하자. 에센셜오일이나 허브소금을 물에 넣어도 좋다.

증상별 식재료

● **혈액 순환이 안 되어 생기는 냉증**: 평소에는 오히려 열이 많이 나고 얼굴도 붉은 편인데, 이상하게 한겨울만 되면 내복을 껴입어도 오한이 날 정도로 춥다는 분들이 있다. 대개 나이가 들면서 추위를 타게 된 것인데, 이 경우에는 체열이 아니라 혈액 순환이 문제다. 혈압이 높고 얼굴이 붉은 편이며 열이 올랐다 내렸다를 반복하면서 신경질을 잘 내는 경우가 이에 해당된다. 이런 분들은 몸에 독소가 많이 쌓여 있는데 해독 기능을 담당하는 간 기능이 저하되어 있는 경우가 많다. 피로감을 많이 느끼며 에너지 대사도 저하되어 추위를 타는 것이다.

이분들이 반드시 섭취해야 하는 식품은 현미 등의 통곡류, 클로로필 성분이 풍부한 케일, 브로콜리, 시금치 같은 녹색 채소, 당근, 토마토 등 카로티노이드 성분이 풍부한 황색 채소와 과일이다. 이런 음식을 충분히 섭취하면 혈액 순환이 좋아진다.

● **겨울이 되면 심해지는 비염과 기침**: 늘 마른기침을 하면서 환절기만 되면 콧물이나 코막힘 등의 비염 증세로 고생하는 분들은 겨울이 오면 그 증상이 더 심해져 고생한다. 외부의 공기가 체내로 들어올 때 통과하는 기관지 점막이 추위에 반응해 일어나는 증상인데, 날이 추워지면 점막이 더욱 수축한다. 이때 점막 내에 가래, 이물질, 어혈 등이 달라붙어 있으면 순환이 더욱 안 좋아져서 숨쉬기조차 어려운 지경이 되기도 한다. 이런 상태가 되면 인체는 본능적으로 기침을 통해 호흡을 유도하거나 점막에 붙은 이물질을 제거하려 한다. 그래서 기침이 잦아지는데, 기침이 진액을 더욱 고갈시켜 마른기침을 할수록 갈증이 심해지고 입술이 부르트기까지 하는 것이다.

이럴 경우에는 기관지 점막에 작용하여 이물질의 배출에 도움을 주고 순환을 돕는 효능을 가진 도라지, 배, 마, 은행, 연근 등의 식품과, 부족해진 진액을 보충해주면서 기관지의 기능을 개선하는 오미자, 매실 등을 요리에 응용하거나 차로 마시면 도움이 된다. 또한 채소와 과일에 들어 있는 파이토케미컬 성분들은 항균력이 뛰어나고 면역력을 증강시켜주는 효능이 있으므로, 신선한 상태로 많이 먹을수록 도움을 받을 수 있다. 설탕과 정제 곡물을 먹으면 몸은 당분이 세포로 흡수되는 것을 조절하기 위해 인슐린을 과도하게 분비하는데, 인슐린은 염증을 유발하므로 피하는 것이 좋다. 트랜스지방도 염증을 유발한다.

몸의 순환을 도와주는 블랙티

겨울이 두려운 분들이라면 평소에 혈맥이 잘 통하도록 돕는 따뜻한 차를 수시로 마시며 체질을 보완해주는 것이 좋겠다. 인도에서 전통적인 마사지테라피 전후에 몸을 데워주기 위해 마시는 차가 있다. 통계피 두 개와 통후추 한 큰술을 넣어 끓인 블랙티다. 일반적으로 블랙티라 하면 찻잎을 오래 발효시켜 검은색이 된 것을 말하지만, 계피와 통후추를 넣어 끓인 차도 블랙티라고 한다. 블랙티는 빠른 시간에 체온을 높여줄 뿐 아니라, 몸의 순환을 도와 따뜻함을 유지하게 돕는다.

향신료로 가장 광범위하게 사용되는 후추는 한방에서 호초胡椒라는 이름으로 불린다. 맵고 뜨거운 성질을 가졌으며 소화기를 따뜻하게 하여 냉기를 없애고 가슴을 시원하게 뚫어주는 작용을 한다. 아랫배가 차고

냉증을 물리치는 블랙티

재료 : 통계피 큰 것으로 2개, 통후추 1큰술, 생강 1쪽

❶ 분량의 재료를 1ℓ 정도의 물에 넣고 끓인다.
❷ 물이 끓으면 불을 줄여 은근하게 1시간 이상 졸인다.
❸ 기호에 따라 꿀을 넣어 마셔도 좋다.
❹ 많은 양의 차를 미리 끓여두고 겨울 내내 물처럼 수시로 마시면 좋다.
❺ 매번 계량해서 차를 끓이는 게 번거롭다면, 인도의 차이티를 구입해서 마셔도 좋다.

설사를 자주하는 분들에게는 좋은 약이 된다. 특히 외출 후 샤워나 입욕 전후에 마시면 더 좋다.

계피와 후추, 생강의 강하게 뚫는 작용에 힘입어 추운 계절의 냉기를 물리쳐보자. 단, 열이 많은 가족이나 임신부는 장복하거나 너무 많이 마시는 것을 삼가야 한다.

계절에 따른 건강관리법

봄에는 간을 보하라

봄이 되면 겨우내 움츠러들었던 동식물들이 기지개를 펴고 다시 생명 활동을 시작한다. 이때는 오장 중 간 기능이 활성화되는데, 마치 용수철(spring)이 튀어오르듯 새싹이 언 땅을 뚫고 지상부로 도약하는 순발력이 바로 간의 에너지다. 면역력이 약한 사람들은 이 시기에 자연의 리듬을 따라가지 못해 자꾸 처지고 늘어져서 만사가 귀찮아지는데, 이런 상태를 방치하면 만성피로를 겪게 된다.

자연의 양기가 상승하는 봄에는 우리 몸의 양기도 상승한다. 따라서 평소 몸에 열이 많은 사람들은 평소보다 더 열감을 느끼게 되고, 안면 홍조, 피부 건조, 가려움증, 변비가 심해진다. 또한 간에 열이 오르면서 눈이 충혈되거나 가려운 증상이 나타나고, 결막염과 세균성 안질환도 조심해야 할 때다. 반면, 면역력이 약하고 체력이 떨어져 있는 사람들은 오장의 기능이 저하되어 의기소침해지기도 하고 감기나 독감에 걸려 고생하기도 한다. 코, 목, 입을 자주 죽염수로 헹궈주고 외출 후 손발을 깨끗이 닦아 세균 감염에 조심해야 한다. 봄에 자생하는 나물을 많이 먹고, 간을 보하는 섭생법에 신경 쓰자.

여름에는 심장 열을 다스려라

여름은 몸에서 불이 나는 계절이다. 오장 중 심장 기능이 활성화되기 때문이다. 심장은 피와 진액을 만들어내고, 얼굴에 병증을 나타낸다. 열이 많거나 피가 뜨거운 사람들, 혹은 혈관이 좁은 고혈압 환자들은 얼굴 전체가 붉어지거나 뺨에만 붉은 기가 강하게 감돌기도 한다. 자율신경계를 조절하는 것도 심장의 몫이다. 한방에서 심장은 몸과 마음, 정신과 뇌를 연결하는 곳이기 때문에, 심장의 불을 잘 다스리지 못하면 몸과 마음에서 여러 가지 이상 증후가 나타난다. 그중 땀 조절을 잘 못하면 다한증이 나타나 비 오듯 땀이 흐르게 되고, 몸의 진액을 소진시켜 체력 저하가 나타날 수 있으며, 불면, 건망, 우울감 등을 호소할 수 있다.

여름에는 냉방병도 조심해야 한다. 피부 온도가 지나치게 차가워지고, 실내외의 온도차가 커지면 면역력이 떨어져 체력 저하가 심해지고, 만사 의욕을 잃기도 쉽다. 또한, 차가운 과일과 음료를 너무 많이 섭취하면 소화 기능이 떨어져 장염이나 설사병이 나가도 쉽다. 덥다고 해서 너무 찬 과일, 찬 음료만 찾지 말고 적당히 섭취해야 한다. 냉방 온도는 25도 정도를 유지하여 실내외 온도차를 줄여주는 것이 건강에 이롭다. 더불어 몸과 마음의 불 조절에 신경 쓰자.

가을에는 기관지를 보하라

가을은 한방에서 오행 중 쇠(金)에 속하고 오장 중에서는 폐와 연관된다. 가을에는 자연이 생명체 내부로 에너지를 수렴한다. 가지 끝부터 메마르기 시작하면서 외부로 향하던 흐름을 차단하는데, 이 과정에서 불필요한 것들은 모두 버리고 필요한 정기만을 모으는 작업이 진행된다. 인체에서 이런 작업을 담당하는 기관이 폐다. 폐는 호흡을 주관하고, 오관 중 코와 연결되어 있어서 후각을 통해 에너지와 기운을 감지할 수 있다. 폐의 건강 상태는 피부를 통해 감지될 수 있다. 피부가 건조하거나 소양감이 심한 사람이라면 폐가 건조하면서 열이 있는 것이다. 아토피 피부염, 건선, 알레르기성 비염 환자들은 증상이 악화될 수 있으므로 각별한 관리가 필요하다. 잦은 감기와 마른기침, 코피가 자주 나는 증상도 마찬가지다.

바람이 많이 불면 몸이 냉해지기 쉬운 체질을 가진 사람들은 소화 기능에 문제가 생기기 쉽다. 소화가 잘 안 되면서 건망증이나 어지럼증, 스트레스성 폭식증도 늘어날 수 있는 시기다. 기온이 떨어지고 일교차가 심할 때, 특히 새벽녘에는 간 질환이나 중풍, 신경성 심장병, 천식발작을 일으킬 수도 있으니 주의가 필요하다. 특히 어린이나 노인과 같이 면역력이 약한 사람들은 더욱 조심해야 한다.

겨울에는 기혈 순환에 유의하라

겨울은 만물이 얼어붙는 추운 시기며, 기를 응축해 저장하는 시기다. 나무도 가지 끝까지 올라갔던 물기가 모두 내려와 뿌리에 고이게 되고, 추운 날씨에 모든 생명체가 저절로 움츠러들어 마치 죽음과도 같은 시기를 보내게 된다. 오행 중 물(水)에 해당하는데, 전체의 70퍼센트가 물로 구성된 인체는 만물이 뿌리 속으로 수축하고 응결되는 이 시기에 자연의 변화와 유사한 생리적인 변화를 겪게 된다. 겨울철에 우리 몸에서 만들어내는 에너지는 대부분 외부 온도에 대응해 체온을 올리는 데 사용된다.

몸에서 열을 생성하기 위한 대사 작용에 집중하다 보면 다른 곳에 사용할 여분의 에너지가 부족해지기 쉽다. 이때 체력이 약하거나 민감한 사람들은 어지럼증을 느끼거나 쉽게 피로감을 호소하게 된다. 또한 기온이 떨어지면 수도관이 터지는 것처럼, 조직이 약한 세포들이 파열되기 쉬운 상태가 되고, 몸의 말단 부위인 손끝 발끝까지 열이 전달되지 않아 저림 증상이나 쥐가 나는 등의 순환장애 증상이 발생하기 쉽다. 추워서 움츠러드는 겨울에는 움직임이 적어지기 마련인데, 특히 면역력이 약한 노인이나 어린이들은 기온이 가장 내려가는 새벽 시간에 발작적 기침이나 알레르기 질환을 호소하기 쉽다. 수분 보충이 충분하기 않을 경우 피부 가려움증이 심해지고, 염증이 더 심해질 수 있으며 스트레스에 민감해지므로 충분한 수분 보충과 균형 잡힌 식단을 통해 건강을 관리하는 것이 중요하다.

4장

질병을 이겨내는 채식비법

1. 탄수화물 중독을 치유하는 행복한 식단

흰쌀밥과 밀가루음식, 인스턴트 식품이나 패스트푸드 위주의 식사를 하는 사람들에게서 나타나는 식이장애 중 탄수화물 중독증이 있다. 탄수화물 중독증을 가진 사람들 중 일부에서는 탄수화물을 섭취하지 않으면 손이 떨리거나 신경이 예민해지는 등의 금단 증상이 나타나기도 한다. 이는 탄수화물을 먹을 경우 우리 뇌에서 '도파민^{dopamine}'이라는 호르몬이 분비되기 때문이다. 도파민은 기분을 좋게 만들어주는 효과가 있는데, 마약을 복용할 경우에도 이 호르몬이 분비된다. 따라서 한번 탄수화물에 중독되면 중추신경계에 영향을 미쳐 식탐이 생기고 탄수화물을 계속 섭취해야만 하는 것이다. 이런 식습관은 폭식이나 과식을 부를 뿐 아니라, 혈당 조절을 위해 분비되는 인슐린의 저항성을 높여 체지방을 축적하는 원인으로 작용한다.

평소에는 소식을 하고 음식에 대한 집착이 별로 없지만, 스트레스를 받으면 빵이나 과자, 초콜릿 등 정제 탄수화물 식품을 폭식하는 사람들도 있다. 이러한 일이 반복될수록 체중 조절이 되지 않고 고도비만으로 나아갈 가능성이 높아지며, 스스로에 대해 실망하게 되어 자존감도 떨어지면서 만성적인 우울증을 호소하기도 한다. 또한 폭식 후에 구토를 하는 거식증과 같은 식이장애를 동반하는 경우도 있다.

정성껏 빚은 고구마경단으로 단맛에 대한 허기를 채우자

탄수화물 중독증을 치료하는 방법은 그리 간단하지 않다. 현미밥과 같은 통곡식으로 식사하고, 비타민과 미네랄이 풍부한 채소를 충분히 섭취하면 빠른 시간 내에 호전되는 경우도 있지만, 대부분 재발하곤 한다. 이유는, 탄수화물에 집착하게 된 근본 원인, 즉 과도한 스트레스나 정신적인 문제들이 해결되지 않았기 때문이다. 이런 상태에서 먹는 즐거움까지 억제할 경우 정서적인 균형감이 깨져 삶의 의욕마저 잃어버리는 경우도 많다. 단기간의 식이요법이 성공했을지라도 그 기간이 지나면 오히려 더욱 폭식을 하거나 무서울 정도로 통제력을 잃어버리는 경우도 있다. 이런 사람들은 탄수화물에 대한 전면적인 금식 대신 균형감 있는 섭취를 통해 안정적인 혈당 조절을 유도하는 것이 좋다.

그러기 위해서는 지나친 절식이나 단식 같은 극단적인 식이요법보다는 평범하지만 즐겁고 포만감 있는 식사를 통해 안정적인 식습관을 만들어가는 것이 필요하다. 이런 식단의 좋은 예가 고구마와 같이 당분이 함유된 탄수화물 식품을 정성껏 요리하여 먹는 것이다.

고구마는 성질이 차지도 덥지도 않으면서 맛은 달아 위와 장에 부담을 주지 않고 신장에도 좋다. 풍부한 섬유질은 변을 잘 통하게 하고, 점액질이 다량 함유되어 있어 호흡기와 소화기, 골 관절의 점막 조직을 보호하며 혈관 벽의 탄력을 유지하는 데 도움을 준다. 또한 고구마에 함유된 지방산은 혈중 콜레스테롤을 감소시켜 성인병과 비만을 예방하는 효과도 있다. 식물성 색소 성분은 항암·항균·항노화 등의 작용을 한다.

고구마가 흰쌀밥이나 밀가루에 비해 낫다 해도, 무한정 먹는다면 탄수화물 중독 치료에 아무런 도움이 안 될 것이다. 그럴 때 필요한 게 간단하더라도 조리 과정을 거치는 것이다. 삶은 고구마라면 무한정 먹는 사람도, 손을 움직여 작고 앙증맞은 경단을 빚어놓으면 서너 개만 먹어도 포만감이 든다. 시각적인 만족감이 정서적인 허기를 채워주고, 요리하는 과정에서 식재료와 소통하며 에너지를 소모한 것이 스스로를 치유하는 효과를 내기 때문이다. 비만이 걱정인 사람뿐 아니라 단것만 찾는 어린이들에게도 좋은 간식이 고구마경단이다. 기분에 따라 모양을 달리해서 쿠키를 구워도 맛있지만, 화려한 결과에 비해 방법은 의외로 간단한 고구마경단을 추천한다.

고구마는 간단한 조리만으로 다양한 식감을 즐길 수 있는 식재료다. 고구마를 슬라이스하여 올리브오일을 아주 조금만 뿌려 오븐에 15분 정도만 구워주면 담백한 다이어트식품인 고구마칩이 된다. 기름에 튀기고 설탕을 첨가한 고구마칩과 달리 살찔 걱정 없으면서도 포만감을 준다. 고구마를 삶아 껍질째 길쭉길쭉하게 썰어 체반에 널어 통풍이 잘 되는 곳에서 말린 것을 고구마빼때기라고 한다. 경상도 친구 덕분에 알게 된 이 재밌는 이름의 간식은, 오븐에 굽는 것보다 조금 시간이 걸리지만 쫄깃한 식감과 달달한 맛이 좋아 심심한 입을 위해 아주 좋다.

곁들여 마시면 좋은 음료도 있다. 오디라임주스다. 오디는 혈관을 튼

단맛에 대한 허기 달래는 고구마경단

재료 : 고구마, 토란, 미숫가루

❶ 고구마와 토란을 삶아 으깬 후 반반씩 섞어 동글동글 빚는다. 토란이 없다면 고구마만으로 빚어도 좋다.

❷ 미숫가루에 한 번 굴린다. 찹쌀가루나 전분가루를 이용해도 된다. 이 상태로 기름에 튀겨도 맛있지만, 칼로리를 줄이려면 그냥 먹는 게 더 좋다.

❸ 미숫가루 대신 대추채, 통깨, 녹차가루, 자색고구마가루, 단호박가루, 검은깨가루 등을 고물로 이용하면 색이 더 고와지고 다양한 식감을 즐길 수 있다.

당뇨 환자에게 좋은 오디라임주스

재료 : 오디, 라임

❶ 오디 열매를 씻어놓고, 라임은 즙을 낸다.
❷ 오디 열매와 라임즙을 섞어 냄비에 넣고 약불로 15분 정도 은근하게 익힌다.
❸ 체에 내용물을 걸러준 후 식힌다.
❹ 마실 때 라임을 슬라이스하여 얹으면 좋다.
❺ 병에 담아서 냉장고에 넣으면 일주일 이상 보관할 수 있다.

튼하게 하여 혈당 강하, 혈압 조절에 좋고, 항산화 성분이 풍부하여 노화 방지에 효과적이다. 꾸준하게 마시면 당뇨에 도움이 되며 뼈도 튼튼하게 해준다. 갱년기에 좋은 식재료다. 라임은 비타민C가 풍부해 미용 식품으로 제격이다. 두 가지를 혼합한 주스는 소화를 증진시키면서 성인병을 예방해주고, 노화를 방지해준다.

체중 조절을 하거나 당뇨가 있는 사람들은 단맛을 무조건 피해야 할 적으로 여기기 쉽다. 하지만 적당량을 섭취해서 폭식을 예방할 수 있다면, 즐기는 방법을 배우도록 하자. 요리 시간을 늘려 예쁘게 모양을 내서 만들고 예쁘게 담아, 스스로를 귀한 손님처럼 대접해보는 것도 좋겠다. 단, 기억해야 할 점이 있다. 음식을 즐기는 가장 좋은 방법은 마치 밀고 당기기를 하는 연애 고수처럼, 적당한 거리를 두고 집착하지 않아야 한다는 점이다. 아무리 건강에 좋고 다이어트를 위해 안심해도 되는 음식일지라도 지나친 집착이나 몰입은 늘 위험한 법이다. 그래서 한 가지 재료나 한 가지 조리법에 매달리기보다는 체질에 맞는 몇 가지 재료를 다양한 조리법으로 응용하며 건강을 돌보는 것이 오래도록 건강식을 실천할 수 있는 방법이다.

단맛을 찾는 본능을 달래는 법

당분에 대한 욕구가 느껴질 때, 무작정 단맛을 멀리하기보다는 천연 당분들을 적당히 섭취하면서 서서히 단맛 중독으로부터 벗어나보자. 단맛 자체가 나쁜 게 아니라 가공 당분이 나쁜 것이다. 정제당을 천연 당분류로 바꾸고, 과한 단맛에 길들여진 입맛을 서서히 적당한 당도에 익숙해지도록 노력해보자. 한 달 정도만 정제당을 천연 당류로 바꿔 요리하다가 다시 정제당을 맛보면, 놀랄 정도로 단맛이 강하게 느껴질 것이다. 단, 아무리 천연 당류라 해도 조금만 섭취할 것. 안심하고 많이 먹으면 살도 찌고 증상도 호전되기 힘들다(1그램당 4킬로칼로리다).

〈설탕 대신 사용할 수 있는 천연 당분들〉

- 대추야자설탕 : 대추야자를 건조시켜 만든 설탕으로, 단맛이 강하지 않지만 변비 예방과 체력 증진, 혈관을 튼튼하게 만들어주는 건강식품이다.
- 코코넛설탕 : 코코넛나무의 꽃봉오리에 모인 꽃즙을 모아 만든 설탕. 풍부한 아미노산과 비타민, 미네랄이 들어 있고 혈당 완화에 도움이 된다. 단, 칼륨과 인이 풍부하므로 신장결석 환자나 투석 중인 환자는 복용을 금할 것.
- 조청 : 쌀, 보리, 도라지, 호박 등 다양한 재료로 만들 수 있다. 비타민, 미네랄이 풍부하고 소화를 도우며, 위 기능을 향상시킨다.
- 메이플시럽 : 대사증후군, 당뇨에 효과가 있고, 풍부한 비타민과 미네랄이 들어 있어 다이어트에도 좋다. 적당량 섭취하는 것이 중요하다.
- 재거리(jaggery) : 인도의 비정제 설탕으로 천연 비가공당이다. 폐 질환에 효과가 좋으며, 풍부한 비타민과 미네랄이 들어 있으면서 맛이 좋다.

2.
혈압약 뚝 끊어버리는 돈 되는 식단

고혈압은 중년 이후 혈액 순환이 잘 되지 않고 혈관 내 노폐물이 많이 쌓인 사람들의 만성 질환이다. 한번 고혈압 진단을 받은 사람들은 평생 혈압약을 복용해야 하는 것으로 알려져 있지만 요즘은 식단을 바꿔 혈압약 없이 건강한 노후를 맞는 사람들이 늘고 있다. 건강식단은 그야말로 의료비 지출을 줄여주는, 돈 되는 식단인 것이다.

채식인도 조심해야 할 고혈압

고혈압 진단을 받았다면, 가장 먼저 해야 할 일이 주식을 현미 100퍼센트로 바꾸는 것이다. 혈압을 상승시키는 가장 주요한 원인은 혈액에 떠다니는 기름덩어리들 때문에 혈관 벽이 좁아지는 것이다. 지방은 콜레스테롤, 중성지방, 인지질, 유리지방산 등의 형태로 혈액을 타고 운반되는데, 이 중 유리지방산이 혈액 안에서 알부민 단백질과 결합해 포도당의

연소를 방해한다.

사람들은 기름기가 많은 음식만 혈관을 좁게 만들 거라 생각하지만, 매일 주식으로 먹는 흰쌀밥과 같은 탄수화물도 혈압을 상승시킨다. 포도당으로 빠르게 전환되는 당분 많은 음식과 흰쌀밥을 먹으면, 췌장에서는 세포 안으로 포도당을 운반하기 위해 다량의 인슐린을 분비한다. 이렇게 운반된 포도당은 운동을 많이 해서 연소시키지 않을 경우, 지방세포로 저장되어 콩팥이나 다른 장기에 독성을 나타내게 한다. 또한 반복되는 인슐린의 과다 분비는 우리 몸의 반응을 점점 둔하게 만드는데, 이를 '인슐린저항성'이라고 한다. 특히 뼈 주변을 싸고 있는 골격근에서 이런 반응이 두드러진다. 인슐린은 점점 많이 분비되는데 그 효과는 떨어지니 몸에는 지방이 쌓여가고 결국 혈관이 점점 좁아지는 것이다. 그러므로 동물성 지방을 전혀 섭취하지 않는 채식인일지라도, 정제 탄수화물 위주의 식단과 당분 과잉 섭취를 계속한다면 얼마든지 고혈압, 당뇨, 고지혈증에 걸릴 수 있다.

한국 사람들은 중년 이후 건강을 위해 잡곡밥을 많이 먹는다. 잡곡들의 영양은 상호보완적으로 영양의 균형을 잡아주는 이점은 있으나 대부분 도정된 것이라 백미를 먹는 것과 크게 다르지 않다. 잡곡 역시 통곡 그대로 먹어야 효과가 있는 것이다. 다만 소화력이 약한 사람이라면 잡곡밥을 먹기보다는 오분도미(쌀겨를 50퍼센트 도정한 쌀)를 섞은 현미로만 밥을 지어 먹는 것이 좋다. 쌀의 품질에 따라 영양도 다르므로, 가능하면 유기농을 선택하는 게 좋다.

잘 지은 현미밥은 꼭꼭 씹어 천천히 음미하면서 먹어야 한다. 현미식을 시작한 지 얼마 안 된 사람은 소화가 잘 안 되는 것 같다거나, 변에 현미가 그대로 나온다거나, 오히려 속이 쓰리다는 불편함을 호소하는 경우가 있다. 이는 현미를 꼭꼭 씹어 먹지 않아서 생기는 증상들이다. 곡물을 껍질째 먹는다는 것은 그만큼 거친 상태로 소화를 시켜야 한다는 뜻이다. 백미로 지은 밥을 먹듯 후루룩 침으로 녹여 먹어서는 곤란하다. 현미식은 밥알을 곱씹듯이 알알이 헤아리며 먹어야 제맛이 난다.

〈유기농 현미가 없을 때 쌀에서 독소 제거하기〉

시골에서 농사짓는 지인이나 친척, 부모님이 쌀을 몇 가마씩 보내주는데, 일부러 유기농 현미를 사서 먹을 필요는 없다. 이럴 경우에는 밥을 지을 때 독소를 제거하는 방법을 고려해보자.

현미를 씻을 때는 수돗물보다는 정수된 물이나 끓여서 식힌 물을 사용하는 것이 좋다. 먼저 찬물로 가볍게 불순물과 잡질을 제거한 후 뜨거운 물을 부어 빠른 시간에 독소를 제거한다. 농약을 많이 사용한 쌀이라면 뜨거운 물에 2~3분 정도 담가두는 것이 좋다. 너무 오래 담가두면 유용한 성분들이 용출될 우려가 있으니 잠시만 담그도록 하자. 일종의 정화를 시키는 것이다. 그리고 나서 다시 한 번 찬물에 헹궈내고 최종적으로 밥물을 안치면 된다.

이때 죽염을 조금 넣으면 밥맛도 좋아지고 정화 작용도 상승한다. 죽염이 지닌 미네랄 성분도 보강되고 약성이 작용하기 때문이다. 그렇다고 짠맛이 감돌 정도로 많이 넣으면 안 된다. 짠맛을 느낄 듯 말듯 적은 양을 넣어야 한다. 밥이 짜면 다른 음식의 맛도 함께 짜지기 때문에 혈압에 좋지 않다.

자극적인 맛에서 벗어나 채소와 친해지기

주식을 현미로 바꾸는 데 성공했다면 다음에는 부식을 채식으로 바꿀 차례다. 혈압, 당뇨, 비만 등의 대사성 질환을 가진 사람들의 식단에는 공통점이 있다. 우선 음식 맛이 짜거나 맵거나 자극적이다. 또 기름진 요리나 육식도 선호하는 편이다. 인스턴트 식품이나 정제 밀가루로 만든 빵, 과자류, 라면 등을 자주 먹고, 탄산음료나 설탕이 가미된 카페인 음료도 좋아한다. 여기에 술을 좋아하면 간 기능까지 안 좋은 경우가 많다. 이런 식습관이 몸에 밴 사람들에게 식이요법을 통해 혈압약을 끊어보자고 설득하는 것은 쉽지 않다. 그들의 반응은 똑같다. "그럼 무얼 먹고 사나요?"

비만과 고혈압으로 시달리던 한 여성이 나를 찾아왔다. 그녀는 3개월간 자연치유병원에 입원해 체중 감량과 혈압 조절에 성공했지만, 일상으로 돌아온 후 극심한 탄수화물 중독증에 시달리고 있노라고 했다. 그전에는 빵이나 과자를 별로 좋아하지 않았는데, 이제는 절제할 수 없을 정도로 과자와 빵에 집착한다는 것이다. 그러나 다시는 꿈에서조차 지난 3개월간의 식단으로 돌아가고 싶지 않다고 말했다. 본능을 억압하고 원칙대로만 먹는 극단적인 식이요법이 그녀의 자존감에 상처를 입힌 것이다. 그녀는 식욕이라는 본능과 마주하는 일이 너무나 비참했다고 말했다. 차라리 평생 약을 먹고 살지언정, 단지 먹고자 하는 동물적인 본능만 가진 자신을 자각하는 일은 반복하고 싶지 않다고 했다. 혈압과 비만은 치유했으나 우울증과 탄수화물 중독증을 선물받은 그녀는, 내 앞에서 눈물을 흘렸다.

이런 강박적인 식이장애를 겪는 사람들은 평소에 책임감이 강하거나

재료 본래의 맛과 향을 살린 오색 채소찜

재료 : 온갖 채소, 참기름, 소금, 후추

❶ 장을 볼 때 가능하면 색깔별로 다양한 채소를 바구니에 담는다. 잎채소, 열매채소, 뿌리채소의 비율도 고르게 하는 게 좋다.

❷ 채소를 한 입에 먹기 좋은 크기로 자른다.

❸ 준비한 채소를 찜통에 얹어 5분 정도만 익힌다.

❹ 채소의 색이 선명할 때 꺼내어 따뜻할 때 먹는다.

❺ 된장에 두부를 넣어 부드러운 맛을 낸 쌈장(114쪽 참고)이나 참기름에 레몬즙과 매실청을 넣은 새콤달콤 소스를 곁들여도 좋다.

모범생 기질을 가진 경우가 많다. 한 번 금을 그어놓으면 죽어도 밟으면 안 된다는 강박관념을 갖고 있기 때문에, 식이요법이 늘 숙제처럼 느껴지는 것이다. 이런저런 음식을 먹어보라고 권해도 이런 분들은 쉽게 따라오지 못한다. 성격이 바뀌지는 않기 때문이다. 어떤 경우에는 단지 무엇을 먹어도 된다는 말을 들은 것만으로 너무 행복하다며 울음을 터뜨리기도 한다. 그만큼 식단에 대한 압박감이 컸던 탓이다.

이런 상태라면 무조건 먹을 수 있는 것을 제한하는 식이요법보다는 감정적으로 채소와 친해지는 방법을 통해 서서히 식습관을 바꿔나가는 게 좋다. 간단한 조리법으로 다양한 채소를 맛볼 수 있는 요리로 '오색 채소찜'을 제안한다. 채소의 종류는 제철에 맞게 변화를 주면 되지만, 가능하면 색깔이 다양하게 들어가야 한다. 끼니마다 채소를 다양하고 맛있게 거부감 없이 먹을 수 있고, 생채소의 풋내가 나지 않으면서도 소화·흡수가 잘 되어 식이장애를 해결하는 데 도움이 된다. 채소 본래의 향과 맛을 그대로 즐길 수 있어서 밥을 먹지 않아도 포만감이 드는 장점도 있다. 다이어트를 원한다면, 밥 양을 줄이면서 채소의 양을 늘리도록 하자. 맛있게 먹으면서도 배부른 효과를 낼 수 있다.

취향에 따라 향신료를 곁들여도 되는데, 집에서 로즈마리나 바질 같은 허브를 키우고 있다면, 채소가 다 익은 후 생잎을 따서 넣고 뚜껑을 닫아 2분 정도만 두면 향이 배어나와 채소찜의 풍미가 좋아진다.

인미자구人味自求라는 말이 있다. 우리 몸이 건강해지면, 입이 자신의 몸에 이로운 맛들을 끌어당긴다는 뜻이다. 건강한 사람들의 식단이 계속 건강하게 유지되는 이유이기도 하다. 일단, 건강한 음식에 맛을 들여보자. 입맛의 기준이 바뀌면 지병은 저절로 낫는다.

생채소와 익힌 채소, 어느 쪽이 좋을까?

채소를 생으로 먹으면 대부분의 영양소, 특히 비타민과 미네랄, 파이토케미컬 성분들을 파괴하지 않고 섭취할 수 있어 이상적이다. 하지만 연구에 의하면, 채소를 익혀 먹으면 흡수율은 훨씬 높아진다. 생채소를 제대로 소화·흡수시킬 수 없다면 익혀 먹는 것이 오히려 이롭다고 볼 수 있다. 특히 소화 기능이 약하고 몸이 냉한 체질이 채소를 생으로 먹는 일이 잦을 경우, 소화·흡수를 제대로 못하고 오히려 몸을 더 냉하게 할 수 있다. 따라서 생채식을 하는 분들은 일정 기간 동안 몸 상태를 지켜보면서 섭생법을 선택하도록 하자.

채소를 익힐 때 주의할 점은, 채소의 조직이 약간 부드러워지고 색은 더 선명해지는 정도로만 열을 가하는 게 좋다는 점이다. 뿌리처럼 조직이 질긴 채소는 부드럽게 씹히는 정도가 적당하고, 잎채소는 김을 쐬는 정도로 가볍게 데치는 것이 좋다.

채소	효능	조리법	궁합
비트	간 해독과 심장병 위험 감소 효과가 있다. 혈관 내 산소 소비율 증가, 혈당 강하, 항염 작용을 한다.	비트뿌리로 만든 생주스는 혈압을 낮추고 항암 작용을 한다. 비트뿌리는 생으로 샐러드에 넣어 먹거나 가볍게 데치거나 구워 먹는다. 비트잎은 뿌리보다 비타민K와 베타카로틴이 많아 뼈와 혈관에 좋다.	당근과 함께 샐러드에 넣으면 갱년기 여성의 호르몬 보충에 좋다. 잎은 시금치와 함께 샐러드에 넣으면 소화 증진 효과가 있다.
당근	항산화 작용을 하며, 소화를 돕고 포만감을 주며, 콜레스테롤을 낮춘다. 시력을 좋게 유지해주며, 비만 예방과 피부 미용에 좋다. 어린이들의 치아 보호, 충치 예방과 소화력 증진 효과가 있다.	당근을 생주스로 마시면 항암 작용을 한다. 당근잎은 단백질과 미네랄, 비타민이 풍부하므로 샐러드에 넣거나 차로 끓여 마신다.	익혀 먹을 때 기름에 볶으면 비타민A의 흡수를 돕는다.

감자	항염, 혈압 강하, 신경 안정 작용을 한다. 체중 감소에는 자색감자, 신경 안정에는 흰색감자가 효과적이다.	항염 효과를 누리려면 생주스로 즙을 내어 마신다. 익힐 때는 껍질째 먹어야 효과가 좋으므로 유기농으로 선택할 것.	마늘과 함께 기름을 넣어 조리하면 영양과 맛이 상승한다.
고구마	면역력 증가, 항균 작용뿐 아니라 혈당을 안정시켜 당뇨에 효과적이다. 활성산소로 인한 피부 손상을 방지한다. 자색고구마는 항산화·항염 작용을 하는 안토시아닌 성분이 풍부하다.	껍질에 영양이 많으니 껍질을 벗기지 않고 조리한다. 찌거나 삶아서 샐러드에 넣어 먹을 때 시금치, 후추, 발사믹소스와 함께 조리한다.	익힐 때 버터나 기름을 넣으면 베타카로틴과 같은 항산화 성분의 흡수율이 좋아진다.
강황	관절염, 류마티슴 통증 완화, 동맥경화 예방, 활성산소로 인한 뇌손상 예방, 알츠하이머 예방, 심장병 예방 효과가 있다. 항암·항염·항당뇨 작용을 한다.	생강황은 생강 대용으로 사용할 수 있고, 잎도 요리에 넣어 사용할 수 있다.	코코넛, 올리브, 기(ghee)와 같은 오일과 함께 사용하면 흡수율이 증가한다. 아몬드우유에 강황가루를 섞어 섭취하면 관절통과 습진에 효과적이다.
생강	항염 작용이 있으며 관절염 통증 완화에 효과적이다. 미식거림을 완화하고 소화 기능을 증진한다.	껍질을 벗겨 사용하는 것이 좋고, 생으로 먹으면 더 효과적이다.	목 통증과 어혈에는 생강시럽과 생즙, 강황, 후추, 꿀, 식초, 3배의 물을 섞은 주스가 효과적이다. 생강, 레몬, 꿀을 섞은 차를 차게 마시거나 데워서 마시면 미식거림 증상을 개선할 수 있다.

3.
물만 먹어도 살이 찌는
당신에게

살다 보면 알게 모르게 억울한 일을 많이 겪기 마련이다. 여성들 중에는 물만 먹어도 살이 찌는 사람이 있는데, 이들이야말로 억울하지 않을 수 없다. 살찌는 게 두려워 식단 조절을 해도, 체중은 줄지 않고 자꾸 붓기만 하다가 결국은 또 살이 찐다는 그녀들. 도대체 왜 그럴까.

이런 체질을 가진 사람들은 수분 대사를 조절하는 기능이 부실한 경우가 많다. 인체에서 물 대사를 조절하는 장부는 비위, 폐, 신장이다. 비위는 음식물이 소화되기 쉬운 환경을 조성하는데, 이 기능이 떨어지면 음식물의 분해 과정에서 생긴 수분이 정체되어 습담이 생기고, 이로 인해 식체, 트림, 울렁거림, 미식거림 등의 증상이나 역류성 식도염이 나타난다. 소화가 잘 되지 않으니 영양을 흡수해 에너지로 전환하지 못해 자연스럽게 기운도 없어진다. 그래서 뚱뚱하면서 잘 붓는 여성들은 대체로 기가 허하고 힘을 못 쓴다. 폐는 수분을 위아래로 순환시키는 작용을 하는데, 폐 기능이 약해지면 순환이 잘 이루어지지 않는다. 그래서 위로는 탁기가 오르고, 아래로는 장이 건조해져서 변비가 생기기 쉽다. 신장은 혈액이나 체액의 해독과 정화에 관여하는데, 신장이 나빠지면 독소가 몸에 쌓이게 되어 늘 몸이 찌뿌둥하면서 전반적으로 혈색이 탁해진다.

물만 먹어도 살이 찌는 여성의 억울함은 또 있다. 일반적으로 남성들은 마르고 날씬한 여성들에게는 보호본능을 느끼면서 무거운 것을 대신 들어주지만, 살이 찐 여성들은 튼튼하고 강인하다고 오해한다. 그러다 보니 속내를 드러내지 못하거나 엄살을 부리지 못하는 성격을 가진 여성은 힘든 일을 도맡아 하다가 점점 더 비만해지기도 한다.

갱년기의 함정

갱년기 증상과 함께 물만 먹어도 살이 찌는 증상이 나타나는 여성들은 수분 대사를 조절해주는 식단이 반드시 필요하다. 수분은 우리 몸의 70퍼센트를 차지하는데, 눈물과 콧물을 비롯해 땀, 혈액, 호르몬 등이 모두 수분이다. 갱년기가 되면 대표적인 여성호르몬의 하나인 에스트로겐의 양이 줄어들면서 체온, 수면, 땀 분비와 같은 자율신경을 조절하는 많은 기능이 약해진다. 이때 대부분의 여성은 불안함이나 위기감을 느끼게 된다. 식욕이 갑자기 증가하면서 식습관이 불규칙해지는 여성들도 있다. 초콜릿처럼 당분과 칼로리가 높은 음식이 자꾸 당기면서 체중이 늘어나기도 한다. 이러다가 안 되겠다 싶어서 굶어도 보지만, 이미 불안정해진 심리 상태는 오히려 폭식증을 유발한다. 그런가 하면 자꾸 몸에서 열이 나고 짜증이 나기 시작한다. 밤이 되면 그 증상이 더 심해지는데, 무언가 입에 넣으면 불안이 해소되기 때문에 저녁식사 후 피자나 빵 등 칼로리가 높은 탄수화물류를 야식으로 자꾸 먹는 여성들도 있다. 혹은 술을 가까이하기도 한다.

여고 식당에서 일하는 한 50대 여성은 남편과 금슬이 좋은 편이었다. 늘 남편이 먼저 한약국에 와서 아내를 언제 보낼 테니 잘 부탁하노라며 예약을 하곤 했다. 갱년기가 되면서 식단 조절이 잘 되지 않는 아내는 밤마다 야식을 즐긴 후 지쳐 널부러져 잔다는 게 남편의 말이었다. 그러면서 아내를 설득해서 살을 좀 빼게 해달라고 부탁했다.

아내는 남편에게 잘 보이고 싶은 게 없는 사람 같았다. 남편 잘못 만나 고생하면서도 여태껏 군소리 없이 살았으니 눈치 볼 일 없다는 것이다. 그녀는 낙이 없다고 했다. 하루 종일 일하고 지쳐 쓰러져 잠들기 바쁜 게 살아가는 것이라고 했다. 먹을 때 제일 행복하다고 했다. 그런 그녀에게서 먹는 낙마저 빼앗는 것은 얼마나 가혹한 일인가 싶었다.

그녀에게, 물만 먹어도 살이 찌는 건 좀 억울하지 않느냐고 이야기를 건넸다. 내가 남편에게서 자신의 야식 습관에 대해 들은 것을 전혀 모르는 그녀는 정말로 억울하다고 대답했다. 갑자기 그녀는 처녀 때 이야기를 꺼냈다. 날씬하고 제법 인기도 많았다는 것이다. 잘나가는 자기 앞에서 남편이 얼굴도 제대로 쳐다보지 못할 정도로 부끄러움을 많이 탔다며 그때를 그리워했다.

저녁마다 먹은 야식에 대한 기억을 감쪽같이 지운 그녀는, 물만 먹어도 살이 찌는 억울함에서 벗어나고 싶어했다. 그녀의 과녁을 기가 막히게 명중시킨 기분이 들었다. 그녀의 유일한 즐거움인 먹는 낙을 포기하게 하는 대신, 젊은 날의 아름다움을 회상하며 젊고 건강한 자신을 되찾고 싶어지게 유도한 것이다. 그린 그녀에게 나는 디톡스 식단을 제안했다.

부담 없는 식사와 함께 살찌지 않는 건강차를

우선, 소화에 부담이 되지 않게 아침식사와 저녁식사를 하도록 했다. 현미밥과 함께 채식 위주의 식사를 하되, 적어도 저녁식사 후 다음 날 아침식사까지의 간격이 12시간 이상 되어야 하고, 만일 야식을 했다면 그 시간으로부터 12시간 이후에 아침식사를 하라고 당부했다. 그 이유는 간단하다. 저녁식사를 하면 음식물이 위와 장에서 소화 과정을 거쳐 간까지 도달하는 데 보통 8시간 정도 걸린다. 그 이후 간에서 대사 과정을 거쳐 혈액으로 영양 성분을 보내는 데 4시간이 드는데, 이를 합치면 12시간이다. 즉, 저녁식사를 한 후 다시 소화 기능이 정상으로 돌아오려면 적어도 12시간이 필요하다는 뜻이다.

순환이 좋지 않아 잘 붓는 체질에 야식으로 고칼로리의 음식을 즐겨 먹는 그녀에게 포만감을 주면서도 살이 찌지 않는 건강차를 마시도록 권했다. 갱년기 증상을 다스리는 데 도움이 되는 식물성 에스트로겐 성분을 다량 함유한 검은콩과 수분 대사를 원활하게 도와 이뇨 작용을 하면서 포만감도 주는 율무를 가루 내 볶은 다음 차로 마시는 것이다. 여기에 식물성 오메가3 성분을 다량 함유한 견과류를 곁들이면 맛도 좋고 포만감도 더해진다. 시중에 파는 율무차나 현미차에는 첨가물과 당분이 많이 들어 있으므로, 직접 만들어 먹는 것이 좋다.

율무는 한방에서 의이인薏苡仁이라는 이름으로 불리는데, 지방 분해 효과가 있으면서 포만감을 주는 전분 성분이 있어 다이어트 식품으로 좋다. 여성들의 호르몬을 조절해주고 피부 미용에도 좋은데다가 이뇨 작용이 뛰어나다. 현미 역시 껍질에 들어 있는 피틴산이 노폐물을 배설해주

율무는 도정하지 않은 피율무(현미율무)를 구입하는 것이 좋다.

는 기특한 작용을 한다.

여기에 진피를 곁들여도 좋은데, 귤껍질을 말린 진피는 기를 순환시키는 작용이 있어 제대로 풀리지 않아 흉곽에 쌓인 울체된 기를 순환시켜 준다. 또한 소화 기능을 도와 변비를 해소하고, 풍부한 비타민으로 피부를 좋게 하여 여러모로 요긴하다.

그녀는 두어 달 후 발그레한 미소를 띠고 찾아왔다. 갱년기 증상이 많이 호전되었다고 하는데, 몰라보게 여성스러워진 외모도 눈에 띄었다. 자신이 스스로를 포기하면 아무도 도와주지 않는다. 나이가 든다는 것은 생물학적인 변화이지만, 심리적인 노화와 감정적인 좌절감은 어떻게 마음먹고 어떻게 관리하느냐에 따라 얼마든지 바꿀 수 있다.

살찌지 않는 건강차, 율무현미검은콩차

재료 : 볶은 율무가루, 볶은 현미가루, 볶은 검은콩가루, 각종 견과류

❶ 율무가루, 현미가루, 검은콩가루를 동량 섞고 잣, 호두, 아몬드 등의 견과류를 잘게 부수어 함께 섞는다.

❷ 따끈하게 데운 물(차로 만드는 물은 생수보다는 진피를 우려낸 물을 사용하면 좋다. 미리 진피차를 많이 끓여놓았다가 따끈하게 데워서 사용한다)에 ❶을 섞고 잘 저어준다.

 # 혀를 통해 건강 상태 체크하기

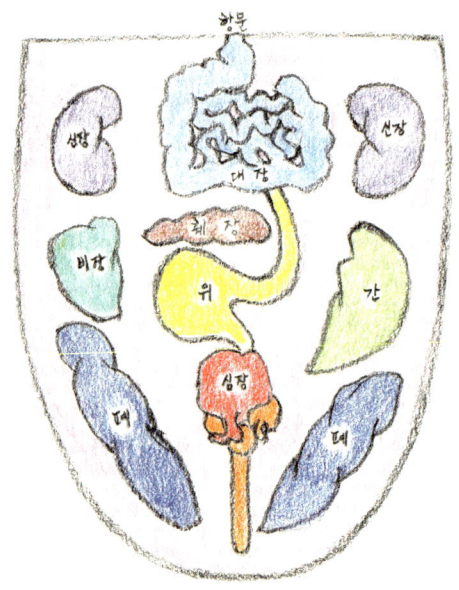

거울을 앞에 두고 혀를 길게 내밀어 혀의 색깔과 태의 위치, 금이 갔는지의 여부, 잇자국 등을 살펴보자. 그림에 표시된 위치에 금이 가 있거나, 태가 두껍게 끼어 있다면, 해당 장부의 기능에 문제가 있는 것이다. 백태가 끼어 있다면 그 장부의 기능이 저하되어 있다는 의미고, 황태가 끼어 있다면 체내 독소로 인해 순환이 좋지 않다는 의미다. 혀의 중앙에 금이 깊게 패어 있다면 몸의 진액이 부족한 영양부족 상태이고, 혀 가장자리에 잇자국이 나 있다면 영양의 흡수가 좋지 않은 상태이므로 주의하자. 이 밖에도 한방에서는 다양한 혀의 증상을 통해 건강 상태를 점검하여 약을 처방한다. 보다 자세한 것은 전문가와 상담하는 것이 좋다.

4. 멈출 줄 모르는 식욕을 달래는 법

왠지 불안해서 자꾸만 먹는 것으로 그 허기를 잠재우는 사람들이 의외로 많다.

직장에 다니는 세 아이의 아빠인 40대 남성은, 주중에는 저녁식사 후 맥주 한 캔을 꼭 마셔야 하고, 주말에는 라면과 피자, 치킨을 먹으며 텔레비전 리모컨 돌리는 재미로 산다고 했다. 그는 얼마 전 지방간과 고지혈증 판정을 받았다. 원인은 분명했고 본인 스스로도 잘 알고 있었다. 술과 고기, 인스턴트 식품, 그리고 꼼짝하지 않고 리모컨만 돌리는 게으른 습관 때문이었다. 특히 주말에 폭식하는 것이 문제였다. 앉은자리에서 닥치는 대로 먹고 또 먹어야 포만감을 느끼니, 점점 체중이 늘면서 배가 나오기 시작했다.

그는 삶에서 별다른 재미를 느끼지 못한다고 했다. 세 아이의 아빠라는 무거운 짐이 늘 그를 짓누르고 있었기 때문에, 자신의 취미 활동을 갖는 것은 사치로 느껴진다고 했다. 사람들을 만나러 나가면 돈을 써야 하니 그것도 마음이 불편하다고 했다. 한 달에 한 번 억지로라도 등산을 시작했지만, 돌아오면 허기가 져서 오히려 폭식을 부추겼다고 했다. 그가 인스턴트 식품에 익숙해진 데에는 세 아이를 홀로 돌봐야 하는 아내에게 요리할 시간 여유가 없다는 점도 크게 작용했다.

   맞벌이를 하는 아내가 퇴근하면서 어린이집에서 둘째와 셋째를 데려오면 저녁 8시가 넘었다. 첫째아이가 학교를 마치고 학원에 다녀오는 시간이었다. 저녁 8시가 넘어서야 모두 모이는 가족들이 그때부터 식사 준비를 해서 함께 저녁식사를 하는 것은 쉽지 않았다. 아내는 직장에서 저녁을 먹고 오거나 8시 이후 간단하게 만들어 아이들과 먹기도 했지만, 남편의 식성에 맞는 요리를 해주거나 함께 즐거운 밥상을 갖기는 어려웠다. 남편은 허기진 배를 인스턴트 식품으로 때우곤 했다. 아내 탓을 할 수 없었기 때문에 불만을 토로할 수도 없었다. 그들의 식습관은 생활고와 맞물려 있었기 때문에 식사 내용을 건강한 재료로 바꾸는 것만으로는 해결되지 않았다.

가족과 함께 즐기는 간단하고 건강한 한 끼

그들에게 퇴근 후 함께 먹을 수 있는 간단한 요리를 제안해보기로 했다. 살이 찌지 않으면서도 식구들이 함께 즐겁게 식사할 수 있는 것이어야 했다. 아토피가 심한 둘째딸을 위해서라도 저녁식사 레시피를 꼭 실천해보라고 했다. 바로 '오색 채소를 곁들인 통두부 스테이크'다. 두부를 맛있게 즐기는 방법으로 녹말가루를 묻혀 튀길 수도 있지만, 그러면 너무 칼로리가 높아진다. 건강을 위해서라면 전분가루를 묻히지 말고 기름을 조금만 사용해서 달궈진 팬에서 굽는 게 좋다. 고도비만이라면, 기름을 사용하지 말고 끓는 물에 데치는 것이 좋다.

나는 갑자기 찾아오는 손님을 대접할 때 이 요리를 요긴하게 활용하는데, 이들 부부에게도 술안주로 좋으니 술 생각이 나면 함께 한잔해도 좋다고 했다. 단, 즐겁게 한 잔 정도여야 한다고 덧붙였다. 대개 직장인들은 하루 종일 긴장하고 지내다가 저녁에서야 비로소 힘을 쭉 빼고 쉴 수 있기 때문에, 무언가 기분을 풀어줄 수 있는 음식과 술 그리고 분위기를 찾기 마련이다. 포만감을 주는 저녁식사로 그치지 않고, 낮 동안의 스트레스를 풀어줄 수 있는 자극적인 음식이나 술을 찾는 건 어쩌면 당연한지도 모르겠다. 이때 무의식적으로 아무것이나 먹는 대신, 조금 더 신경 써서 즐기면서 한잔하는 게 좋다.

단번에 욕구를 강하게 제한하는 식단을 짜면 지속적으로 실천하기 어렵다. 처음에는 조금씩 바꿔나가는 전략을 쓰는 게 좋다. 이 가족은 우선, 밤늦게 인스턴트 식품을 먹는 것부터 고치는 게 순서라 여겼다. 주말에 오색 채소를 미리 손질해두면 일주일 동안 저녁의 요리 시간을 단축할 수 있다. 통두부 스테이크에 현미밥과 구운 김 정도만 곁들이면 인스턴트 식품 대신 소화도, 영양도 충족시키는 건강식단으로 한 끼 식사를 해결할 수 있다.

일단 일주일 중 단 하루만이라도 간단하게 함께 요리하며 즐거운 식사를 한다면, 차차 건강한 습관을 만들어갈 의지가 생기지 않을까.

오색 채소를 곁들인 통두부 스테이크

재료 : 두부 1모, 양송이버섯, 느타리버섯, 양파, 당근, 파프리카, 토마토, 어린잎채소, 마늘 슬라이스
소스 재료 : 올리브오일, 발사믹식초, 소금, 후추, 통깨

❶ 두부는 거즈로 물기를 제거한 후 아래 위, 가로 세로로 칼집을 낸다.
❷ 두부에 소금과 후추로 간을 한 다음 팬에 노릇하게 부친다.
❸ 마늘 슬라이스를 올리브오일에 구운 후, 채소와 버섯, 소스 재료를 부어 볶는다.
❹ 채소가 익으면 불을 끄고 어린잎채소를 넣어 섞어준다.
❺ 두부를 접시에 담은 후 채소와 버섯을 얹는다.

좋은 날 어울리는 두부탕수

재료 : 두부 1모, 제철 채소와 과일, 유기농 설탕, 식초, 맛간장, 전분가루

❶ 두부는 깍둑썰기해 전분가루를 묻혀 미리 튀겨놓는다(전분가루 없이 그냥 노릇하게 구워도 괜찮다).

❷ 채소와 과일은 적당한 크기로 썰어 준비한다. 채식만두가 있으면 구워둔다.

❸ 유기농 설탕(혹은 메이플시럽), 식초, 맛간장을 동량으로 섞은 후 전분가루를 풀어 약불로 끓여서 소스를 만든다. 농도는 물을 넣어가며 조절한다.

❹ 썰어둔 채소와 과일을 ❸에 넣고 약불로 끓인다.

❺ 두부와 만두를 팬에서 살짝 데운 후 접시에 담고 소스를 끼얹는다.

❻ 취향에 따라 맛간장, 식초, 고춧가루를 조금 넣은 양념장을 곁들여도 좋다.

맛을 음미해야 식탐에서 벗어난다

많은 사람들이 식욕으로부터 벗어나고자 하면서도 참을 수 없는 욕구에 시달린다. 통제력을 잃어버릴 정도로 식탐을 갖는 사람들은 한결같이 말한다. 먹으면 안 된다고 생각하면서도 계속 먹게 된다고. 나는 그들에게 한 입의 음식을 먹을 때 50회 이상 씹으면서 맛을 음미해보라고 주문한다. 정말로 내가 먹고 있는 음식의 맛이 무엇인지 깊이 느껴보라고 말이다. 먹지 말아야 한다고 생각하는 순간, 맛이 아니라 부담으로 음식을 먹게 된다. 차라리 정면 돌파하는 것이다.

내가 진행하는 한방채식 테라피 과정의 하이라이트는 각자 채식 도시락을 싸서 나눠 먹는 시간이다. 현대인은 집밥을 함께 먹는 시간이 많지 않다. 특히 도시락을 싸서 먹는 정겨운 시간을 갖는 일은 더욱 드물다. 한방채식 테라피에 참여하는 사람들은 그 시간을 즐긴다. 준비하는 번거로움은 있지만, 나눠 먹는 행복감이 많은 것을 치유해준다. 도시락을 열어놓고 환한 미소를 짓는 사람들에게 나는 50회 이상 씹으면서 입 속에 들어오는 음식을 느껴보라고 한다. 그렇게 해본 사람들은 평소보다 3분의 1 정도의 양으로도 포만감을 느끼게 되었다고 이야기했다.

생활 습관을 바꾸는 일은 누구에게나 어렵다. 어떤 이들은 50회씩 씹는 것이 고문이라고 말한다. 그러나 조금씩 천천히 시작해보면 어떨까? 재료들의 맛을 통해 내 몸에 들어오는 영양과 향 그리고 식물들의 생명력을 음미하는 것이다. 식욕 조절은 물론, 건강이 저절로 찾아온다.

5. 아토피, 정말 못 고치는 병일까?

아토피 질환의 공통적인 증상은 심한 소양감(가려움증)과 발열이다. 갑작스런 발작처럼 심해지기도 하고 좀 잠잠해지기도 하는 사이클을 반복하면서, 나을 듯 낫지 않는 고질병이다. 왜 아토피가 생기는 것일까? 인간을 포함한 모든 생명체는 자신을 보호하기 위한 방어 시스템을 갖추고 있다. 이런 시스템은 외부로부터 우리의 몸을 보호하는 매우 효율적인 전략인데, 아토피는 이러한 시스템에 교란이 생겨 발생한다.

신생아 시기의 항생제 사용과 산모들의 모유 수유 비율이 줄어든 것이 젖먹이나 어린이들에게 알레르기 질환에 노출되기 쉬운 요인으로 작용한다. 젖먹이나 어린이의 경우 세균이나 바이러스에 감염되면 자체적인 면역 반응에 의해 알레르기 질환의 발생을 억제하는 TH-1 세포가 만들어지지만, 이런 자연스러운 면역 반응을 방해할 경우 오히려 알레르기를 유발하는 TH-2 세포가 생성된다는 보고도 있다.

게다가 공장식 축산방식으로 사육되는 소들에게서 얻는 우유는, 빨리 키우기 위해 투여된 성장호르몬제와 밀집사육 환경에서 생기는 병균 때문에 어쩔 수 없이 남용된 항생제로부터 자유롭지 못하다. 분유의 성분 자체가 어린이들에게 알레르기를 유발하는 것이다. 또한 이른 나이에 어린이집이나 유치원을 보내는 경우, 감기에 걸린 어린이들이 많아 거의 한 달 내내 감기를 달고 지내는 경우가 많다. 그러다 보니 자연스럽게 어린이들의 항생제 내성률이 올라가고 있다.

아토피 발진이나 코의 염증을 완화하고자 스테로이드 연고제를 바르거나 항히스타민제를 사용하는 경우가 많다. 알레르겐(알레르기 반응을 일으키는 항원) 검사를 해봐도 특정 음식에 대한 반응이 나타나지 않을 때가 있다. 그럴 때 음식은 가리지 않으면서 약물에 의존하여 겉으로 드러난 급한 불만 끄려 하면 오히려 병을 키우는 셈이 된다.

한편, 어린이집이나 유치원, 학교 급식의 메뉴에는 어린이들이 좋아하는 육류와 육가공 식품이 많고, 간식으로는 밀 글루텐 빵과 정제 탄수화물, 우유와 유제품, 달걀 등이 많이 제공된다. 영양 성분이 많다는 이유로 알레르기를 유발할 가능성이 높은 식품들이 반복 제공되는 것이다.

병은 몸의 언어다. 아토피 피부염을 통해 몸이 우리에게 하고 싶은 말은 무엇일까? 물과 땅이 오염되고, 먹거리가 병들고, 미세먼지와 황사, 환경호르몬 등의 독성 물질로 위협받는 몸이 정화되고 싶다고 말하는 것이다. 단지 증상만 개선하는 치료가 아니라, 생활을 바꾸고, 먹거리를 바꾸고, 스스로를 정화하는 데 성공한 사람들만이 아토피로부터 자유로워질 수 있다.

스스로를 병들게 하는 인간에게 자연은 병을 고칠 수 있는 약을 주었다. 꽃가루와 미세먼지로 알레르기 증상이 심해지는 봄에, 알레르기에 효과가 있는 식물들도 함께 준 것이다.

자연이 준 아토피 치료제, 봄꽃

봄의 시작을 알리는 노란 개나리는 꽃말이 '희망'이다. 봄의 가장 이른 때 피어나는 노란 희망, 정말 잘 어울리는 꽃말이다. 개나리에게도 열매가 있다는 사실을 아는 사람은 많지 않다. 개나리의 열매를 한방에서는 '연교連翹'라고 하는데, 모든 개나리에 열매가 맺히는 것은 아니다. 우리나라에 자생하는 개나리 중에서는 의성개나리(산개나리)에 열매가 맺힌다. 국산 연교는 가운데 홈이 패어 있는데, 중국산은 홈이 없다. 요즘처럼 아토피, 천식, 비염 등 알레르기성 질환 때문에 괴로움을 겪는 시절에 연교가 가지고 있는 약리 작용은 매우 유용하다.

개나리만이 아니라 봄에 피어나는 민들레, 쑥, 원추리, 냉이, 씀바귀 등은 모두 피부 독소를 해독하면서 항균 작용까지 하는 약초다. 특히 다년생 덩굴성 관목인 인동忍冬 또는 그 변종의 꽃봉오리를 건조시킨 금은화도 아토피에 좋은 약재다. 겨울 동안의 추위를 이겨내는 꽃이라 하여 '인동'이라 부르는데, 처음에는 백색 꽃이 피었다가 2~3일이 지나면 금색으로 변한다. 한 그루에 은색과 금색 꽃이 함께 피어 있는 것으로 보이기 때문에 '금은화'라고도 부른다.

금은화 꽃봉오리는 말려서 차로 마시면 좋다. '인동등'이라 부르는 줄기도 청열·해독 작용이 있으나 꽃봉오리보다는 약한 편이다. 인동등은 경락을 통하게 하는 작용이 있어 풍열을 제거하여 통증을 멈추게 하고 관절 부위의 마비 증상을 치료하는 데 사용된다. 꽃은 꽃답게 피부나 상부 쪽의 열을 다스려주고, 줄기는 줄기답게 뼈마디와 경락의 흐름을 도와주는 역할을 하는 것이다.

항균·항균 작용이 강한 금은화(위 왼쪽), 인동등(오른쪽), 연교(아래)를 함께 차로 끓여 마시면 염증을 다스리는 데 도움이 된다.

금은화는 연교와 짝을 이루어 염증성 질환의 치료에 자주 사용된다. 감기로 목이 붓거나 중이염이 왔을 때, 피부염이나 비염에도 좋은 궁합이다. 거기에 지천에 피어나는 민들레(잎, 꽃, 줄기, 뿌리 모두)를 함께 사용하면 효능이 더 좋아진다. 이 재료들을 함께 넣고 달인 물은 차로 마셔도 좋고, 가려움증이 심한 부위를 씻는 데 써도 좋다. 어린이들의 목욕물에 섞어주면 밤에 잠을 잘 자는 데 도움이 된다.

국산 연교를 구하기 어렵다면 금은화와 민들레만 넣어도 좋은데, 둘 다 쓴맛이 강하다. 이 맛을 부드럽게 달래고 싶다면 차를 끓일 때 볶은 현미나 볶은 둥글레를 넣으면 구수해진다. 한여름에는 끓이지 않고, 10

많은 양을 끓여두고 보리차처럼 마시는 것도 좋지만, 따뜻한 물(80도 정도)로 가볍게 우려서 마시면 방향성 정유 성분의 효능이 더 살아난다. 다만 이렇게 우려낸 물은 오래 보관하기 어렵다. 어린이들이 따뜻한 차를 마시지 않으려 할 때는, 탄산수를 조금 섞고 메이플시럽을 넣어 시원한 에이드로 만들어줘도 좋다.

피부염과 비염을 가라앉히는 봄꽃차

재료 : 금은화, 민들레, 박하, 현미, 둥글레 각 10g씩, 물 2*l*

❶ 현미와 둥글레는 각각 볶는다.
❷ ❶에 2*l*의 물을 부어 중불로 끓인다.
❸ 물이 끓으면 약불로 줄인 후 금은화, 민들레, 박하를 넣어 30분간 더 달인다.
❹ 현미와 둥글레는 소화기와 기관지에 영양을 공급해줘 피부결이 좋아지게 하고 차의 맛도 부드럽게 만들어준다.

배의 물을 부어 냉장고에서 10시간 냉침했다가 물만 따라 마시면 된다. 라임이나 레몬을 얇게 썰어 차에 띄워서 청량감 있게 마셔도 좋다. 메이플시럽을 조금 섞어 단맛을 내면 마시기가 한결 쉽다.

 피부 질환을 치유하는 성분은 주로 방향성 정유 성분들이므로 약효를 내려면 너무 오래 끓이지 않는 게 좋다. 약재의 품질이 좋다면, 끓이지 말고 하루 정도 냉침을 해두었다가 그 물을 그대로 사용하는 것도 좋은 방법이다. 날것 그대로의 영양 성분과 효능을 추출하여 사용하기 위함이다. 단, 현미와 둥굴레는 따로 볶아 차로 마신다.

아토피에 시달리는 아이들을 위한 간식

어른들은 몸이 아플 때 식이요법을 해야 한다는 것을 이성적으로 받아들인다. 하지만 어린이들은 먹고 싶은 것을 참아야 한다는 것을 잘 이해하지 못해 힘들어한다. 다짜고짜 먹으면 안 된다고 윽박지르며 음식을 제한하면 오히려 스트레스만 쌓여 역효과가 난다. 스트레스를 과하게 받을 경우 부신피질 호르몬인 코르티솔^{cortisol}의 혈중 농도가 높아져서 식욕 항진이나 지방 축적 등의 부작용이 생기고, 아토피 증상과 같은 염증 반응도 심해진다. 반복될 경우 면역력이 저하되어 바이러스성 질환에 쉽게 노출되기도 한다. 외부의 독소를 피하는 것도 중요하지만, 심리적으로나 정서적으로 안정된 환경도 중요하다.

 이럴 때는 맛도 좋고, 영양도 좋으며, 아토피에 걸린 어린이들도 안심하고 먹을 수 있는 요리를 자주 해주는 것이 도움이 된다. 요즘 유행하는 채식 베이킹은 대부분 이런 이유에서 출발했다. 밀가루와 우유, 버터, 달걀 때문에 알레르기 질환을 앓는 환자들이 자신의 병도 고치고, 맛있는 음식도 포기하지 않는 방법을 고민했기 때문이다. 필요는 늘 발명을 낳는 법. 병이 가르쳐주는 삶의 지혜를 요리로 배워보자.

채식 베이킹에서는 밀가루 대신 현미가루를 사용한다. 우유 대신 두유를 넣고, 달걀 대신 콩가루와 아몬드, 캐슈너트, 코코넛 등의 견과류 가루를 이용하여 영양을 더한다. 달걀 흰자의 부드러움은 아마씨오일이나 바나나, 레몬즙으로 대체할 수 있다. 사과와 홍시처럼 단맛 나는 과일을 사용하면 설탕 한 스푼도 넣지 않고 달콤한 빵을 구울 수 있다. 사과 알레르기가 있는 경우라면 대신 감귤을 넣어도 좋고, 콩 알레르기가 있다면 대신 미숫가루나 오트밀가루를 넣는다.

반죽할 때 물 대신 두유 혹은 아토피에 좋은 약초를 우려낸 차를 써도 좋다. 사과나 홍시 같은 과일을 넣어서 반죽할 때는 물을 넣지 않아도 되는데, 과일에서 나오는 수분만으로 충분하기 때문이다.

무설탕 유기농 코코아가루를 섞으면 아이들이 좋아하는 초코머핀이 된다. 현미빵 반죽에 당근을 갈아넣으면 당근머핀이 되는데, 색깔이 고와서 입맛이 더 돈다. 반죽할 때 견과류 양을 늘려 쿠키로 구워도 맛있다. 아토피 피부염을 앓고 있는데 견과류를 먹어도 되냐고 묻는 분들이 많은데, 나는 오히려 적극적으로 섭취할 것을 권한다. 단, 신선한 것이어야 한다. 냄새가 날 정도로 산패한 수입 견과는 피부염을 악화시키는 독소로 작용하기 때문이다. 말린 과일도 농약이나 부패를 방지하기 위한 첨가물을 넣는 경우가 있으니 잘 살펴보고 구입하도록 하자.

색이 고운 현미머핀

재료 : 현미가루 90g, 콩가루 30g, 아몬드가루 10g, 생강가루 1/2작은술, 계피가루 1/2작은술, 홍시 2개, 사과 1/2개, 당근 1/2개, 아마씨오일 1큰술, 레몬즙 1큰술, 천일염 조금, 베이킹파우더 1작은술
- 장식용 : 크랜베리나 건포도 조금
- 아토피 환자라면 모든 재료를 유기농이나 무농약 제품을 사용하는 게 좋다.

❶ 현미가루와 콩가루, 아몬드가루를 섞어준다.
❷ 사과는 잘게 깍둑썰어서 기름을 살짝 두른 냄비에 생강가루, 계피가루와 함께 넣고 뭉근해질 때까지 은근히 졸여준다. 설탕을 따로 넣지 않아도 달다.
❸ 홍시 2개, 당근 1/2개를 넣고 믹서에 간다.
❹ ❶, ❷, ❸의 재료를 모두 섞고 아마씨오일과 레몬즙, 천일염, 베이킹파우더를 넣어 반죽한 다음 머핀 용기에 담는다.
❺ 180도로 예열된 오븐에서 30분 정도 구워낸다.

우유 없어도 즐길 수 있는 두유 요거트

재료 : 두유, 티벳버섯균, 견과류나 과일

❶ 두유에 티벳버섯균(케피어(kirfir))을 넣어 살균한 용기에 담은 후 뚜껑을 닫는다.
❷ 20~25도(실온)에서 24시간 놔둔다.
❸ 냉장고에 넣어 1시간 지난 후 꺼내 먹으면 된다.
❹ 두유 요거트 위에 과일이나 견과류를 넣거나, 매실청이나 오미자청을 넣어 먹으면 맛있다.
❷ 티벳버섯균을 분양받아 사용할 경우에는 금속성 물질(스테인리스나 알루미늄 등)에 닿지 않도록 주의하고, 플라스틱이나 유리 용기를 사용해야 한다.
❸ 요거트가 만들어진 후 티벳버섯균을 체에 걸러 따로 보관해두면 재사용이 가능하다.

아토피 피부는 보습이 중요하다. 티트리오일과 페퍼민트오일을 각 10방울씩 호호바오일 500밀리리터 정도에 섞어 매일 마사지를 해주면 좋다. 어린이의 병에는 엄마의 사랑과 관심이 가장 좋은 약이다. 매일 마사지해주며 사랑한다고 표현하고, 엄마가 만든 요리를 먹이는 것이 치료제다. 물론, 바쁜 워킹맘들에게는 가슴이 무너질 이야기일지 모르겠다. 하지만 어쩌겠는가. 병을 고치려면 생활이 바뀌어야 하는 것을.

아토피 어린이들도
안심하고 먹을 수 있는
간식 3가지

1. 채식피자

평소 베이킹에 익숙하지 않은 사람도 쉽게 만들 수 있다. 정통 피자 만드는 법은 아니지만, 간단하고 영양 많고 맛있다.

- **재료**: 우리밀 통밀가루(바삭한 걸 좋아해서 넣었는데 밀가루가 들어가지 않아도 된다), 현미가루, 오곡미숫가루, 베이킹파우더, 소금, 설탕(유기농 원당), 검은깨, 오일 조금(견과류 가루를 섞어도 좋다), 두유(없으면 따뜻한 물)

- **도우 반죽하기**
① 통밀가루와 현미가루, 오곡미숫가루를 동량으로 준비하고, 베이킹파우더는 티스푼으로 하나 정도 섞는다.
② 체로 쳐서 고루 섞은 후 따뜻한 물을 부어 반죽을 한다. 반죽을 오래하고 많이 치댈수록 맛이 좋고 고소해진다.
③ 소금, 약간의 설탕, 검은깨, 오일은 식성에 따라 넣거나 뺀다. 견과류 가루를 섞으면 더 고소하다.

- **발효시키기**: 반죽을 동그랗게 만들어 랩에 씌운 후 30분 정도 발효시킨다. 오븐의 발효 기능을 이용할 수도 있고, 따뜻한 전기장판 속에 묻어두어도 된다.

두유치즈로 토핑한 채식피자

■ 소스 만들기

① 마늘을 편으로 썰어 프라이팬에서 노릇하게 굽는다.

② 여기에 올리브오일을 넉넉히 붓고 20분 이상 두어 마늘 향이 우러나도록 한다.

③ 양파, 토마토를 잘게 썰어 넣고, 고춧가루, 바질가루, 월계수잎, 통후추, 생강을 넣은 후 은근한 불로 토마토가 퍼질 때까지 졸인다(고춧가루를 미리 마늘과 함께 볶아도 좋고, 고추씨 기름이나 핫소스를 넣어도 된다. 나는 그냥 고춧가루를 넣어 매운맛을 낸다).

④ 반죽이 발효될 즈음 소스도 거의 익으면 소금 간을 한다.

■ **두유치즈 만들기** : 인도에서 우유를 이용해 '파니르 치즈'를 만드는 방식을 응용해봤다. 맛은 우유치즈와는 다르지만 고소하다. 직접 내린 두유로 치즈를 만들면 더욱 고소한데, 시판 두유는 달고 짠 맛이 제각각이라 만들 때마다 맛과 품질이 달라진다. 만드는 법은 아주 간단하다.

① 두유 500㎖를 냄비에 붓고 은근한 불로 데운다.

② 소금, 식초, 레몬즙(레몬을 직접 짜넣으면 더욱 맛이 신선하다)을 넣으며 서서히 저어준다.

③ 거품이 일어나면서 몽글몽글해지면 불을 끈 후 식힌다.

④ 체에 면 거즈를 깐 후, 그 위에 끓인 두유를 붓는다.
⑤ 액체는 아래로 흐르고 부드럽게 응결된 것만 걸러지는데, 물기를 짜서 치즈로 이용한다.

■ **토핑하고 오븐에 앉히기**: 오븐은 예열을 해두었다가 200도에서 20분간 오븐 상단에서 굽는 것이 좋다. 오븐이 없으면 프라이팬에서 구워도 된다.
① 도우 반죽을 밀대로 밀어 둥그렇게 편 다음 가장자리 부분을 살짝 말아준다.
② 고구마 삶은 것을 으깨고 두유 마요네즈로 버무려 반죽 가장자리에 넣으면 크러스트 피자로 만들 수 있다.
③ 고구마가 들어간 곳을 말아 모양을 잡으면서 전체적으로 동그랗게 모양을 낸다. 포크로 적당히 구획을 나눠 자국을 내면 더 좋다.
④ 도우 바닥에 포크로 구멍을 낸 후, 그 위에 소스를 얹어준다
⑤ 두유치즈를 얹고 블랙올리브, 방울토마토, 파프리카, 버섯, 감자 등을 토핑한 후 굽는다.

2. 아보카도 브로콜리 케이크

코코넛오일의 높은 녹는점을 활용하여 만든 로푸드케이크로, 단백질이 풍부한 브로콜리와 아보카도, 현미, 오트밀을 넣어 부족해지기 쉬운 영양을 보충해주면서 맛과 모양도 좋다.

■ **반죽 재료**: 아보카도, 브로콜리, 코코넛오일, 오트밀가루, 현미가루, 오색약념, 소금 조금, 마늘오일, 코코넛가루(없으면 생략 가능)나 견과가루
■ **장식용 재료**: 건포도나 크랜베리, 블루베리, 호박씨

■ **만들기**
① 브로콜리는 송이로 잘라 끓는 물에 가볍게 데친다.
② 나머지 반죽 재료와 데친 브로콜리를 넣어 푸드프로세서나 도깨비방망이로 잘 섞어준다. 코코넛오

아보카도와 브로콜리를 넣은 케이크

일이 굳히는 역할을 하므로 한 큰술 정도 넣어준다.
③ 접시에 유산지를 깔고, 하트 모양의 틀에 반죽을 잘 담는다.
④ 숟가락으로 반죽을 고르게 편 다음, 호박씨와 블루베리, 크랜베리로 장식하고, 주변은 코코넛가루(혹은 과육 슬라이스)를 뿌려준다(없으면 생략 가능).
⑤ 냉장고에서 하룻밤 굳힌 다음 꺼내 먹으면 된다. 가능하면 빨리 먹고, 남은 것은 다시 냉장고에 넣는다.

3. 채소찜과 루콜라 샐러드

어린이들은 채소의 식감을 싫어하고 고기를 좋아하는 경우가 많고, 채소도 좋아하는 것만 먹는 경우가 많다. 달콤한 맛이 나는 단호박이나 고구마, 익히면 영양이 더 좋아지는 토마토와 당근은 찌고, 루콜라(없으면 어린잎채소, 새싹채소, 샐러드용 채소)는 생으로 버무려 샐러드를 만들어보자. 채소 편식을 없애주

채소찜과 루콜라 샐러드

는 좋은 요리다.

- **채소찜 재료**: 단호박, 고구마, 브로콜리, 당근, 토마토
- **샐러드 재료**: 루콜라(없으면 각종 샐러드용 채소), 블루베리, 견과류, 올리브오일(마늘오일), 발사믹식초, 레몬즙

① 단호박, 고구마, 브로콜리, 당근, 토마토는 적당한 크기로 잘라 찜통에 넣고 찐다.
② 찜기에서 ①을 꺼내어 식혀둔다.
③ 루콜라와 블루베리, 견과를 섞고 소스(올리브오일이나 마늘오일, 발사믹식초, 레몬즙)와 함께 버무린다.

5장

여성들을 위한 힐링 레시피

1. 아침을 깨우는 힐링 워터

선조들은 매일 해가 뜨고 질 때마다 생기는 변화에 대해 관찰하다가 해가 들어 따뜻한 상태를 양陽, 해가 들지 않아 그늘지고 어두워진 상태를 음陰이라고 이름 붙였다. 양은 따뜻하고 밝고, 상승하는 움직임의 적극적인 속성, 음은 반대로 차고 어둡고, 정지되어 있거나 하강하는 속성으로 구분된다. 이 원리를 사람 몸에도 적용하여 태양과 가까운 머리, 얼굴, 상체, 피부 바깥쪽은 양, 태양과 먼 하체와 피부 안쪽은 음으로 구분하고, 계속 세포분열을 일으키듯 모든 대상에 적용하여 설명하기 시작했다.

우주는 음과 양이 맞물려 있는 거대한 태극체로서 양의 과정에서는 팽창을 하며 물질과 에너지를 흩어버리고, 음의 과정에서는 물질과 에너지를 모으는 작용을 한다. 이러한 운동 과정은 끊임없이 순환하고 반복되면서 진행된다.

지구도 사람도 물이 필요해!

현대인의 생활방식은 타고난 체질과 상관없이 양 에너지를 발산하는 비율이 음 에너지를 모으는 비율보다 높은 편이다. 낮에는 일하고 밤에 쉬어야 하는데, 낮이나 밤이나 정신적으로든 육체적으로든 과로를 해야만 생존경쟁에서 살아남을 수 있기 때문이다. 어린 학생들마저 자신의 생명력을 깎아먹으면서 입시전쟁을 치러야 하니 에너지의 균형이 당연히 흐트러질 수밖에 없다.

지구 전체로 봐도 비슷한 현상이 나타나고 있는데, 바로 지구온난화다. 산업혁명으로 인류가 훨씬 편리한 생활을 영위하게 된 것은 사실이지만, 대신 지구의 물은 점점 부족해지고 불 기운은 치성해져서 극지방의 빙하마저 녹아내리고 있지 않은가. 한방의 개념으로 설명하자면 음양의 균형이 깨진 병적인 상태로, 지구도 화병, 사람도 화병에 걸려 있다는 뜻이다. 불을 끄려면 물이 필요하다. 우리 몸에 독소가 쌓이면 염증이 생기고, 염증이 자라면 몹쓸 종양이 되어버린다. 양방에서는 종양을 수술로 제거하지만, 자연의학에서는 곡기를 끊고 수분 보충과 관장을 통해 독소를 배출시켜 병증을 다스린다.

평소 일상생활에서 물을 챙겨 마시기는 쉽지 않으나, 물도 정성껏 마셔야 효과가 있다. 우선 하루 마실 물의 양을 정한다. 대개 성인 남녀는 하루 1.5~2.5리터의 물을 마시면 된다. 이 양은 커피와 같은 카페인 음료를 제외한 허브티, 생수의 양을 합한 것이다. 하지만 허브티만으로 이 양을 채우는 것은 바람직하지 않다. 평소 아무것도 들어가지 않은 맑은 물을 1리터 이상 마시는 습관을 들이는 것이 좋다.

아침을 깨우는 레몬수

재료 : 물, 레몬 1/2개, 천일염

❶ 아침 기상 직후 물 250㎖(보통 머그컵으로 한 잔)에 레몬 반 개의 즙을 내어 섞는다.

❶ 물의 온도는 미지근한 정도가 좋다.

❷ 죽염이나 천일염을 4분의 1 작은술 정도 넣으면 좋다.

〈체질 따라 마시는 물 한 잔〉

아침에는 오장 기능 중 배설 기능이 활성화되고 소화 기능은 잠에서 덜 깨어난 상태다. 몸이 미처 준비가 되지 않은 상태에서 무거운 음식을 먹으면 소화도 안 될 뿐 아니라 흡수가 잘 되지 않아 오히려 몸이 무거워진다. 잠을 자는 동안 우리 몸에서는 두 단계의 해독 과정이 진행된다. 1단계는 체내로 들어온 음식물과 독소를 중간 대사 산물로 중화시키는 단계이고, 2단계는 독소의 성질을 중화시켜 수용성 산물로 변형시키는 단계다. 해독 과정이 원활히 이루어지면 기상할 때 기분이 상쾌하고 몸이 가볍지만 체내 독소가 제대로 해독되지 않으면 찌뿌둥한 상태로 아침을 시작하게 되는 것이다.

두 단계의 해독 과정을 거치는 동안 에너지가 충분히 공급되지 못하면 중간 대사 산물들이 충분히 중화될 수 없다. 그러면 일부 독소만 변형되어 혈액과 림프 순환계로 들어가서 신체의 조직과 세포를 손상시킬 수 있다. 이럴 경우 몸은 독소를 다루기 위해 긴장을 늦추지 않게 되고, 잠을 많이 자도 피곤함을 느끼게 된다.

잠자리에서 일어나자마자 마시는 물 한 잔이 독소를 제거할 수 있는데, 이때에도 체질에 따라 맞는 물이 따로 있다.

- **몸이 냉하고 소화 기능이 약해서 자주 체하거나 속쓰림 증상이 있을 때**: 일어나자마자 따끈한 생강차 반 잔
- **입이 짧고 저체중일 때**: 꿀이나 조청을 조금 섞은 따끈한 생강차 반 잔

237쪽에서 소개한 레몬수는 속쓰림이나 신물 오르는 증상이 없는 사람이라면 모든 체질에 좋다. 레몬즙은 해독 작용을 활성화시켜주고 배변에도 도움을 주기 때문이다.

물에도 여러 가지 종류가 있다. 《동의보감》에서는 물의 종류가 서른세 가지나 있다고 설명하고 있으며, 시중에서 판매되는 물의 종류도 다양하다. 이런 정보를 접할 때마다 덜컥 겁이 날 때가 많다. 내가 마시는 물이

독이 되지는 않을까 걱정되기 때문이다. 그렇다고 해서 너무 까탈스럽게 따질 필요는 없다. 집에서 식수로 사용하는 물로 시작해보자. 단 너무 찬물은 좋지 않다. 요즘 텔레비전의 유명 정수기 광고는 찬물도 모자라 얼음까지 동동 띄워 마셔야 할 것 같은 착각을 일으키게 한다. 멋진 연예인들이 나와 멋진 포즈로 물을 마시는 모습 때문인데, 회사마다 얼음정수기를 경쟁적으로 선보이면서 얼음물 마실 것을 부추기고 있다. 하지만 체온보다 많이 낮은 온도의 물은 혈액 순환을 방해하고 소화기를 냉하게 해 몸을 차게 만든다. 열이 많은 체질은 찬물이 성격을 더 급하게 만들고 오히려 열을 더 나게 하므로 건강에 좋지 않다. 특히 성장기 어린이들이 얼음물을 즐겨 마시는 것은 자제시키는 것이 좋다.

물 한 잔의 마법

인도의 히말라야 대학병원의 아유르베다 센터를 방문했을 때다. 아침 6시 반이면 어김없이 주방장 무쿨이 방문을 두드린다. 부스스한 얼굴로 문을 열면 무쿨이 레몬수를 미지근한 온도로 데워서 들고 서 있다가 미소를 지으며 건네준다. 아침의 첫 출발을 상큼한 레몬수 한 잔으로 시작하는 기분, 정말 좋다. 대충 옷을 껴입고 산책을 나간다. 아침이 오는 소리가 하늘 가득 담겨 있다. 구름이 써놓은 시를 읽으며 바람이 들려주는 노래를 듣는다. 숨을 들이쉬고 내쉬는 결을 따라 사뿐사뿐 발걸음을 내딛으면 밤새 내려앉은 이슬을 머금은 꽃과 나무, 아침부터 바삐 움직이는 새들이 마치 옆집 아이들인 양 친근하게 느껴진다.

아, 좋다. 그때는 안개처럼 자욱하게 가슴에 스며들어온 촉촉한 감정으로 매일을 시작했던 것 같다. 평소에 느껴보지 못했던 새로운 느낌의 일상을 여행지에서 경험하는 게 좋았다. 새로우면서도 평범한 일상 같은 행복을 느끼게 해준 것은 바로 아침에 마시는 레몬수 한 잔이 아니었을까 싶다.

요즘도 나는 아침에 일어나 레몬수를 한 잔 마신 후 명상을 한다. 이불을 개고 창문을 열어 환기를 시켜놓고, 간단하게 샤워를 한 후 명상 시간을 가지면 더 좋다. 동네 공원을 산책하기도 했었는데, 중국발 미세먼지 탓인지 오히려 아침 공기가 텁텁하게 느껴질 때가 많아 그만두었다. 반가부좌 자세로 앉아 눈을 지그시 감고 편안하게 호흡을 주시한다. 집중하기 위한 긴장 따위는 내려놓고, 그저 잠시 멈추어 내 자신을 들여다보는 시간을 갖는 것이다. 때로는 생각이 정리되고, 때로는 아이디어도 떠오르는 그 시간이 내 생활에 활력소가 되는 것 같다.

집 근처에 숲이 우거진 산책로가 있으면 좋겠다는 생각을 종종 한다. 너무 가파르지도 지루하지도 않고, 슬리퍼를 신고 가볍게 걸어도 좋을 만큼 나지막한 오솔길이면 좋겠다. 내 움직임이 노출되지 않을 만큼 듬성듬성 나무가 몸을 숨겨주고, 조용히 호흡에 집중할 수 있게 안전한 산책길이라면 좋겠다. 아침 저녁으로 마음을 비우고 몸을 쉬게 할 수 있는 길을 걸으며 나이 들고 싶다.

〈아침을 깨우는 의식 세 가지〉

몸과 마음을 둘로 보지 않는 수행의 전통에는 아침을 맞는 의식 몇 가지가 전수되어왔다. 매일 실천하면 도움이 될 만한 간단하고 효과적인 방법들을 소개한다.

1. 오일풀링(Oil Pulling)
밤새 입안에 고인 세균을 제거하고, 몸을 정화시키기 위한 방법으로 순수한 비정제 올리브오일이나 코코넛오일, 참기름을 사용하여 가글한 후 뱉어주는 것이다. 기상 직후 공복에 하는 것이 좋고, 입안에 오일을 머금고 치아와 잇몸 사이를 오일로 가글해주며 15~20분 후 뱉어낸다. 오일이 입안 세균을 흡착하여 배출시키도록 도우므로 절대로 삼키지 말 것. 참기름의 경우 볶은 참기름이 아닌 생참기름을 사용한다. 순수한 오일을 사용하는 것이 제일 중요하다.

2. 바디브러싱(Body Brushimg)
피부 및 경락의 순환을 돕는 방법으로 솔을 이용하여 심장 바깥쪽부터 빗질을 하듯이 피부를 쓸어주는 방법이다. 아침 샤워 전 물기가 없는 상태에서 몸 전체를 마사지하듯이 빗어주면 독소 배출 효과와 더불어 몸을 따뜻하게 하는 효과가 있다. 이때 사용하는 솔은 자신의 피부에 따라 선택하는 것이 좋은데, 피부막이 얇은 사람이 거친 솔을 사용하면 오히려 피부결이 손상되므로, 자신의 피부에 따라 신중하게 선택하도록 한다. 면수건이나 삼베수건으로 솔을 대신할 수 있고, 오일을 바르고 손으로 마사지하는 것도 효과가 있다. 중요한 것은 몸의 구석구석까지 자극을 주고 꾸준하게 관리하는 것이다.

3. 도인술
동양의 수행전통 가운데 하나로, 손바닥을 마찰시켜 기운을 돌게 한 다음 그 에너지를 활용하는 방법이다. 아침 기상 후 손바닥을 세게 30회 정도 마찰시킨 다음, 얼굴과 머리를 자연스럽게 쓸어주면 피부와 머릿결이 좋아지고, 주름 예방, 기미·잡티 예방 등 노화 방지 효과가 있다. 손을 얼굴에 바로 대고 마찰을 해도 좋고, 얼굴 가까이 손을 가져가 상하로 움직이기만 해도 기운이 전달된다.

2.
하면 귀찮고 안 하면 불안한
생리 기간을 즐겁게

한 여성단체에서 자궁을 주제로 강의를 진행한 적이 있다. 여성이라면 누구나 가지고 있는 생식기관인 자궁과 난소에 대해 여성 자신은 얼마나 알고 있을까? 사춘기에 초경을 시작해서 갱년기가 되어 폐경을 할 때까지, 무려 35년여 시간 동안 매달 3~7일간 생리를 하는 여성들은 자궁에 대해 어떤 감정을 느끼고 있을까? 강의를 들은 40대 여성들은 섹스를 하고 임신과 출산의 과정을 거쳤지만, 한 번도 자궁에 대해 제대로 공부해 본 적이 없다고 말했다. 자궁 관련 질환을 가진 여성들조차 산부인과에서 종양의 크기와 수술 권유 외에는 별다른 설명을 들은 적이 없다고 했다. 그러다 보니 여성 대부분은 생리 기간을 원하지 않아도 치러야 하는 부담스러운 월례 행사로 여긴다. 여고생들은 오히려 무월경이 되면 좋아하기도 한다. 귀찮다는 것이다.

여성들은 한 달에 거의 일주일, 1년 중 3개월에 해당되는 기간 동안 생리대를 사용해야 한다. 자녀를 몇 명 낳지 않는 요즘 여성들, 심지어는 독신이거나 출가한 여성들조차 매달 수정을 기다리는 난자를 만들어내며 예비 엄마로서 호르몬 변화를 겪으며 살아야 한다니, 어찌 생각하면 불합리한 것 같기도 하다. 생물학적으로 여성의 몸은 매달 아이를 낳기 위해 준비하고, 기다리고, 수정이 되지 않으면 좌절하다가 다시 수정을 준비하는 주기를 반복하니 말이다. 조금 유치하게 말하자면, 매달 남자 만나려고 설레고 들뜨다가, 뜻대로 되지 않으면 좌절감을 느끼며 생리를 하게 되는 셈이다. 이런 과정에서 호르몬 변화가 뚜렷하게 나타나는데, 그 흐름을 이해하는 것이 중요하다.

생리와 배란 사이의 기간을 '난포기'라 부르는데, 이 시기에 여성의 몸에서는 난자가 만들어지고 자궁벽에서 면역세포들이 발달하기 시작한다. 새로운 난자를 만들어내는 리듬은 감정과 에너지 흐름에도 영향을 미치는데, 무언가를 시작하는 적극적이고 진취적인 성향이 생겨난다. 몸에서는 배란기가 가까워질수록 난포자극 호르몬^{FSH}과 황체자극 호르몬^{LH}의 양이 증가하기 시작한다. 그러다가 '배란기'가 되면 두 호르몬의 양이 갑자기 증가하면서 에스트로겐^{estrogen}의 분비 역시 최고조에 이른다. 이 시기의 여성은 다른 기간보다 여성적이며 성적 매력이 넘치는 상태가 된다. 다시 말해 이성을 유혹하기에 최적의 상태가 된다는 뜻이다. 감정적으로도 가장 만족도가 높아지는 시기여서 웬만한 일에는 화도 잘 안 내고 긍정적이 된다.

그러다가 배란 후 수정에 성공하지 못하면 에스트로겐 수치가 급격히 떨어지면서 프로게스테론^{progesterone}의 양이 증가하기 시작하는데 이 시기를 '황체기'라 부른다. 황체기는 여성 스스로가 내면의 문으로 들어가 무의식적인 자아와 만나는 때이므로 내향적이고 사색적이 된다. 수정을 위해 준비되었던 자궁내막이 비후해진 상태로, 몸이 묵직하고 무거워지

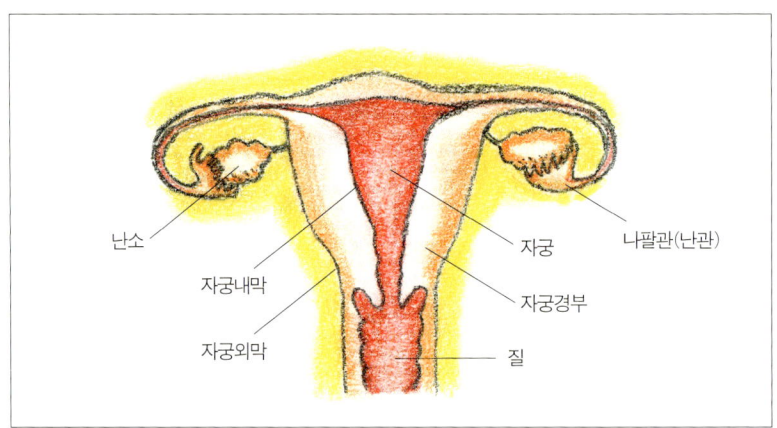
여성의 생식기관

며 신경이 예민해지고 감정적으로 좌절감과 우울감이 찾아든다. 마치 실연이라도 당한 사람처럼 뜻대로 일이 풀리지 않는 듯한 피해의식이 발동한다. 생리기가 다가올수록 몸에서는 한 달 동안 쌓여 있던 노폐물과 독소들이 배출되기 시작하는데, 이 과정에서 복통이나 요통, 유방통을 크게 느끼는 경우도 있다. 평소보다 훨씬 예민해지기 때문에 사랑과 관심이 많이 필요하다. 피부 상태는 건조해지고 체온은 올라가며 식욕이 늘거나 욕구불만을 느끼기도 한다.

이런 감정 변화와 무거운 리듬은 '생리기' 동안 계속된다. 배란기의 생기발랄함은 어디론가 숨어버리고 기분이 처지면서, 평소보다 깊이 자기 속으로 빠져들어간다. 생리 기간 동안 여성은 사회적인 소통보다는 내면의 대화에 귀를 기울이는 것이 좋다. 마치 밀물이 들어오는 것과 같이 에너지의 흐름이 안으로 향하는 시기이기 때문이다. 이 리듬을 활용하면 깊이 자리 잡고 있는 자의식과 만나고 자신의 잠재적인 능력을 발견할 수도 있다. 생리가 끝날 무렵이 되면 마치 어둠의 장막이 걷히고 새벽이 밝아오듯이 몸과 마음이 서서히 가벼워지기 시작한다.

여성이 남성에 비해 감정 변화가 심하고 때론 변덕스럽기까지 한 것은 어쩌면 당연한 일이다. 매달 생리주기에 따라 에스트로겐과 프로게스테론의 분비가 널뛰기를 하듯 변화무쌍하기 때문인데, 에스트로겐이 충분히 분비될 때는 여성들이 섹시해 보이면서 긍정적이고 포용적이 되는 반면, 프로게스테론 수치가 상승하고 에스트로겐이 급격히 떨어지는 생리 전에는 까탈스러워지고, 별일 아닌데도 괜히 신경질이 난다. 생물학적으로는 호르몬 때문이지만, 단순하게 생각해보면 정자를 만나기 위한 설렘과 좌절의 반복인 셈. 아무리 이성적이고 지성적인 여성이라도 생리를 하고 있는 한 매달 호르몬의 주기를 거슬러 살기는 어렵다. 오히려 그 변화를 이해하고, 자연스럽게 받아들이는 것이 최선이다. 자연의 리듬을 이해하면 그 안에서 지혜로운 여성의 리듬이 보이기 시작한다. 여성 내면의 길로 들어가는 문이 열린다.

하지만 현대 여성은 달의 주기에 따라 변화하는 몸의 신비에 귀 기울일 여유를 잃어버렸다. 그래서 몸과의 대화보다 진통제와 피임약을 더 친근하게 생각한다. 그녀들은 대개 생리주기에 대해 친한 동성친구 외에 다른 사람에게는 말하지 않는다. 어떤 경우에는 알려지는 것을 부끄럽게 생각한다. 하지만 적어도 석 달 정도 생리주기에 따라 변화하는 몸의 리듬을 기록해보면 여성의 몸이 자연 그 자체라는 사실에 대해 경외심마저 느끼게 될 것이다. 요즘은 스마트폰 애플리케이션으로 생리 일기를 편하게 기록할 수도 있다.

생리를 정상적으로 하는가는 여성의 건강을 체크하는 데 중요한 단서가 된다. 생리주기와 기간이 불규칙하거나, 갑작스럽게 생리통이 심해지거나, 생리 기간이 아닌데도 출혈이 일어날 경우, 질 주변이 가렵거나 평소보다 분비물의 양이 늘어나고 악취가 나는 경우라면 자궁 질환을 의심할 필요가 있다. 자궁근종이나 자궁내막염의 경우에는 골반통이나 극심한 하복통을 호소하는 경우가 있지만 종양의 크기가 커질 때까지 통증이 없는 경우도 있다. 초음파 검사를 통해 간단하게 진단해볼 수 있지만, 대부분 병원에 가서 검사받는 상황이 여성들에게 그리 유쾌한 경험은 아니다. 그러므로 평소에 적절한 섭생법과 자가진단으로 건강한 자궁을 관리하는 것이 좋다.

몸을 따뜻하게 하는 '그날의 차'

생리 기간에는 어떤 음식을 먹으면 좋을까? 우선, 몸을 냉하게 하는 음식이나 재료는 피하는 게 좋다. 찬 음료수나 밀가루음식, 과일이나 아이스크림, 냉동식품, 돼지고기, 커피 등은 몸을 냉하게 한다. 평소에 커피를 즐겨 마시더라도, 생리 기간만큼은 몸을 따뜻하게 하는 생강, 계피, 쑥, 회향 등으로 차를 우려내 마시는 게 좋다. 기분이 왠지 울적하고 사람 만나기가 귀찮아진다면 나만을 위한 '그날의 차'를 블렌딩해보는 것도 좋다.

  몸을 따뜻하게 하는 생강과 혈액 순환을 돕고 다이어트에 효과가 좋은 진피, 정신을 안정시켜서 두통을 없애주고 기를 내려주는 국화를 넣어 차를 끓여보자. 생리 전 식욕이 항진되는 것을 조절해주고, 생리가 순조롭게 진행되도록 도와준다.

국화는 간의 열을 식혀주고 뇌의 순환을 도우므로 생리 전 주에 차로 마시면 좋다.

생리를 하는 동안에는 가만히 누워만 있어도 지친다는 여성들이 있다. 기가 허하고 어혈이 많아 생리혈이 덩어리져 나오거나 극심한 통증과 부종을 호소하는 여성이 주로 그러하다. 이런 여성에게 좋은 음식은 아랫배를 따뜻하게 데워주면서 자궁 순환을 돕고 이뇨 작용이 있어 붓기를 빼주는 요리다. 특히 식물성 에스트로겐 성분이 들어 있는 검은콩을 많이 먹는 것이 좋다.

생리 기간에 허리가 아프거나 다리가 저리는 것은 신장 기능이 약하거나 관절에 무리가 되는 일을 해 어혈이 생겼기 때문이다. 이때는 어혈을 풀어주는 홍화씨와 허리 힘을 길러주는 두충나무 수피를 볶아 보리차처럼 구수하게 달여 마시면 좋다. 두충을 양손으로 잡고 반대쪽으로 잡아당기면 하얀 실처럼 생긴 섬유조직이 보이면서 좀처럼 끊어지지 않는다. 이 섬유조직이 잘 끊어지지 않는 두충이 효능이 좋다. 홍화씨와 두충을

생리 전 주와 생리 기간에는 몸을 따뜻하게 하는 당귀차가 좋다. 마른 당귀를 기름 없이 팬에 한 번 볶아 차로 끓이거나 잘게 분쇄해 우려내서 마신다.

기름을 두르지 않은 팬에서 한 번 볶아서 달이면 맛도 구수해지고, 효능도 상승한다.

인디언 여성들은 매달 찾아오는 이 기간을 내면의 자아에 눈뜨는 신비로운 시기로 여겼다고 한다. 기왕 생리를 매달 하면서 살아야 한다면, 귀찮고 지겨워하는 것보다 훨씬 나은 관점이다. 한 달 중 한 주 정도는 자궁에 이로운 차를 마시고, 자궁에 좋은 음식을 집중적으로 요리해 먹으며 좀더 특별한 기간으로 보내는 건 어떨까? 내 몸이 여성이 되는 한 주로 말이다.

⟨생리 주기를 통한 섭생법⟩

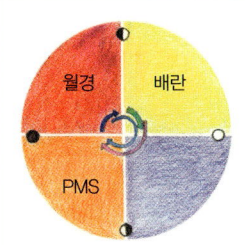

1. 생리 전 주
몸을 따뜻하게 해주는 블랙티와 컬러푸드를 섭취한다. 당분이 당긴다면 천연당으로 만든 현미쿠키나 다크초콜릿 조금, 뱅쇼를 마시고 각탕을 한다.

2. 생리 기간
피를 만들어주고 혈액 순환을 돕는 당귀차, 몸을 따뜻하게 하는 블랙티를 마시면 좋다. 여기에 순환을 돕는 고추, 파프리카, 토마토, 비트를 넣어 만든 수프도 도움이 된다.
또한 황기, 진피와 계피, 생강을 넣고 조린 콩자반이 좋다. 기를 북돋아주고 식욕을 조절하는 데 도움이 되며, 부종을 없애 신진 대사를 활발하게 해주고 몸을 데워준다.

3. 생리 후부터 배란 전까지
노폐물 배출을 돕는 디톡스 식단과 먹고 싶지만 꾹 참아두었던 불량식품을 적절히 섞어 먹을 수 있는 기간이다. 너무 과하지만 않으면 일주일에 한두 번 정도는 일탈을 해도 좋다. 다만 인스턴트 식품이나 케이크, 아이스크림, 기름진 음식, 튀김류, 밀가루음식을 먹은 다음 날은 과일과 채소를 많이 먹고 유동식으로 부드럽게 위를 달래주며 정상 리듬을 되찾자.

건강과 진피는 많은 양을 한번에 끓였다가 생리 기간 내내 보리차처럼 마셔도 좋고, 두통이 심한 경우에는 국화만 차로 마셔도 된다.

몸을 따뜻하게 해주는 생강진피국화차

재료 : 생강, 진피, 말린 국화, 물

❶ 건강(말린 생강)과 진피(말린 귤껍질)에 분량의 10배 정도의 물을 부어 중불로 끓인 후 약불로 낮추어 은근하게 30분 이상 더 끓인다. 가볍게 우려도 맛과 향이 살아나지만, 오래 끓이면 깊은 맛과 향이 나면서 몸을 데워주는 효능이 커진다.

❷ 진피와 건강은 끓이기 전에 기름을 두르지 않은 팬에 살짝 볶아주면 따뜻한 기운이 증가하여 기와 혈액 순환에 더 좋고, 향도 구수해져서 마시기 좋다.

❸ 마시기 전 다관에 따라 국화 몇 송이를 담아 우려낸다. 국화 같은 꽃차는 오래 끓이기보다는 가볍게 우려내는 것이 좋다. 꽃을 채취한 후 증기에 한 번 쐰 후 말리면 꽃잎이 흩어지지 않는다. 눈이 충혈되었을 때나 안구건조증으로 눈이 시리고 뻑뻑할 때도 좋고, 두통이 있거나 건망증이 심할 때도 국화차가 좋다.

쑥은 항산화 작용이 뛰어나고, 면역력을 증가시킨다. 봄에 어린 쑥을 캐어 만들어두면 되는데, 미리 준비한 쑥이 없을 경우에는 쑥가루를 이용한다.

두고두고 먹을 수 있는 쑥개떡

재료 : 현미가루 1컵, 멥쌀가루 2컵, 쑥 100g, 설탕 1큰술, 끓는 물 1/2컵, 참기름 1작은술

❶ 쑥은 소금을 약간 넣고 데친 후 물기를 꼭 짠다.
❷ 현미가루와 멥쌀가루, 설탕을 섞고 끓는 물로 익반죽한다. 오래 치댈수록 쫄깃해진다.
❸ 반죽을 한 번 먹을 분량씩 모양을 내 동그랗게 빚는다.
❹ 찜기에 넣고 20분 정도 찐 다음 참기름을 발라준다.
❺ 한 번 먹을 분량씩 나누어 냉동해두고 매달 생리 기간에 꺼내어 다시 한 번 쪄서 먹으면 좋다.

3. 생리 전 증후군을 치유하는 특별한 하루

어떤 여성은 생리 기간의 호르몬 변화를 몸과 마음으로 특히 예민하게 받아들인다. 생리 전에는 초조하거나 우울해지고, 무언가 알 듯 모를 듯 불안한 기분이 드는데, 기분 못지않게 몸 또한 변화를 겪는다. 몸이 붓거나 변비가 생기기도 하고, 갑자기 단 음식이 당기거나 식욕이 왕성해진다. 이는 뇌의 시상하부에서 호르몬 변화에 적응하지 못하면서 의욕과 활력 등을 느끼게 하는 세로토닌의 양이 급격히 떨어져 나타나는 증상이다. 이를 보통 '생리 전 증후군Premenstrual syndrome, PMS'이라고 한다. 이 증상이 심한 경우에는 진통제를 복용하거나 여성호르몬 요법을 쓰기도 한다. 상담을 해보면, 생리 전 증후군을 겪는 여성은 대부분 평소에 책임감이 강하고 성실한 경우가 많다. 스트레스를 받아도 밖으로 표출하지 못하고 안으로 삭이는 사람들, 목표를 설정하면 반드시 성취해야 한다는 강박에 시달리는 여성들에게서 강하게 나타난다.

생리 전 증후군을 관장하는 호르몬은 에스트로겐이 아니라 프로게스테론, 즉 황체호르몬이다. 수정이라는 막중한 과업을 이루기 위해 분비되는 황체호르몬, 즉 프로게스테론은 자궁내막이나 자궁근층의 활동을 조절하고 유선의 발육을 촉진시키기도 한다. 혈당을 정상으로 유지하게 하고 체내 수분량을 조절하는데, 부정적인 작용으로는 식욕 증진과 졸음 유발 그리고 초조함과 우울감이다. 프로게스테론의 양은 생리가 다가오면서 서서히 줄어들지만 그 영향력은 강해져서 근육통이나 어깨결림을 유발하고 다크서클을 형성해 피부가 칙칙해지게 만든다.

원인과 증상이 다른 생리 전 증후군과 생리통

흔히 생리 전 증후군과 생리통을 같은 것이라 여기지만, 생리통은 자궁 수축을 담당하는 프로스타글란딘 prostaglandin이 과도하게 분비되는 것이 원인이다. 진통제를 복용하면 생리통이 완화되는 이유가 바로 이 프로스타글란딘의 분비가 억제되기 때문이다. 자궁이 덜 발달한 10~20대 여성들이나 자궁경관이 좁은 여성들은 프로스타글란딘과 상관없이 생리통이 심한데, 이런 경우에는 진통제가 그다지 소용이 없다. 어떤 여성은 출산 후에 생리통이 줄었다고 하는데, 출산 과정에서 자궁경관, 즉 자궁과 질의 통로가 넓어져 생리혈을 배출하기가 쉬워졌기 때문이다. 구조적으로 자궁의 위치가 골반 쪽에 가깝게 위치한 여성, 골반이 틀어졌거나 자궁이 냉해 어혈이 많아져 혈액 순환이 좋지 않은 여성도 생리통이 심하다. 병적인 이유로는 자궁근종이나 자궁내막증이 있을 경우, 평소와 달리 극심한 통증을 느끼기도 한다.

다시 말해서, 생리 전 증후군과 생리통은 그 원인과 증상에 차이가 있다. 따라서 진통제는 생리통을 완화시키는 데는 도움이 되지만, 생리 전 증후군에는 그다지 효과가 없다. 통증을 경감시킬 수는 있겠지만 우울이나 식욕 조절, 부종과 변비를 고쳐주지는 못하기 때문이다. 그럼 어떻게 해야 할까? 자신을 이해해야 한다. 3개월 정도 꾸준하게 생리 기간을 체크하면서 생리 전 증후군이 시작되는 시점을 계산해두자. 그리고 그 시기가 다가오면 자신을 위해 특별한 간식과 힐링 타임을 갖자.

단것이 부쩍 당기고 탄수화물에 집착하는 경향이 있다면 미리 단 음식을 준비해두자. 초콜릿이나 제과점 빵 대신 즐길 수 있는 단 음식으로 선수를 치는 것이다. 과일과 견과류, 따뜻한 코코아 한 잔도 좋고, 통곡류로 만든 씨리얼이나 무설탕 과일칩 등도 도움이 된다.

이 시기에는 에스트로겐의 분비가 줄어들면서 피부가 건조해지고 푸석푸석해지는데 보통은 3~4일 정도 지나면 원래의 피부 상태로 돌아온다. 하지만 이때 과식이나 폭식을 하거나 충분한 수분 보충을 하지 않으면 뾰루지가 나서 오래가기도 한다. 이럴 때는 수분 함량과 식이섬유가 풍부한 사과, 토마토, 파인애플 등의 과일과 비트, 파프리카, 당근 등 색깔이 풍부한 채소를 먹고, 국화차, 레몬차, 진피차 등 비타민이 풍부하고 항산화 성분이 들어 있는 차를 마시면 좋다. 수분팩을 하거나 족욕, 각탕을 해서 혈액 순환을 돕는 것도 좋은 방법이다.

생리 전 우울감과 짜증을 달래주는 따뜻한 와인, 뱅쇼

생리 전 우울감이 들거나 통제 불능의 짜증이 늘어난다면, 우울증을

생리 기간에는 수분과 식이섬유가 풍부한 오색 채소와 과일을 충분히 섭취하여 피부를 진정시킨다.

예방하는 칼슘 섭취가 필요하다는 신호다. 칼슘은 뼈나 이를 건강하게 하는 것만이 아니라, 심장과 혈액 상태를 정상으로 유지하고 신경의 흥분을 가라앉게 해 마음을 안정시키고 통증을 완화시킨다. 한국인은 대체로 칼슘 섭취가 부족한 편인데, 특히나 요즘에는 커피문화가 생활화되어 카페인으로 인한 칼슘 배출이 늘어나고 있다.

카페인은 초조하거나 불안한 기분을 조장하는데다 뼈를 약하게 하므로 습관적으로 매일 서너 잔씩 마시는 일은 삼가자. 대신 칼슘이 풍부하게 들어 있는 브로콜리, 근대잎, 시금치 등의 녹색 채소와 아몬드, 참깨, 호두, 잣 등의 견과류, 미역, 다시마, 톳, 김 등의 해조류를 신경 써서 챙겨 먹는 게 도움이 된다.

이럴 때 제격인 로맨틱 힐링 음료가 있다. 몸을 따뜻하게 하면서 항산화 성분이 풍부하다고 알려진 레드와인을 이용한 뱅쇼$^{Vin\ Chaud}$다. 따끈하게 데워서 마시는 뱅쇼는 와인에 대해 잘 모르는 사람도 부담없이 도전해볼 수 있다. 와인을 끓이면서 알콜 성분이 휘발되어 무알콜 음료로 변하는데, 과일의 유기산 성분과 계피, 정향 등의 매운 향신 성분이 몸을 따뜻하게 데워준다. 로맨틱한 기분을 낼 수 있도록 와인 잔에 따라 마시면 생리 전 우울감을 해소하는 데 도움이 된다. 뱅쇼에 곁들일 달콤한 간식도 준비해두면 좋다. 식물성 여성호르몬 유사활성 성분이 있는 콩, 자궁을 따뜻하게 하고 어혈을 풀어주는 쑥, 항산화 작용과 칼슘이 풍부한 블루베리를 넣어 팬케이크를 만들어보자.

이 시기는 한 달 중 여성에게 사랑과 관심, 이완과 휴식이 가장 필요한 시기다. 여건이 된다면, 일을 줄이고 사람 만나는 것도 다른 기간으로 미뤄두는 게 좋다. 혼자 보내는 시간을 가지면서 자신의 몸에 대해 명상하고, 좋아하는 음악을 듣거나 영화 한 편을 보는 것도 좋겠다. 날씨가 따뜻하다면 근처 공원이나 낮은 산으로 올라가 좋아하는 책을 읽는 것도 좋다.

모든 게 완벽하지 않아도 된다. 조금 더 느긋하게 자기만의 속도로 걸어보는 시간을 갖자. 호흡을 주시하면서 발바닥이 땅에 닿는 느낌을 천천히 느껴보자. 의식 없이 목표를 향해 돌진하는 걷기가 아니라, 매 순간을 의식하며 걷는 명상을 해보는 것이다. 우선 호흡을 가다듬고, 깊이 숨을 들이쉬면서 1, 2, 3, 4를 세어본다. 숨을 내쉬면서 이번에는 두 배, 즉 1에서 8까지 센다. 들숨보다 날숨을 두 배로 길게 하면 몸의 노폐물과 독소뿐 아니라 마음의 찌꺼기까지 배출할 수 있다. 매일매일 실천하면 좋겠지만, 바쁜 일상 속에서 시간을 내기가 쉽지 않다. 한 달에 한 번 찾아오는 생리 기간 중에 하루를 정해서 특별한 힐링 데이를 즐겨보는 건 어떨까?

따뜻한 뱅쇼 만들기

재료 : 레드와인 1병, 사과 1/2개, 오렌지 1개, 무농약 레몬 껍질 1/2개, 통계피 2개, 정향 5알, 카르다몸 씨앗 3알(없으면 생략 가능), 메이플시럽 조금

❶ 저렴한 레드와인을 준비한다.
❷ 사과는 넓게 슬라이스한다. 오렌지, 레몬은 껍질을 적당히 썰어서 쓰는데, 안쪽의 흰 껍질은 제거한다.
❸ 레드와인에 ❷의 재료들과 향신료들을 넣고, 70~80도에서 은근하게 40분 정도 데운다. 온도가 너무 올라가지 않도록 주의한다.
❹ 메이플시럽을 넣어 당도를 조절하여 즐긴다.

조린 블루베리를 얹은 콩팬케이크

반죽 재료 : 콩가루 1/2컵, 오트밀가루(없으면 곡물가루) 1큰술, 현미가루 1큰술, 통밀가루 1큰술, 쑥가루 1큰술, 아몬드 우유나 두유 1/2컵, 소금 조금
나머지 재료 : 레몬청 2큰술, 생블루베리 1/2컵, 오렌지 1/3개

❶ 반죽 재료를 섞어 반죽을 한 다음 팬에 오일을 두르고, 동그랗게 숟가락으로 반죽을 떠서 잘 펴준다.
❷ 전이나 부침개 반죽보다 두껍게 반죽을 올리고, 팬의 뚜껑을 덮는다. 중불 정도면 된다.
❸ 노릇하게 한쪽이 잘 익으면 뒤집어 나머지 반쪽을 익힌다.
❹ 반죽이 익는 동안, 냄비에 레몬청(혹은 메이플시럽)을 넣고 끓이다가 생블루베리를 넣고 약불로 줄여 조금 더 조린다.
❺ 케이크를 접시에 담고, 오렌지를 얇게 슬라이스하여 얹은 후, 조린 블루베리를 시럽과 함께 얹어 장식한다.

# 4.
갱년기 증상을 다스리는 치유식단

현대 여성들은 10대부터 50대까지 골고루 갱년기를 앓고 있는 것 같다. 과도한 스트레스로 인해 여성호르몬 분비의 주기가 흐트러지고, 외모 지상주의와 능력 위주로 평가되는 사회 기준에 맞춰 생활하다 보니 정작 자신의 몸과 소통하지 않게 되었기 때문이다. 갑자기 열이 오르다가 식어버리기를 반복하면서 체온 조절이 잘 되지 않고, 별것 아닌 일에도 쉽게 짜증이 나며, 심한 우울감이나 잦은 건망증, 습관적 불면증을 겪는 경우도 있다. 10~20대의 여성이 생리 전 증후군을 심하게 앓을 경우, 혹은 무월경이 오래 지속되거나 생리통이 심한 경우, 결혼 적령기 여성에게서 나타나는 우울증과 생리불순, 산전 산후의 호르몬 불균형으로 나타나는 증상들도 유사한 특징을 보이고 있다.

돌이켜보면, 나 역시 스스로에게 미안하기 짝이 없는 젊은 날을 보냈다. 10대 후반에는 입시 때문에 규칙적인 식사를 하기 어려웠고, 간식으로는 인스턴트 식품을 사랑했다. 20대가 되면서부터는 대학 생활에 적응하기 위해 불규칙한 생활 리듬으로 몸을 혹사시켰다.

출산, 내 몸과 화해하는 계기

1980년대, 나의 첫 대학 전공이었던 신문방송학과에는 여학생의 수가 적어 대부분의 시간을 남학생들의 리듬에 맞춰 생활해야 했다. 강의 중간에 빠져나와서 혹은 세미나가 끝난 후 함께 술을 마시고, 구호를 외치고, 노래를 부르며 늦은 밤까지 시간을 보내는 것이 일상이었다. 인천에서 서울로 통학했던 나는, 집밥보다 학교 앞 술집 안주를 더 많이 먹었던 것 같다. 당시 나는 가끔 생리불순을 겪었고, 비정기적인 출혈도 있었다. 물론 생리통도 심한 편이었지만, 한 번도 그것 때문에 친구들과의 토론이나 술자리에 빠진 적은 없었다. 내가 여자라는 이유를 핑계로 삼으면 패배하는 것이라는 강박관념 때문이었다. 나는 내 몸을 우주나 자연 그리고 생명과 연관시켜 생각해본 적이 한 번도 없었다.

그러다가 배낭여행을 떠나 여러 나라를 다닐 땐 노숙자처럼 생활하기도 했다. 삶과 죽음의 문제에 깊이 빠져들면서부터였다. 슬리핑백 안에 몸을 넣고 찬 길바닥에서 뒹굴면 심오한 철학자가 되는 줄 알았다. 지금도 생각난다. 냉기가 흐르던 바닥에서 누워 자던 싸늘한 내 몸과의 서먹했던 관계가. 나는 여성이 아니라 그냥 인간이고 싶었고, 인간으로서 주체적 삶을 살아가는 일에 모든 에너지를 쏟았다. 나의 여성성은 철저히 배제한 채로 말이다.

내 몸과 손을 잡기 시작한 것은 아마도 아이를 낳으면서부터일 것이다. 배가 불러오고 입덧을 하게 되면서 혼란스러워지기 시작했다. 한 번도 관심 갖지 않았던 내 몸뚱어리가 이러쿵저러쿵 목소리를 내면서부터, 이제까지 쌓아왔던 인간으로서의 내 자존심이 뭉개지는 기분마저 들었다. 특히 출산 후 젖을 먹이는 과정에서 그런 자괴감은 심각할 정도로 커졌다. 가만히 있어도 때가 되면 불어나는 유방과, 젖을 물리지 않으면 주체할 수 없을 정도로 퉁퉁 부어 통증을 느껴야 하는 수유부로서의 하루하루는 나를 혼란스럽게 했다. '과연 내게 지성이 필요한가? 나는 그저 한 아이에게 젖을 물리는 동물 암컷일 뿐인데.' 산후 우울증을 겪는 다른 여성들처럼, 나 역시 그 시기에는 내 몸의 변화와 사회적 자아의 상실 때문에 힘겨워했다.

하지만 한편으로 그것은 새로운 자아를 만나는 계기가 되었다. 나 자신보다 더 소중한 생명을 낳은 엄마로서의 출발이었다. 더 이상 내 몸을 혹사하거나 함부로 다루는 것은 용납될 수 없었다. 관념의 도구로서의 몸은 퇴장하고, 건강한 생명을 기르는 여성으로서의 몸이 무대 위로 등장했다. 지금 생각해보면, 한 생명을 낳는다는 것은 정말로 중요한 사건이다. 특히 내게 있어서는 무엇과도 바꿀 수 없는 선물이자 축복이었다.

갱년기, 여성이 다시 태어나는 시기

여성이 아이를 낳아 기르는 시간은 불과 20년 정도. 길다면 길고 짧다면 짧은 세월이다. 아들이 군대를 간 후 나는 깨달았다. 여성으로서의 몸이 제 일을 다 마쳤구나. 그런 감정이 들면서부터 대부분의 여성에게 찾아오는 반갑지 않은 손님이 바로 갱년기다. 어떤 여성은 40대 중반부터, 어떤 여성은 50대 중반에 이르면 갱년기의 여러 증후가 나타나기 시작한다. 몸에서는 생리가 들락날락하면서 호르몬 불균형으로 인해 자율신경

실조증이 나타난다. 아무 일 없어도 잠이 안 오고, 심한 노동을 하지 않아도 뼛속에 구멍이 뚫린 듯 시리기 시작한다. 여기저기 삐거덕대는 소리와 함께 흰머리, 주름살은 화살보다 빨리 늘어나고 예전과는 다른 리듬이 시작된다.

심리적으로는 '빈 둥지 증후군'이 찾아온다. 내가 전심을 다해 사랑하고 보살펴야 하는 존재가 사라져버린 상실감 때문이다. 더 이상 내가 특별히 가치 있거나 누군가에게 필요한 존재가 아니라는 것이 원인이다. 이럴 때 여성들은 다시 우울해진다. 몸에서 시작한 증상이 마음에 영향을 미치고, 정신에 뚫린 구멍이 다시 몸을 병들게 한다. 특히 외모에 대한 자신감을 상실한 비만 여성이나 남편과 관계가 좋지 않은 주부는 더욱 그렇다.

이때 병원을 찾는 여성들에게 제공되는 해결책은 여성호르몬제를 외부로부터 투입하는 것이다. 하지만 몸 밖에서 들어온 여성호르몬은 늘 문제를 일으킨다. 유방이 지나치게 커지기도 하고, 원하지 않아도 식욕이 항진되거나 마른기침을 하는 등 크고 작은 부작용을 호소하는 경우가 많다. 그러므로 다소 시간이 걸릴지라도 내 몸이 스스로 해결하도록 하는 방식이 안전하다. 섭생과 운동이 그 방법이다.

많은 여성이 이 시기에 불안감을 느낀다. 생물학적인 여성이 죽는 시기라고 여기기 때문이다. 그러나 어떤 의미에서 본다면 여성이 다시 태어나는 관문이 바로 갱년기다. 성 역할로서의 여성성을 졸업하고, 독립적인 한 인간으로서의 여성성에 입문하는 시기라고나 할까. 그래서 나는 이 시기가 참 소중하게 느껴진다. 화학 작용으로서 호르몬 분비에 휘둘리는 리듬이 아닌, 비로소 내가 살아온 세월만큼 깃들어 있는 삶의 무게로 살아가는 시기이기 때문이다.

호르몬 주사 대신 챙겨 먹어야 하는 음식

여성으로서 숙제를 마치고 비로소 자신만의 무대에 오르는 이 시기에, 무엇보다 중요한 것이 바로 건강 관리다. 더 이상 젊지 않은 몸으로 무대에서 한껏 춤사위를 선보이려면 말이다. 이 시기에 여성에게 꼭 필요한 식재료들이 있다. 선천적으로 부모로부터 물려받은 에너지가 다 소진되었기 때문에, 반드시 음식을 통해 섭취해야 하는 여성호르몬 성분과 칼슘이 풍부한 식품들이다.

두부나 된장, 간장, 청국장, 콩나물 등 콩으로 만든 식품을 끼니마다 빼지 않고 밥상에 올리는 것이 좋다. 또한 플라보노이드 성분을 많이 함유한 포도나 딸기, 키위, 자두, 사과, 감귤류 등의 과일과 케일, 아욱, 브로콜리, 녹차 등의 녹색 채소와 차 등도 꾸준히 섭취해야 한다. 이들은 항산화 작용이 뛰어나 노화를 방지할 뿐 아니라 골밀도를 유지해주어 갱년기에 흔히 나타나는 골다공증으로 인한 뼈 손상에 더없이 좋다.

현미와 통밀 등의 전곡류와 씨앗류에 들어 있는 리그난^{lignan} 성분은 폴리페놀 화합물로, 약한 정도의 에스트로겐 작용을 한다. 불포화지방산이 풍부한 아마씨오일, 들기름, 참기름 등의 식물성 기름을 요리할 때 자주 사용하는 것도 좋다. 최근에는 석류와 칡, 겨자과 채소인 양배추, 겨자잎, 콜리플라워 등에 여성호르몬을 대용할 성분들이 많이 함유되어 있다고 보고되었다. 무청시래기 같은 건나물류 역시 칼슘과 철분, 인 등 갱년기 여성에게 반드시 필요한 영양 성분들이 아주 풍부하다.

시래기 같은 건나물의 칼슘과 철분, 녹색 채소의 항산화 성분, 식물성 오일의 불포화지방산은 갱년기 여성에게 필수적인 영양 성분이다.

토란두부들깨탕으로 갱년기 극복하기

한방에서 갱년기 증상을 다스리는 처방에 자주 사용되는 약재들은 호르몬을 보충하는 보혈·보음약류이다. 원리를 살펴보면, 호르몬 부족은 결국 피가 부족해서 생기는 것이니 보혈을 하는 것이고, 피나 호르몬은 모두 물 성분으로 음에 해당되는데, 음이 부족하니 양이 남아돌아 열이 위로 오르게 되는 것을 보음으로 다스리는 것이다. 우리 밥상 위에서 갱년기 증상을 다스리는 보약을 매일 먹는다면 굳이 호르몬 주사를 맞거나 한약을 따로 처방받지 않아도 된다. 그 보약의 하나가 바로 토란이다.

토란은 한방명으로 우자芋子라고 하는데, 성질이 평하면서 맛이 달아 소화를 돕고 장과 위를 편안하게 해주며 담을 없애고 해독하는 작용이 탁월하다. 뿐만 아니라 생체 리듬을 조절해주는 천연 멜라토닌 성분이 들어 있어 체온 조절이 잘 되지 않아 숙면을 취하지 못하는 사람들에게 도움을 줄 수 있다. 또한 칼슘이 풍부하여 골다공증에도 좋으니, 갱년기 여성의 일반적인 증상에 모두 도움이 되는 식품이다. 토란은 식물성 에스트로겐 성분이 풍부해 호르몬 분비를 조절할 뿐 아니라 신경을 안정시켜준다. 저혈압이 있는 여성의 빈혈에도 좋고, 생리 전 증후군으로 변비와 피부 트러블이 있는 여성에게 더욱 효과가 있다. 또한 오메가3도 풍부하여 혈액 순환을 좋게 하니, 갱년기 여성에게는 보약이 따로 없다.

토란과 콩을 함께 요리하면 금상첨화인데, 콩은 유방암을 예방하는 성분이 있기 때문이다. 두부는 콩보다 성질이 다소 서늘하면서 변을 부드럽게 하는 작용이 있다. 따라서 토란과 두부을 함께 먹으면 열로 인해 생긴 변비에 좋고, 비타민A와 비타민C, 비타민F가 풍부한 들깨 역시 소화를 도우면서 혈액 순환에 좋아 여성들의 어지럼증을 치료하는 데 도움이 된다. 이 세 식품을 함께 먹을 수 있는 요리로 토란두부들깨탕을 만들어 보자.

몸이 아픈 것은 관심을 가지고 사랑해달라는 메시지다. 일을 위해, 인간관계를 위해 한 끼 때우는 식사를 해왔다면, 이제 자신을 위해 요리하는 과정 자체를 즐기는 마음의 여유를 가져보자. 내 안의 새로운 여성을 만나는 것, 그것이 갱년기의 선물이다.

갱년기 여성의 보약, 토란두부들깨탕

재료 : 토란 5개 정도, 두부 1/3모, 단호박가루 조금, 절단 다시마 3조각, 표고버섯 3개, 들깨가루 2큰술, 찹쌀가루 1큰술, 당근 1/4개, 새송이버섯 1/3개, 호박 1/3개, 소금, 붉은 고추

❶ 토란은 껍질을 벗겨 쌀뜨물(미끈거림 제거)에 식초(아린 맛 제거)를 몇 방울 넣고 삶아 뜨거울 때 으깬다.

❷ 두부는 으깬 후 면보자기에 싸서 물기를 꼭 짠다.

❸ ❶과 ❷를 섞어 동그랗게 경단을 빚은 후 단호박가루를 묻혀 노랗게 색을 낸다. 단호박가루 대신 색을 낼 수 있는 백년초, 시금치, 녹차, 브로콜리, 검은깨가루 등을 넣어 오색 경단으로 응용할 수 있다.

❹ 냄비에 다시마와 표고버섯을 넣어 채수를 끓인 후 다시마는 건져내고, 당근, 호박, 새송이버섯을 넣은 후 약불로 줄여 은근히 끓인다.

❺ 채소가 반 정도 익으면 경단을 넣어 끓이다가 경단이 물에 동동 떠오르면 들깨가루와 찹쌀가루를 물에 개어 넣는다.

❻ 집간장 조금과 소금으로 간하고 붉은 고추로 장식한다.

5.
임신을 위한 몸 만들기 작전

불임 부부가 늘어나고 있다. 여성들은 출산 연령이 늦어지고, 남성들은 하루 종일 컴퓨터 앞에 앉아 작업을 하느라 정자 활동력이 떨어지거나 정자 수가 줄어들고 있기 때문이다.

임신이 잘 되지 않아 한약국을 찾는 부부에게, 나는 각자의 건강부터 돌봐야 한다고 강조한다. "지금 이 상태라면 임신이 안 된 게 차라리 다행이에요. 이 몸을 아이에게 물려준다고 생각하면 말이에요. 아이에게 줄 수 있는 가장 좋은 선물은 건강한 몸이에요. 부모가 최대한 건강한 상태에서 수정이 된다면 아이는 평생 건강하게 살 수 있지만, 병든 몸을 물려받은 아이는 정말 고단한 일생을 살아야 하니까요."

요즘 젊은 사람들은 건강하지 못한 생활을 하는 경우가 정말로 많다. 인스턴트 식품과 패스트푸드, 탄산음료를 집밥보다 자주 먹고, 끼니를 거르며 음주와 흡연을 하는 친구들을 종종 본다. 대학에 들어가자마자 다시 경쟁을 해야 살아남는 각박한 취업 전쟁에 내몰리고, 취업 후에도 승진을 위해 고군분투해야 하니 정신적으로도 긴장 상태를 벗어나지 못한다. 외모가 중요해진 시대를 사는 여성들은 성형과 미용을 위해서는 돈을 많이 쓰지만, 자궁 건강을 위해서는 무엇을 해야 할지 잘 모르는 것 같다. 하이힐과 스키니진, 숏팬츠와 미니스커트를 입은 여성들을 볼 때, 나는 그녀들의 자궁이 냉해지지 않을까 걱정된다. 가장 편안하고 따뜻해야 할 자궁과 아랫배를 코르셋으로 조이고, 긴 다리를 자랑하기 위해 스타킹조차 신지 않은 맨살로 거리를 활보하는 여성들은, 아름다운 겉모습과는 달리 생리 때만 되면 진통제를 달고 살곤 한다.

그런가 하면 서른 즈음부터 복부비만을 안고 살아가는 남성들도 늘고 있다. 한국의 일반적인 직장문화에서는 개인 취향대로 먹을 것을 선택하고 취미 활동을 하기가 어렵기 때문이다. 저녁에는 같은 메뉴로 회식을 해야 하고, 원하지 않아도 술을 마셔야 한다. 하루 일과를 자신의 의지와 상관없이 보내야 하는 남성들은 거의 임신 7개월의 배를 안고 다닌다. 소위 D라인의 몸매를 가진 남성들은 결혼 후 체중이 급격하게 늘어나고, 여름만 되면 땀을 비오듯 쏟는 허약 체질로 변하는데도 운동할 시간이 없다. 모처럼의 주말에는 늦잠을 자고 일어나 리모컨을 돌리며 소파에 누워 시간을 보내고, 치킨과 맥주로 위안을 삼는 생활에 익숙해져 있다.

임신보다 먼저 건강 챙기기

여러 번 임신을 시도했지만 실패한 부부가 찾아온 적이 있다. 남편과 아내 둘 다 비만이었고, 식생활도 좋지 않았다. 30대 후반의 아내는 두 번 자궁근종을 떼어내는 수술을 받았고, 생리가 불규칙한 상태였다. 이야기를 들어보니, 임신을 빨리 해야 한다는 시댁 식구들의 눈치가 만만치 않아 압박감을 느끼는 상태였다. 맞벌이 부부인 이들은 직장 생활로 지쳐 있다가 주말에나 편하게 얼굴을 볼 수 있었고, 주중에는 귀가 후 금세 곯아떨어진다고 했다. 의무감과 부담감에서 어떻게든 임신을 하기 위해 시험관 수정을 세 번이나 시도했지만 결국 실패했다는 것이다. 상황이 어떤지 짐작할 만했다.

이야기를 하는 동안 아내는 계속 눈물을 흘렸다. 속상한 일이 많았던 모양이다. 나는 천천히 이야기를 꺼냈다. "임신은 기계적인 일이 아니라, 하늘이 맺어준 인연을 만나는 일이에요. 누구의 탓도 아니고 사람 마음대로 되는 것도 아니니 너무 자책하지 마세요. 자꾸 부담을 가지면서 억지로라도 임신을 하려니 더 안 되는 겁니다. 주변 분들의 영향이 크겠지요. 그래도 꿋꿋하게 본인의 감정 리듬과 몸 상태를 먼저 회복하셔야 해요."

두 사람에게 먼저 살을 빼보자고 제안했다. 임신을 목적으로 약을 처방하기보다는, 건강하고 균형 잡힌 몸을 만드는 약을 처방하고 식이요법을 상세하게 알려주면서 두 사람만의 이완된 시간을 가져볼 것을 제안했다. "아이는 두 분 사랑의 결실이에요. 의무감으로 치러야 하는 일인지, 정말로 두 사람 모두 간절히 원하고 소망하는 것인지 점검해보세요."

내 말을 듣더니, 아내가 이야기했다. "사실 저는 아이를 별로 원하지 않아요. 두 사람이 살아가는 것도 벅차고, 아직 결혼을 잘한 건지에 대한 확신도 없거든요. 자꾸 시어머니가 뭐라고 하시니 아이를 낳으면 조금 나아지려나 싶은 마음이 들었어요. 아무것도 안 하고 가만히 있으면 더 눈치가 보이니까요." 남편 역시 임신에 대한 간절함은 없었다. 나이가 찼으니 아이가 있어야 한다는 단순한 생각이었고, 아내가 원하지 않는다면 군이 무리할 필요는 없다고 했다.

　두 사람에게 왜 이제까지 임신이 되지 않았는지 설명하는 것은 어렵지 않았으므로 앞으로의 계획을 함께 세웠다. 일단, 첫 달에는 살을 빼서 건강한 몸부터 만들면서, 진정으로 원하는 게 무엇인지 점검해보라고 했다. 남편의 건강 상태는 매우 나빴다. 간 기능 검사를 정기적으로 받고 있는데, 수치가 점점 악화되고 있다고 했다. 간열이 심해 피부 알레르기를 가지고 있었는데도 자주 술을 마셨다. 복부비만도 심했다. 체지방 검사를 해보니 근육량이 부족하고 지방이 많은 체형이라 지금보다 15킬로그램 이상 감량해야 했다. 아내는 혈액 순환이 좋지 않아 아침마다 붓는다고 했다. 어혈이 많아 여기저기 쑤시고 저리는 통증이 잦았고, 자궁이 냉하고 손발이 차면서 습했다. 정상체중보다 10킬로그램 이상 비만이었고, 역시 근육은 턱없이 부족하고 지방이 많은 상태였다. 하루 일과와 식사 패턴을 점검해보니, 아침은 거의 안 먹고, 점심은 외식을 했으며 저녁은 불규칙했다. 게다가 늦은 밤 음주와 안주를 즐기고 있었다. 아침식사를 거르고 외식으로 끼니를 때우다 보니 저녁 늦게라도 푸근한 시간을 보내며 헛헛함을 달래고 싶었던 것이리라.

부부가 함께 마시는 디톡스 주스

　살을 빼기 위해서 첫 번째로 교정해야 할 것은 바로 불규칙한 식사 시간과 늦은 밤 술로 마음을 달래는 습관이었다. 두 사람에게 아침 시간을 같이 보내라고 했다. "피곤해서 늦잠 자는 게 더 좋으시겠지만, 아침에 일

열이 많고 더위를 타는 사람은 다양한 녹색 채소를 위주로 파인애플, 사과, 포도 등의 단맛 나는 과일을 섞어 맛을 좋게 한다. 물론 생으로 갈아 마시는 게 좋다. 몸이 냉한 사람은 토마토 한 개를 3분 정도 끓는 물에 삶아 껍질을 벗겨낸 다음, 올리브오일 1작은술, 생강 4분의 1쪽을 넣어 갈아 계피가루를 조금만 뿌려 마신다.

어나 함께 디톡스 주스를 만들어 드셔보세요. 오늘부터 함께 장을 보고, 함께 요리를 해보세요. 어차피 둘 다 직장 생활을 하시니 일방적으로 누가 해주기를 바라지 마시고요. 아침에 두 사람의 애정을 확인하는 시간을 가져보세요." 의외로 남편의 반응이 좋았다. 아침을 먹고 출근하는 동료들이 부러웠던가 보다.

소화가 잘 안 되는 아침 시간에는 고형식으로 식사하는 것보다는 부담 없는 유동식이 좋다. 특히 평소에 아침을 안 먹던 사람이 갑자기 무거운 식사를 하면 소화 기능에 문제가 생길 수 있다. 잠들어 있는 오장을 깨우는 디톡스 주스를 아침에 마시고 서로 눈을 마주치며 대화하는 시간을 갖는 것은 체중 감량을 위해서도 필요했다. 디톡스 주스의 구성은 뿌리채소와 잎채소의 비율을 골고루 하는 것인데, 열이 많은 남편에게 맞는 주스와 몸이 냉한 아내에게 맞는 주스에는 적절한 구성이 따로 있다.

• 열이 많은 체질을 위한 디톡스 주스: 잎채소의 비율을 높이고, 생식 기능에 도움이 되는 복분자, 오미자, 산수유, 구기자, 블루베리, 오디 등의 열매류를 생으로든, 발효액으로든 추가한다.

• 몸이 냉한 체질을 위한 디톡스 주스: 잎채소보다는 뿌리채소의 비율을 높이고, 십자화과 채소인 브로콜리, 양배추, 콜리플라워, 콜라비, 케일 등의 재료를 매일 빠지지 않게 넣는다.

아내의 경우 자궁 기능을 회복하는 게 중요한 목표였기 때문에 한약 치료와 함께 자궁을 데우기 위해 쑥뜸이나 복부찜질, 좌훈 등을 병행하도록 했으며, 부부 모두 늦은 밤 음주와 야식을 금했다.

한 달이 지나 다시 찾아온 부부의 변화는 놀라웠다. 남편은 7킬로그램이나 감량이 되었고, 아내의 몸무게도 3킬로그램 줄어 있었다. 얼굴색도 달라져 있었다. 건강한 변화가 시작된 것이다. 그리고 두 사람은 이제 아이를 갖고 싶은 간절한 마음이 생겼다고 했다.

남편은 운동을 병행하며 몸 만들기 작전을 제대로 수행했다. 두 달이 더 지난 후, 부부의 상태는 누가 보아도 건강하게 바뀌었다. 그간 남편은 12킬로그램, 아내는 6킬로그램을 감량했다. 남편의 간 기능도 정상으로 돌아왔고, 무엇보다 생식 기능이 좋아졌다. 아내의 얼굴빛은 너무도 화사해 보였다. 그동안 두 사람에게 배란일을 체크하게 했고 아내에게는 생리 일기를 적도록 했는데, 이제 생리가 규칙적이면서 생리통도 없어졌다고 했다. 드디어 때가 된 것이다.

두 사람에게 비로소 임신이 잘 되게 하는 보약을 처방하고, 배란을 전후로 2~3일간의 날을 잡아주었다. 너무 긴장하거나 부담을 갖지 말고, 대신 평소보다 일을 좀 줄이고, 로맨틱한 무드를 만들어보라고 했다. 두 사람은 처음 방문했을 때와는 사뭇 다른 표정으로, 마치 막 결혼한 사람들마냥 금슬 좋은 원앙이 되어 한약국 문을 나섰다. 몇 달이 지나 그들에게서 연락이 왔다. 드디어 임신에 성공했다는 기쁜 소식이었다. 시험관 수정이 아닌 자연임신을 하게 될 줄은 몰랐다며 고맙다는 인사를 전했다. 1년쯤 지나 순산했다는 소식을 한 번 더 전해왔고 아기의 상태도 매우 건강하다고 했다.

생명을 만드는 일보다 더 고귀하고 성스러운 일이 있을까? 태교는 임신이 된 후부터 시작하는 게 아니라, 임신을 하기 위해 몸을 만드는 일부터 시작되어야 한다. 엄마 아빠가 진정으로 아기를 원하는지부터 점검해본 후 말이다. 요즘 세상에서는 너무 쉽게 임신을 하고, 너무 쉽게 낙태를 하고, 너무 쉽게 모든 것을 결정해버린다. 여성과 남성, 스스로의 몸을 소중하게 대하는 것부터 시작했으면 좋겠다.

〈컨디션이 안 좋을 땐 디톡스 주스〉

체중 조절을 위한 처방이 아니더라도, 아침식사 대용의 디톡스 주스는 여러 가지로 효과적이다. 당뇨가 있는 사람의 아침식사로도 좋고, 아침에 눈을 뜨는 게 힘들거나 찌뿌둥한 컨디션이 계속될 때에도 좋다.

주스는 여러 가지 재료로 다양하게 만들 수 있다. 그중에서 맛도 좋고, 목 넘김도 부드럽고, 부담 없이 꾸준하게 만들어 먹을 수 있는 주스가 바로 '나를 위한 레시피'다. 재료도 구하기 쉬워야 하므로 유행하는 레시피에 너무 연연해하지 말자. 디톡스 주스를 직접 만들어 마실 때는 다음의 원칙을 고려하자.

디톡스 주스의 원칙
- 오색 채소와 과일을 함께 갈아 마실 것. 채소와 과일의 비율은 보통의 경우 1:1이 적당하고, 고도비만의 경우에는 채소의 비율을 과일의 2배로 조절한다.
- 채소는 뿌리채소, 줄기채소, 열매채소, 잎채소를 골고루 섞을 것. 과일은 제철 과일을 위주로 넣되 맛을 고려하여 단맛 나는 과일을 적당히 넣는다.
- 일어나자마자 물(생강차나 레몬수)을 마신 후 30분에서 한 시간 정도 지나서 마신다.

몸 상태에 따라 그때그때 응용하기
- 추위를 많이 탄다면 생강 반쪽 정도를 넣거나, 생강차를 미리 달여두었다가 식혀서 섞어 마셔도 좋다.
- 당 수치가 높으면 적당히 담백한 맛에 익숙해지도록 노력하고 달지 않게 먹는 게 중요하다.
- 생채소나 과일로 주스를 만들어 마시면 설사를 하는 경우에는, 부드러운 수프로 끓여 먹는다. 이런 사람은 장이 냉한 경우인데, 평소에 생강과 진피(귤껍질)를 꾸준히 달여 마시면 괜찮아진다.

6. 출산 후 몸매 관리를 위한 힐링 푸드

 시대가 변하여 여성들의 권익이 신장되었다고 하지만, 갈등을 야기하는 구조만 변했을 뿐 크게 달라진 것은 없는 것 같다. 예전처럼 사회생활을 해보지 않은 여성들과는 달리, 요즘 여성들은 남성들과 동등하게 교육을 받고 취업전쟁을 통과해 직장 생활을 하다가 20대 후반에서 30대에 결혼하는 경우가 많다. 자신의 일을 가졌던 여성이 출산 후 전업주부가 되어 육아에만 전념하거나, 직장 생활과 육아를 병행하게 되는 상황에서 발생하는 갈등은 여전히 여성 자신의 몫으로만 던져져 있다.

 한약국을 찾는 여성들 중에는 산후 우울증을 호소하는 분들이 종종 있다. 육아 경험이 없는 상태에서 오로지 스스로에게 의지하여 아기를 돌봐야 한다는 부담감과, 자유롭게 출퇴근을 하고 출장을 다닐 수 있는 남편과 달리, 삶의 주도권을 잃어버린 채 오로지 아이에게 매달려 시간을 보내는 동안 엄습하는 불안과 두려움이 그녀들을 우울하게 한다. 게다가 점점 체중이 불어나면서 성적 매력이 떨어진다고 생각하는 것도 한몫을 한다.

젊은 남편들은 이런 아내를 이해할 여유가 없다. 직장에서 한창 상사의 눈치를 봐야 할 때고, 승진을 위해서라도 술자리나 야근을 물리칠 수 없는지라 집에 들어오면 녹초가 되기 일쑤다. 육아와 우울감에 지친 아내와 업무에 찌든 남편이 만나는 저녁이 로맨틱하기는 정말 어렵다. 지친 아내를 위로하는 것도 한두 번이다. 남편들은 집에 들어가는 게 무섭다고 할 정도로 아내 눈치를 보기 시작하고, 차라리 야근이나 출장을 선택할지라도 자유를 누리고 싶어한다. 여자의 육감은 겉도는 남편을 쉽게 알아차리지만, 초조해할수록 부부생활은 꼬이기 마련이다.

이런 커플이 한약국에 방문하는 날에는 한약 처방보다 부부관계 상담에 시간을 더 할애할 때가 많다. 몸의 여기저기를 들여다보며 이야기를 나누다 보면, 아내들은 대부분 눈물을 글썽이거나 휴지로 손이 간다. 어떤 여성은 속내를 드러내놓고 이야기하지만, 어떤 여성은 한숨만 쉬며 쉽게 말문을 열지 못한다. 어차피 달라지지 않을 거라는 체념은 그녀의 슬픔에 더욱 음영을 드리운다.

바깥일 하랴 집안일하랴 힘든 워킹맘들은 남편이 벌어다주는 돈으로 카드 긁는 여자들이 부럽다며 울먹인다. 전업주부들은 자기 일을 가지고 돈을 벌어 당당하게 쓰는 워킹맘들을 부러워한다. 누구나 가지지 못한 걸 부러워한다. 다시 생각해보면, 어떻게 살아도 자식 낳아 기르며 먹고 사는 일은 모두에게 힘들다는 것 아닐까?

대개 부부 사이에 문제가 생기는 것은 어느 한쪽이 잘못했을 때가 아니다. 둘이 함께 타고 가는 자동차의 기름이 떨어져갈 때 문제가 일어나는 것이다. 지쳐 있기 때문에 상대를 돌볼 여유가 없는 것이다. 특별히 마음을 먹고 바람을 피우지 않는 이상, 평범한 부부생활의 가장 큰 적은 고단한 일상인 셈이다. 그럴 때는 함께 있는 시간이 오히려 부담스러울 수도 있다. 나도 힘든데, 상대방까지 배려해야 하니 오죽 피곤한 일인가! 나는 이런 분들에게 몇 가지 처방을 제시한다.

부부 사이의 문제를 해결하는 네 가지 비결

첫째, 일주일에 하루 혹은 몇 시간만이라도 각자에게 자유를 줄 것. 아내에게는 육아와 가사로부터 해방되는 시간을 주고, 남편에게는 가장으로서의 책임감으로부터 벗어나 그저 자기 자신만 생각할 수 있는 여유를 주자는 뜻이다.

둘째, 한 달에 한 번 정도는 아이를 누군가에게 맡기고 둘만의 시간을 가질 것. 어떤 부부는 연애했던 장소를 일부러 찾아가서 잃어버린 감정을 되살려보기도 하고, 러브호텔을 예약해서 로맨틱무드를 찾아보기도 한다. 부부 사이에 아이가 생긴 후 사라진 많은 것을 조금씩이라도 되찾는 노력이 필요하다.

셋째, 두 사람 사이의 대화법을 교정할 것. 어떤 아내는 남편이 퇴근할 무렵이 되면 과하게 치장을 한 채 남편이 다시금 하트가 뿅뿅 나오는 눈길로 자신을 바라봐주길 기대한다. 그러나 정작 남편의 반응이 시큰둥하길 몇 번 반복되면 그다음부터는 퉁퉁 부은 표정에 불만 섞인 목소리로, 아무런 삶의 의욕이 없다는 듯이 남편을 맞는다. 한편 남편은 아내가 힘들다는 소리를 하면 자신의 무능력을 탓하는 것이라고 받아들인다. 아내의 삶의 질을 지금 당장 바꿔줄 수 없기 때문이다. 매번 반복되는 아내의 불만은 남편을 지치게 한다. 사실, 아내가 불만을 이야기할 때 가장 필요한 것은 공감이다. 하루 종일 아무와도 이야기를 나눌 수 없었기 때문이다. 나의 세 번째 처방은 그래서, 아내가 불만을 이야기할 때 무조건 안아주기다. 남편의 따뜻한 포옹과 토닥거림이 빵빵한 월급봉투보다 효과적이라는 것을 알아야 한다. 또한 아내는 남편에게 짜증 섞인 말투로 이야기하는 대신, 감정을 배제하고 구체적으로 요구사항을 전달하는 화법이 필요하다. 남자들은 논리적이고 이성적으로 이야기하면 긴장하며 듣지만, 감정적으로 볼멘소리를 하면 귀를 닫아버린다.

마지막으로, 가장 중요한 제안은 이것이다. 부부의 건강을 위해 식이요법을 시작해보라는 것. 아내는 자존감 회복을 위해 작정하고 다이어트를, 남편은 삶의 활력과 자신감 회복을 위해 운동과 식단 조절을 시작하라고 말이다. 실제로 건강에 자신 있는 사람들이 삶에 대한 만족도가 훨씬 높다. 이런저런 투정을 부릴 게 아니라, 일단 건강부터 챙겨볼 일이다. 건강하기 위한 첫 번째 단계는 건강한 먹거리를 선택해 규칙적인 식사를 하는 것이다. 의외로 많은 부부들이 함께 식사하는 시간을 자주 갖지 못하고 있다. 남편은 직장에서 때우거나 회식한 후 늦게 귀가하고, 아내는 아이들과 대충 해결하는 경우가 흔하다. 먹는다는, 가장 본능적인 일에 소홀해지면 부부관계도 당연히 소홀해진다. 섹스를 하는 횟수도 줄어들고, 의무적으로 날짜를 정해서 일을 치르듯 하게 된다. 서로의 몸에 대해 관심도 사라지기 쉽다. 어디서부터 단추를 다시 끼워야 하나? 바로 규칙적인 식사 시간을 갖는 것부터다.

아내와 아기를 위한 남편의 한 끼

아침, 점심, 저녁의 시간을 정해 식사하고, 적어도 하루 한 끼는 함께 식사하는 것이 원칙이다. 자주는 아니더라도 틈날 때마다 설거지를 하는 남편의 모습을 보여주는 것도 좋다. 아내는 남편이 자신의 일상 속으로 들어와 함께 해준다는 것만으로도 큰 위안을 받는다. 요리를 잘하지 못해도 설거지를 깨끗이 하지 못해도, 남편이 앞치마를 두른 모습만으로도 위로가 된다.

곁들여 아내와 아기를 위한 요리에 도전해보면 어떨까? 만들기는 아주 간단하지만, 영양이 풍부한 코코넛죽을 만들어보자. 현미를 불려 갈아서 죽을 끓이는 일은 남편들에게 기대하지 말자. 대신 현미밥을 이용하는 거다. 만드는 데 5분도 걸리지 않은 현미코코넛죽은 아기 이유식으로도 좋을 뿐 아니라 아내에게 점수 따기에도 좋은 한 끼 식사다.

출산 후 체중이 많이 불어난 경우라면, 현미밥을 지을 때 율무를 듬뿍 넣어 지은 다음, 같은 방식으로 죽을 만들면 된다. 색깔이 풍부한 채소들과 함께 하루 두 번 먹어보자. 폭식과 야식을 줄이고, 하루 30분 정도의 운동을 병행한다면 출산 후 몸매 관리에 성공할 수 있다.

소화 기능이 떨어지면 먹은 음식물을 에너지로 전환하는 기능이 떨어져서 군살이 붙으면서 기운이 없어진다. 소화가 잘 되는 형태로 식사하면서 마음을 즐겁게 하고, 규칙적인 운동으로 극복하는 것이 최선이다.

현미코코넛죽에 과일을 얹으면 과일코코넛죽이 된다. 의외로 어울리는 맛에 놀라게 되는데, 코리엔더(고수 씨앗) 가루를 조금 뿌리면 독특한 향미가 살아난다.

이유식으로도 그만, 현미코코넛죽

재료 : 현미밥, 코코넛오일, 각종 견과류, 소금

❶ 현미밥 한 공기에 코코넛오일 1/3컵 정도를 넣고, 호두, 잣, 해바라기씨, 아몬드 등의 견과류와 소금을 조금 넣어 믹서에 간다.

❷ 물은 전체 재료가 잠길 정도로 부으면 되고, 굳이 다시 끓이지 않아도 된다.

❸ 오색 채소와 과일을 적당히 썰어 올리브오일과 발사믹식초만 뿌린 샐러드와 함께 즐겨도 좋다.

 ## 얼굴 부위별 여드름, 어디가 안 좋은 걸까?

- 🔴 이마: 심장 - 소장
- 🟢 왼쪽 볼: 간장 - 담
- ⚪ 오른쪽 볼: 폐 - 대장
- 🟡 코 주변: 비 - 위장
- ⚫ 입술, 턱 주변: 신 - 방광, 자궁

얼굴은 오장육부의 거울이라고 한다. 얼굴 중 이마는 심장, 오른쪽 볼은 폐, 왼쪽 볼은 간, 코를 중심으로 한 중앙 부위는 비위, 입술 주변과 턱은 신장을 보여준다. 또한 심장은 소장, 폐는 대장, 간은 담, 비는 위장, 신은 방광과 연관된다. 따라서 얼굴의 각 부위별로 어떤 색깔이 나타나는지, 어떤 변화가 일어나는지 관찰하면 오장의 건강을 체크하는 데 도움을 받을 수 있다.

이마에 나는 여드름은 심장이나 소장의 열 때문이고, 턱과 입 주위의 여드름은 신장, 방광, 자궁, 비뇨생식계의 이상을, 코 주위의 여드름은 소화 기능에 문제가 있다는 신호다. 양쪽 볼에 나는 여드름은 폐와 간에 열이 있거나 화가 몰려 있다는 뜻이다. 또한 코 주변이 누런 색을 띠면 비위 기능이 떨어졌다는 것이고, 여성들이 생리 전후로 턱 주변이 검어지면서 뾰루지가 잘 나는 경우는 신장, 방광, 자궁 기능에 이상이 있다는 신호다. 이쪽 장기에 염증이 있거나 어혈이 있다는 뜻이니 정확한 검사를 받아보고 관리하는 게 좋다.

요즘은 화장을 매일 하는 여성이 많아 정확한 얼굴색을 관찰하는 게 어렵다. 세수할 때나 기상할 때 얼굴을 잘 관찰하여 오장육부 중 어디에 병이 있는지 살펴보는 습관을 갖도록 하자.

7.
건강하고 날씬한 몸을 위한
체형별 레시피

요즘 몸 만들기가 유행이다. 초콜릿 복근과 몸짱 열풍이 건강한 대한민국을 만드는 데 기여한 바도 있지만, 닭가슴살과 단백질 보충제로 근육을 키우는 게 과연 좋기만 할까 싶다. 몸이라는 것은 삶을 담는 그릇인데, 몸 자체에 집착해 몸과 마음의 균형을 잃어버릴까 봐 걱정도 된다. 하지만 보기 좋은 것이 싫은 사람은 없다. 몸을 만들면서 건강도 챙기고 마음까지 균형을 잡아갈 수 있다면 이보다 더 좋은 일이 있을까.

몸의 근육을 예술적으로 다듬는 일은 내 분야가 아니라 잘 모르지만, 나이 들어서도 똥배 걱정 없이 바디라인을 자연스럽고 슬림하게 유지할 수 있는 방법에 대해서는 할 말이 있다. 겉만 번지르르한 몸짱이 아니라, 속까지 건강한 진짜배기 몸짱을 만드는 일에 나도 관심이 많기 때문이다. 나이 들수록 몸이 더 좋아지는 비결은 자신의 몸을 있는 그대로 사랑하는 것에서 출발한다. TV나 영화에 등장하는 모델 같고 인형 같은 몸매를 자신의 현실적 몸매와 비교하는 일은 그만두자. 우리가 매일 만나 얼굴을 마주하며 살아가는 보통 사람들 속에서 그들처럼 튀는 외모가 그다지 도움이 되는 것도 아니니 말이다. 연예인은 연예인답게 살라고 두고, 평범한 우리는 우리대로 살아가면 된다. 먼저 자신의 몸에 대해, 있는 그대로의 솔직한 정보를 기록해보자. 신장, 몸무게, 체지방, 근육량 등을 측정해서 정상 수치에서 얼마나 벗어나 있는지를 살펴보는 것이 좋다. 과하게 벗어나 있다고 실망하지 말자. 지금부터 시작하면 되니 말이다.

중요한 것은 체중이 아니다. 근육과 지방의 비율이고, 거울 속에 비친 자신의 몸매에 대한 주관적인 만족도다. 옷을 입고 서 있는 자신이 그다지 밉지 않다면 그것으로 괜찮은 거다. 그렇다고 뱃살을 가리는 옷으로 모든 것이 잊혀지게 내버려둬서는 안 된다. 몸매가 드러나는 옷을 입고 거울 앞에 서서, 있는 그대로의 내 나이 든 모습을 바라보자. 크게 기대하지 않았다면 그런대로 봐줄 만하다고 느낄지도 모르겠다. 아니면 쳐다보기 싫을 정도로 끔찍한 만남이 될 수도 있다. 어느 부위가 가장 마음에 안 드는지 찬찬히 살펴보자. 체질에 따라 팔뚝이나 허벅지에 근육이 잘 붙는 여성이 있다. 얼굴은 갸름한데 배둘레햄만 푸근한 체형도 있다. 내가 상체비만인지 복부비만인지, 또는 전체적으로 굴곡 없는 일자몸매인지 살펴보자.

상체비만 여성을 위한 처방

상체비만 여성들은 근육질 팔뚝, 듬직한 어깨라인이 먼저 눈에 띄지만 의외로 날씬한 각선미를 가지고 있는 경우가 많다. 열이 많은 소양 체질 여성들의 경우인데, 가슴과 어깨가 건장한 편인데다 알짜배기 근육살이

결명자차(왼쪽)와 팥차(오른쪽)

붙어 도통 빠지지 않는 게 단점이다. 이런 여성은 상부로 몰리는 열 때문에 성격도 화끈하고 급한 편이라 찬 음식이나 음료를 좋아한다. 대신 사교적이고 적극적인 편이다. 다혈질인 성격 탓에 시작은 잘하지만, 끝까지 인내력 있게 마무리하는 일은 거의 없다. 어느 일에나 결실을 맺지 못할 때가 많으므로, 한 가지 방식을 지속하기보다는 여러 가지 방법과 레시피를 다양하게 병용하여 싫증을 느끼지 않도록 하는 게 좋다.

매 끼니 다양한 종류의 쌈채소와 컬러푸드를 색깔별로 갖춰 먹으면서 조금씩 체중을 줄여나가는 인내력을 길러보자. 우리가 맛있는 음식을 먹거나 기분 좋은 일을 경험하면 뇌에서는 세로토닌과 엔돌핀이 분비된다. 반면 스트레스를 받으면서 식사를 하거나 체중 조절로 인해 먹고 싶은 것을 자꾸 통제하면, 아무리 맛있는 음식을 먹어도 이런 호르몬이 분비되지 않는다. 반복적인 스트레스는 과거의 즐거웠던 감정을 그리워하게 하고, 음식을 먹을 때 포만감을 주었던 단 음식이나 탄수화물을 자꾸 찾게 만든다. 그러므로 컬러푸드를 활용하여 시각적으로도 화려한 요리를 하고, 가능하면 즐겁게 식사하자. 맛있게 먹는 것이 다이어트에 가장 좋은 방법이다.

<상체비만 여성을 위한 차>

팥은 상부로 몰린 열을 해소시켜주는 작용이 뛰어나고, 결명자는 간열을 식혀주고 기를 아래로 내려 변비와 갈증을 해소시켜준다.
결명자에 물을 부어 보리차 끓이듯이 끓인 결명자차를 병에 담아두고 수시로 마시면 좋다. 속이 냉하고 설사를 하는 사람은 결명자차가 맞지 않고, 변비가 있으면서 눈에 열이 있는 사람은 상복해도 좋다.
팥차는 팥에 물을 부어 끓어오를 때, 첫 물은 따라 버리고 다시 물을 부어 팥이 익을 때까지 끓인다. 팥은 걸러낸 후 찻물만 마신다.

복부비만 여성을 위한 처방

얼굴을 보면 전혀 살이 쪄 보이지 않지만, 몸매가 드러나는 옷을 입기 꺼리는 여성들이 많다. 가녀린 어깨에 적당한 쇄골라인을 가지고 있지만, 복부로 내려갈수록 울퉁불퉁한 하체비만 체형이기 때문이다. 이런 여성들은 체질적으로 소음 체질에 해당하는데, 소화 기능이 약해서 기운이 떨어지면 헛배가 부르거나 잘 붓는 경향이 있다. 그러다 보니 적은 양을 먹어도 더부룩하고 체기가 가시지 않다가 그대로 뱃살처럼 자리 잡게 되는 것이다. 이야기를 들어보면 한결같이 억울하다고 하는데, 별로 많이

보이차

먹지도 않는데 살이 찌기 때문이다. 겉보기엔 튼실하지만 사실 기운이 하나도 없다고 하소연하는 경우도 많다.

복부비만을 해결하는 방법은 우선 배를 따뜻하게 하는 것이다. 찜질팩을 하거나 복부 마사지를 하는 것이 도움이 된다. 맨살 위에 손바닥을 대고 시계 방향으로 200회 이상 문지르며 마사지를 해보자. 오일을 손에 바르고 하면 더 좋다. 천천히 배를 마사지하는 동안 가스가 배출되기도 하고 트림이 나기도 한다. 들뜬 기운이 차분하게 내려앉기도 한다. 조용한 음악을 틀어놓고 매일 반복하면 도움이 된다.

복부비만형 여성들은 식욕을 억제하지 못하는 습관이 있는데, 이는 내성적이면서도 완벽주의적인 성격과 움직이기 귀찮아하는 기질 때문이다. 이 체형의 여성들은 자발적으로 운동을 하거나 적극적으로 활동하기보다는 주어진 일을 완벽하게 마무리하려는 책임감이 강하다. 그러다 보니 저녁이 되면 긴장이 풀려 먹는 것으로 스트레스를 해소하고, 먹고 나면 지쳐 곯아떨어지는 때가 많다. 뼈도 약한 편이라 골밀도가 낮고 근육의 힘도 없다. 그래서 나이 들수록 자꾸 살이 붙는다. 가벼운 유산소 운동과 함께 근육을 만드는 운동을 시작해야 한다.

운동을 시작할 때 가장 중요한 것은 자신의 체력에 맞아야 한다는 점이다. 헬스클럽에 한 시간 다녀오면 두 시간 누워 있는 여성들이 있다. 자신의 체력에 맞지 않는 운동을 했기 때문이다. 근육이 붙고 체력이 좋아질수록 운동의 강도를 올리는 것은 좋지만, 처음에는 걷기부터 시작해보자. 중요한 것은 꾸준하게 매일 할 수 있어야 하고, 그보다 더 중요한 것은 자신의 몸에 대한 관심을 잃지 않는 태도임을 명심하자.

〈복부비만 여성을 위한 차〉

복부비만에는 무엇보다 장을 따뜻하게 만들어주는 것이 필요하다. 몸을 따뜻하게 해주는 건강(말린 생강)차나 보이차를 마시면 복부 마사지의 효과를 배가할 수 있다.

일자몸매 여성을 위한 처방

일자몸매를 지닌 여성들이 살이 찌면 다른 체형보다 훨씬 건장해 보인

표고버섯차(왼쪽)와 율무차(오른쪽)

다. 여성스러운 라인의 옷이 어울리지 않기 때문에, 자포자기하듯 체형이 드러나지 않는 넉넉한 사이즈와 디자인의 옷만 선호한다. 이런 여성들은 상하체에 골고루 살이 쪘기 때문에, 식이요법과 운동을 병행해도 마음에 드는 몸매가 금방 만들어지지는 않는다. 노력한 만큼 결과가 뒤따르지 않아서 며칠간 잘 다져온 식이요법을 한꺼번에 무너뜨리며 폭식을 하는 경향도 있다. 무슨 일이든 왕창 몰아서 한번에 해결하려는 성향 때문인데, 때로는 폭음을 즐기기도 한다.

이런 체형을 가진 여성들은 체중 감량보다 들쑥날쑥하는 폭음·폭식의 리듬을 다스리는 것부터 먼저 시작하자. 일도 한꺼번에 해서 야근으로 몇 날 며칠 과로하기 일쑤다. 평소엔 잔잔한 바다 같은 사람인데 화가 나면 이보다 더 성난 파도는 없을 정도로 폭발하는 경향도 있다. 자신도 잘 모르는 내면의 다른 얼굴이 드러날 때 당황하지 말고, 지금부터라도 천천히 식이요법을 시작해보자. 꾸준한 자기관리를 통해 극복할 수 있다.

전신을 단련할 수 있는 근력 운동을 병행하면서 체력을 기르는 일이 필요하다. 제일 중요한 것은 모든 것을 너무 참으려 들지 말고, 적당한 때에 표현하고 적당한 때에 쉬어주는 것이다. 적당한 엄살이 필요한 사람들임을 명심하자.

〈일자몸매 여성을 위한 차〉

폭음과 폭식이 이어지면 무엇보다 탄수화물과 지방을 과하게 섭취하게 된다. 이럴 때는 기름진 음식을 끊는 데 도움이 되는 율무차와 표고버섯차를 끓여 매일 꾸준히 마시면 좋다.

표고버섯은 지방이 낮고 식이섬유소가 풍부한 다이어트 식품이다. 말린 표고 5개를 흐르는 물에 씻고, 물 1.5리터에 넣고 끓이다가 약불로 줄여 한 시간 정도 은근하게 우려내면 된다. 냉장 보관하면 일주일 이상 마실 수 있다.

간 해독을 위한
하루 디톡스 프로그램

음주와 스트레스로 지친 현대인의 간을 회복시키기 위한 디톡스 식단을 소개한다. 인디언들이 전통적으로 몸을 정화하기 위해 전수해온 방법으로, 간단하면서도 효과가 크다. 한 달에 한 번 시행하면 아토피 질환, 알레르기 질환, 비만, 고혈압, 고콜레스테롤혈증, 지방간, 간경화, 당뇨 등의 성인병을 예방하고 치료하는 데 탁월한 효과가 있다. 전체 프로그램을 진행하기 위해서는 이틀이 필요하므로 주말을 활용해보자.

준비물: 비정제 유기농 순수 올리브오일, 유기농 100퍼센트 오렌지주스, 죽염, 물 2리터

① 오후 2시 이전에는 채식으로 소량 식사한다. 맵고 짜고 자극적인 양념을 피하고 가능하면 컬러푸드와 나물류, 전통 자연식 밥상으로 식사한다.
② 오후 2시 이후에는 과일 한두 개나 과일주스를 조금 마시며 서서히 위를 비워준다.
③ 오후 8시 이후에는 금식한다. 물은 마셔도 된다.
④ 취침 전 올리브오일과 오렌지주스를 각 40밀리리터씩 섞어서 마시고 반듯하게 누워 움직이지 않는다. 화장실을 미리 다녀오는 게 좋다
⑤ 그대로 반듯하게 누워 취침한다.
⑥ 8시간 경과 후 기상한 다음, ④를 한 번 더 만들어 마신 후 30분에서 1시간 정도 누워 있는다.
⑦ 생수 2리터에 죽염(천일염으로 대신해도 된다)을 넣어 소금물을 만든 다음 천천히 모두 마신다. 여성이나 어린이들은 2리터가 너무 많으므로 1~1.5리터 정도 마시면 된다. 그러면 화장실로 가게 되는데, 자연스럽게 물 마시기를 멈추고 배설하면 된다.
⑧ 변을 통해 녹색 덩어리들이 쏟아져나오는데, 때로는 변과 함께 섞여 나오기도 하지만 자세히 살펴보면 진흙처럼 덩어리진 것들이 많이 나온다. 이것이 간에 붙어 있던 독소들, 때로는 간석이나 담석, 콜

레스테롤, 노폐물들이다. 처음에는 적게 나오더라도 2회, 3회 시행하면 더 많이 나온다.
⑨ 화장실에서 이런 덩어리들을 많이 쏟아내고 나면 저절로 몸이 가벼워지는 기분이 든다.
⑩ 변이 더 이상 나오지 않으면 디톡스 식단으로 식사한다.
⑪ 위 기능이 떨어진 사람이나 독소가 많은 사람들의 경우에는 시행 과정 중 속이 미식거리거나 식은땀이 날 수도 있지만 크게 걱정하지 않아도 된다. 몸에서 독소가 배출되면 이런 증상은 말끔하게 사라진다.
⑫ 임산부, 심장 수술을 한 경우, 심한 위장장애 환자들은 시행하지 않는 것이 좋다.

간 디톡스 효과를 높이는 디톡스 식단

단식 전후와 마찬가지로 디톡스 전후에는 자극적이지 않은 유동식이 도움이 된다. 레몬수(237쪽 참고)를 만들어 마시면 좋다. 계절이 겨울이거나 몸이 냉한 사람이라면 뿌리채소를 넣은 채소수프(160쪽 참고)와 오색 샐러드가 좋다.
당일에는 가능하면 육류나 생선류보다는 곡류, 채소·과일류로 부드럽게 식사하고, 다음 날은 자극적이지 않은 평소의 식단으로 돌아간다.

찾아보기

ㄱ

가지 20, 45, 48, 109, 137~140, 160
가지롤 139
감 31, 37, 48, 94
감귤 31, 45, 94, 223, 263
감기 41, 57, 66, 72, 76, 88, 124~131, 136, 152, 169, 218, 220
감잎차 48, 131
감자 27, 30, 47, 48, 84, 86, 108~111, 135, 160, 176, 203, 229
감초 113, 169
강황 83~85, 108, 126, 139, 162, 203
갱년기 증상 64, 66, 106, 119, 122, 153, 156, 172, 194, 205~206, 259~266
건가지볶음 140
건강(말린 생강) 59, 136, 250, 287
건강소금 76~77
건강차 250, 287
검은깨 45, 59, 80, 192, 227
검은콩 30, 45, 48, 59, 64, 66, 80, 131, 172, 207, 209, 247
견과 마요네즈 163
결명자 48, 59
결명자차 285
계피 41, 87, 113, 126, 131, 134, 136, 146, 149, 175, 179, 181, 182, 224, 246, 249, 257, 271
고구마 30, 48, 57, 59, 137, 143, 160, 190~191, 203, 229, 231
고구마경단 192
고구마밥 57
고구마순 30
고사리 109, 121
고추 21, 25, 33, 41, 45, 46, 72, 83, 98, 110, 126, 175, 177, 228, 249
고추장 100~105, 118, 120, 166
고콜레스테롤혈증 99, 105, 145, 191, 202, 290

고혈압 29, 63, 70, 81, 102, 184, 196~201, 290
곶감 57, 128~129, 136
관절염 63, 80, 120, 122, 136, 203
구기자 48, 55, 59, 72, 73, 102, 105, 135, 172, 272
구기자영양밥 55
국화(꽃) 45, 48, 125, 131, 164, 246
국화차 250, 254
귤피(진피) 48~49, 58~59, 76~77, 87, 125, 128, 130~131, 208~209, 246, 249~250, 254, 274
귤피설탕 77
귤피소금 77
근대 30, 45, 50
근대잎 255
금은화 219, 221
기관지 증상 58, 72, 122, 128~129, 152, 165, 169, 170, 180~181, 185, 221
기름 99

ㄴ

냉·대하 41
냉이 30, 79, 80, 117, 122, 219
냉이죽 123
냉증 21, 30, 58, 66, 136, 179, 180, 182
노화 41, 44, 55, 80, 88, 117, 137, 172, 191, 194, 208, 241, 263
녹두 30, 59, 63

ㄷ

다시마 30, 41, 59, 70~73, 78, 81, 135, 177, 255, 266
단호박 45, 57, 192, 231, 266
당귀 80, 172
당귀차 248, 249
당근 30, 45, 59, 72, 80, 84, 87, 110, 135, 138, 149, 160, 174, 177, 180, 202, 214, 223, 224, 231, 254, 266
당뇨 36, 45, 56, 63, 70, 72, 81, 120, 137, 144, 193~195,

197, 199, 203, 274, 290
대장암 145
대추 49, 55, 56, 59, 73, 102, 105, 130, 133, 135, 164, 192
더덕 30, 81, 165~168, 172
더덕 샐러드 167
더덕죽 168
도라지 30, 48~49, 58, 59, 72, 80, 81, 118, 169~170, 172, 181, 195
동맥경화 99, 137, 172, 203
된장차 113
된장현미소스 114
두릅 30, 117, 119~121
두부 49, 59, 113, 114, 128, 139, 143, 161, 163, 175, 212, 165, 266
두부 마요네즈 163
두부 샌드위치 162
두부쌈장 114, 200
두부탕수 215
두유 36, 144~145, 148, 163, 223, 227, 228, 258
두유 마요네즈 163
두유 요거트 225
두유치즈 228
두충 247
두통 66, 88, 102, 109, 120, 164, 165, 246, 250
둥글레 135, 220, 222
들기름 85, 91, 93~95, 99, 113, 118, 121, 122, 135, 166, 263
들깨(가루) 31, 71, 108, 111, 113, 114, 118, 122, 133~135, 265~266
들깨채소탕 135
디톡스 주스 270~272, 274

ㄹ
레몬 25, 45, 46, 59, 76, 94, 114, 119, 121, 138, 163, 167, 200, 203, 222, 224, 228, 231, 256, 258
레몬수 237, 274, 291
레몬차 254
류마티슴 203

ㅁ
마 30, 48, 58~59, 80, 129, 172, 181

마늘 21, 45, 48, 58, 59, 73, 79, 82, 83, 108, 109, 110, 126, 129, 131, 133, 139, 140, 160, 162, 175, 203, 214, 228
마늘오일 96, 97, 98, 229, 231
마른기침 69, 122, 153, 166, 180, 185, 262
마요네즈 163, 229
맥문동 135, 153~155
메밀 21, 30, 49, 63
메밀순 30
메이플시럽 94, 143, 195, 215, 221, 257, 258
모둠버섯얼큰탕 174~177
목이버섯 30, 56, 59, 72, 164, 174, 177
무 30, 41, 45, 49, 57, 59, 71, 72, 73, 109, 111, 118, 131, 174
무말랭이 72, 78, 135
무밥 57
민들레 30, 41, 48, 117, 119, 219, 220~221
밀 21, 30, 59, 62, 227, 258, 263
밀가루무전 57

ㅂ
바나나 34, 142~144, 149
바나나셰이크 36, 143
바나나푸딩 143
박하 40, 41, 48, 59, 125, 127, 131, 221
발사믹식초 203, 214, 231, 280
뱅쇼 249, 254~257
변비 41, 49, 55, 58, 70, 81, 119, 129, 134, 144, 170, 184, 204, 208, 252, 254, 265, 285
보리 21, 30, 59, 63, 171, 195
보약고추장 104
보이차 287
복통 41, 85, 87, 102, 132, 136, 244, 246
봄꽃차 221
봄꽃 에이드 221
부종 56, 64, 120, 138, 247, 249, 254
불면증 72, 87, 106, 259
블랙티 179, 181~182, 249
블루베리 137, 149, 229, 231, 258, 272
비염 70, 109, 124, 180, 185, 219, 220, 221
비트 202, 249, 254
빈혈 41, 48, 49, 56, 88, 164, 172, 265

ㅅ

산수유 59, 104, 106, 172, 272
산조인 104, 106
생강 21, 40, 41, 48, 49, 58, 59, 71, 72, 73, 76, 79, 82, 85, 86, 108, 109, 110, 111, 113, 120, 126, 130, 131, 135, 136, 144, 145, 149, 166, 175, 177, 179, 182, 203, 224, 228, 249
생강계피두유 146
생강과 계피를 넣은 토마토수프 126
생강오일 96, 98
생강진피국화차 250
생강차 238, 246, 274, 287
생강청 94, 139, 146
생된장 두부장아찌 113
생리불순 66, 82, 122, 136, 259, 260
생리 전 증후군 122, 252~257
생리통 80, 426, 253, 254, 259, 260
설사 41, 48, 56, 61, 63, 65, 87, 102, 109, 129, 132, 134, 136, 145, 154, 175, 183, 274, 285
셀러리 21, 30, 59, 85, 94, 163
소양 22, 134, 283
소음 23, 102, 133, 144, 285
소화장애 72, 73
수수 21, 30, 63
순환장애 30, 76, 172, 186
스트레스 55, 87, 88, 137, 164, 186, 222, 252, 259, 284, 290
습진 105, 203
시금치 30, 33, 45, 50, 59, 80, 117, 161, 162, 180, 202, 203, 254
식욕 부진 41, 102, 175
식은땀 41, 106, 151, 156, 172, 291
신장염 56, 120
쑥 48, 49, 59, 66, 117, 172, 219, 246, 251, 256, 258
쑥갓 45, 83, 85, 94, 117, 266
쑥개떡 251

ㅇ

아마씨오일 223, 224, 263
아몬드 31, 94, 113, 114, 126, 145, 147, 149, 163, 209, 224, 255, 280
아몬드우유 147, 203, 258
아몬드코코넛밀크 147
아보카도 브로콜리 케이크 229
아이스크림 149
아토피 170, 185, 212, 217~231
알레르기 119, 136, 148, 185~186, 217~218, 223, 270, 290
약초오일 95~98
양파 21, 72, 73, 84, 110, 129, 135, 139, 162, 173, 177, 214, 228
어지럼증 56, 106, 172, 185, 265
어드름 281
여성호르몬 부족 64, 154, 172, 205, 252, 256, 259, 263
연교 219
연근 30, 45, 49, 58, 59, 72, 73, 80, 131, 160, 181
연두부 128
오디 81, 142, 272
오디라임주스 193
오색양념 74~80, 113, 114, 140, 229
오색 채소찜 164, 200, 230
오트밀 114, 164, 223, 229, 258
옥수수 30, 45, 59, 63
옥수수수염 59, 64
올리브오일 83, 93, 96, 97, 98, 99, 114, 126, 160, 162, 163, 167, 191, 214, 228, 231, 241, 271, 280, 290
우울증 88, 153, 164, 178, 190, 199, 254, 259, 261, 275
유방암 88, 265
유방통 244
율무 30, 59, 63, 64, 207, 209, 279
율무차 289
위궤양 80, 120, 143
위하수 152
음식 궁합 48~49
인삼 80, 133
인후염 80, 88, 109, 122, 172

ㅈ

자궁근종 246, 253
자궁하수 66, 152
장염 134, 136, 175
저혈압 87, 265
조청 56, 103~104, 140, 166, 195, 238

죽순 41, 56, 59
죽염 18, 55, 127, 131, 198, 237, 290
지방간 29, 45, 102, 211, 290조 30, 63
지실차 171
진피곶감죽 130

ㅊ

참기름 91, 92~94, 99, 118, 139, 140, 167, 200, 241, 263
참기름으로 드레싱한 샐러드 94
참깨 31, 93, 94, 255
채소수프 72, 127, 158~160, 291
채소찜 164, 200, 230
채소찜과 루콜라 샐러드 230
채수 30, 69~73, 78, 108, 111, 113, 135, 160, 174, 177
채식김치 107~112
채식카레 86
채식피자 227~229
천식 70, 80, 124, 129, 185, 219
천연 당분 195
초피(산초) 57, 72, 83, 87, 109, 175
춘곤증 118, 122
충혈(눈) 48, 55, 164, 185, 250
취나물 30, 41, 122, 148

ㅋ

코코넛 126, 147, 223
코코넛설탕 195
코코넛오일 92, 99, 126, 203, 229, 241, 280
코피 57, 153, 185
콩팬케이크 258
크랜베리 149, 229

ㅌ

탄수화물 중독 189~201
태양 22, 133
태음 23
토란 30, 172, 192, 265, 266
토란두부들깨탕 266
토마토 45, 48, 59, 94, 99, 135, 160, 162, 180, 214, 228, 231, 254, 271
토마토수프 125~127, 249

통두부 스테이크 214

ㅍ

파 41, 45, 49, 58, 71, 72, 82, 109, 131, 177
파인애플 34, 59, 149, 254, 271
파프리카 25, 45, 80, 110, 139, 161, 214, 229, 249, 254
팥 21, 30, 59, 64~65
팥차 285
편도선염 48, 131, 169
포진 63, 105
표고버섯 59, 70~72, 78, 135, 174, 177, 266
표고버섯차 289
푸드 마일리지 27
피부염 63, 80, 105, 109, 185, 218, 220~221, 223

ㅎ

함초청 81
허브 72, 87~88, 96~97, 160, 179, 201
허브오일 97~98
허브티 236
현미 18, 25, 58, 59, 60~61, 80, 113, 114, 121, 135, 180, 198, 223, 227, 229, 259, 263
현미머핀 224
현미밥 18, 28, 30, 54, 131, 148, 190, 196, 213
현미유 99, 139, 163
현미죽 56, 122, 128, 130, 155, 168, 280
현미차 49, 171, 209, 221
현미코코넛죽 280
홍시 110, 111, 142, 223
홍조 154, 184
홍화씨 72, 73, 247
화병 66, 164, 169, 236
황기 59, 73, 133, 150~152, 249
황기맥문동죽 155
황기차 152
후추 21, 41, 72, 82, 84, 85, 87, 97, 113, 135, 139, 140, 160, 162, 175, 179, 182, 200, 203, 214, 228

맛있는 채식, 행복한 레시피
요리하는 한약사가 차려주는 건강한 채식밥상

지은이 | 이현주
초판 1쇄 발행 2015년 11월 1일

펴낸곳 | 도서출판 따비
펴낸이 | 박성경
편집 | 신수진
디자인 | 여상우

출판등록 | 2009년 5월 4일 제2010-000256호
주소 | 서울시 마포구 월드컵로28길 6(성산동, 3층)
전화 | 02-326-3897
팩스 | 02-337-3897
메일 | tabibooks@hotmail.com

인쇄·제본 | 영신사

글·사진 ⓒ 이현주, 2015

값 15,800원
ISBN 978-89-98439-20-0 13590

• 잘못된 책은 바꾸어 드립니다.

이 도서의 국립중앙도서관 출판예정도서목록(CIP)은 서지정보유통지원시스템 홈페이지
(http://seoji.nl.go.kr)와 국가자료공동목록시스템(http://www.nl.go.kr/kolisnet)에서 이용하실 수 있습니다.
(CIP제어번호: CIP2015027478)